からの
民法 家族法編

監修：松浦千誉・片山克行
編集協力：中村昌美

遠藤みち　岡部喜代子　片山克行　小石侑子　河野敷代　中村昌美
永山榮子　中山泰道　松浦千誉　松山忠造　村田　彰　森田悦史

不磨書房

はしがき

　本書は，はじめて「民法」を学ぶ人々を対象に企画されました。読者が，自然に，民法の世界に導かれ，興味を持って勉強を始め，理解を深めていただきたいという私たちの願いが込められています。この「家族法編」は「財産法編」に続く二冊目となります。

　民法をみぢかな視点から学ぶことができるように思いきって，7人のキャラクターよりなる「百合野一家」と，今回新たに加えた「子門家」を登場させることにいたしました。このアイディアは，編集作業に当った片山克行教授から出たもので，さしえも彼の友人の本多路子氏にお願いしました。

　また，中村昌美講師には，執筆者選びや編集を積極的に進めていただきました。

　さらに，企画から完成にいたるそれぞれの過程で，不磨書房の稲葉御夫妻の適切な助言がなければ，この本は，日の目をみなかったでしょう。

　関係者の皆様の御協力に，心から感謝いたします。

　本書が，若い人びとの次のステップへの足がかりとなれば幸いです。

2000年2月

松　浦　千　誉

〔百合野家一家　紹介〕

祖父：**耕一**（こういち）78歳　　おうし座　A型
　　農業を営む。現在，農地はほとんど売却され，わずかしか残っていない。都市近郊農民，最近物忘れがはげしく，家族の心配の種がたえない。

祖母：**圭子**（けいこ）71歳　　ふたご座　B型
　　農地売却金で，経済的にはゆたかな老後を送っている。JA主催の海外旅行にはときどき出かけ，趣味と健康をかねて，わずかな農地を耕す。

父：**広司**（こうじ）53歳　　おとめ座　O型
　　団魂の世代。経済の高度成長期に就職，地方銀行に勤務していた。預金獲得戦争で農家である耕一の一人娘直子と仲良くなり，結婚し，耕一・圭子と養子縁組。不況により銀行が倒産し，解雇される。直子所有の土地の一角にコンビニエンスストアを建て，現在は，その経営を行っている。
　　性格は，地味であるが，商売は結構熱心である。趣味はない。

母：**直子**（なおこ）48歳　　いて座　AB型
　　高校卒業後，地元のJAに勤めていた。耕一が売却した土地代金を目当てに，たびたび訪ねて来た銀行員広司と恋をし，結婚退職。
　　性格は派手だが，明るい。家業のコンビニエンスストアの経理を任されているが，実は，数字には弱い一面がある。祖母・圭子とときどき，海外旅行に出かける。経理は得意ではないが，金銭消費は得意である。

長女：**千夏**（ちなつ）26歳　　さそり座　B型
　　短大卒業後，証券会社に勤務。就職には，ほとんど苦労を知らなかったが，現在リストラのターゲットにされているのに気づき，キャリア・アップを目指して勉強中。
　　性格は，芯が強く，結婚願望はうすい。

長男：**翼**（つばさ）22歳　　てんびん座　B型
　　大学生（法学部4年生）。就職に苦労中。障害者のための点字翻訳のボランティア活動をしている。
　　性格は，やさしくおとなしい。人の評判を気にするタイプ。

次女：**めぐみ**　16歳　　みずがめ座　AB型
　　ミニスカートが似合う高校生。進学志望ではあるが，コンサートが大好きで，チケット代稼ぎのアルバイトにも忙しい。
　　性格は，楽天的。

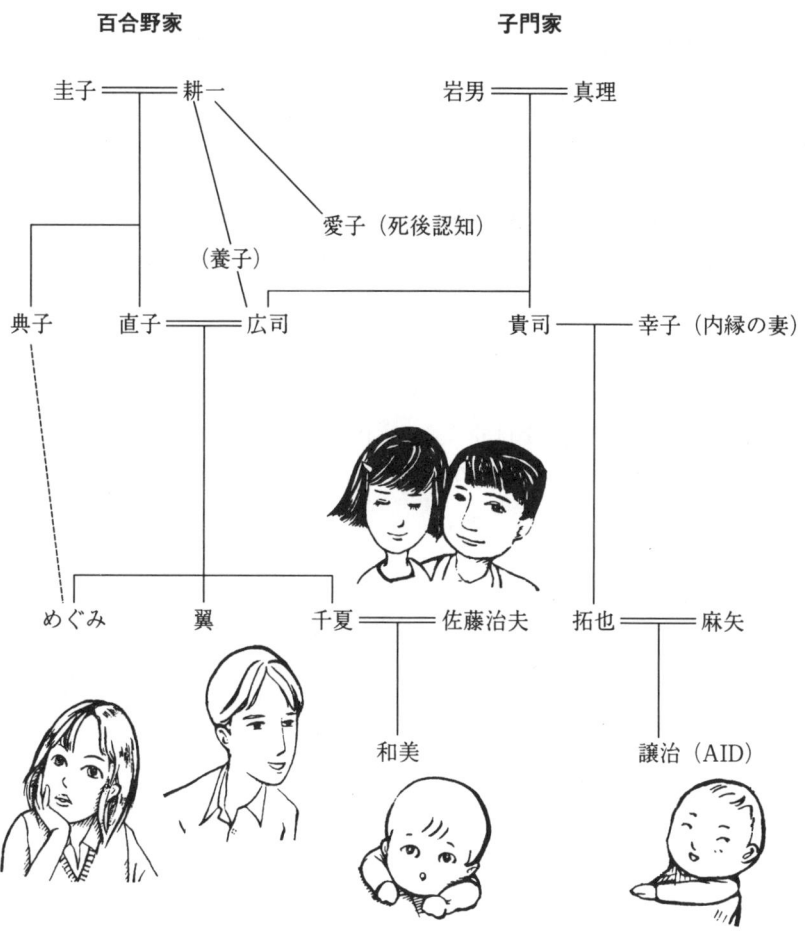

<百合野家と子門家>

◇この本の使い方

ひとつの講義は,〈CASE〉,〈THEME〉,〈ESSENCE〉,〈ANSWER〉,〈POINT〉の順に展開します。

まず〈CASE〉を読んで,設問に対して具体的なイメージを描きましょう。そして,〈THEME〉で問題点(論点)を確認します。そこで,わずかでも答えが浮かんでくる人は,〈ESSENCE〉を足がかりにして,自分なりの結論,すなわち,答えを出してから〈ANSWER〉を読み検討しましょう。

しかし,〈CASE〉と〈THEME〉を読んでも,なんら解答のイメージがわかない人は,〈ANSWER〉を先に見た上で,〈ESSENCE〉をじっくり読み,理解しましょう。これは,目的地を知ったうえでの,そこに至る理由づけや論理の展開を自分の頭で主体的に考える助けとなるでしょう。

さらに,〈POINT〉は重要点の更なる考察のヒントとなるでしょう。

◇ **参考文献**

　この本に従って，勉強を進めてゆくと，民法における財産関係のルールの概要と，基本的な問題点処理のルールがわかるはずですが，さらにもっと詳しく，民法（親族法・相続法）について知りたい，あるいは教科書の理解を別の観点から確かめたい人には，次の文献をおすすめします。

《親族法・相続法》
① 青山道夫・現代の家族法，岩波新書
② 中川　淳・現代の家族法，日本評論社
③ 島津一郎・家族法入門，有斐閣
④ 田中　実＝松浦千誉＝小石侑子＝永山榮子＝雨宮孝子・家族と法，慶應通信
⑤ 棚村政行他・新民法学 5 家族法，一粒社
⑥ 中川　淳・親族相続法，有斐閣
⑦ 島津一郎・親族・相続法，日本評論社
⑧ 宮井忠夫・家族法教室，有斐閣
⑨ 太田武男・夫婦の法律，有斐閣
⑩ 太田武男＝久貴忠彦・親子の法律，有斐閣
⑪ 中川高男・親族・相続法講義，ミネルヴァ書房
⑫ 利谷信義・家族の法，有斐閣
⑬ 深谷松男・現代家族法（第3版），青林書院
⑭ 中川善之助（泉久雄補訂）・民法大要（親族法・相続法），勁草書房
⑮ 新井誠・高齢社会の成年後見法（改訂版），有斐閣
⑯ 井戸田博史他・氏と家族，大蔵省印刷局
⑰ 石川稔他編・家族法改正への課題，日本加除出版
⑱ 菅野耕毅・図説　家族法，法学書院
⑲ 久武綾子他・家族データブック，有斐閣
⑳ 湯沢雍彦・図説　家族問題の現在，NHK出版
㉑ 最高裁判所事務総局家庭局「家庭裁判所事件の概況」法曹時報，50巻12号
㉒ 総理府編・男女共同参画白書，大蔵省印刷局

《六法全書》
　民法問題の解決基準の出発点は条文です。六法全書とは現行の法規条文を集めた法令集です。したがって出版社やその出版社の発行する六法の種類によって，登載法令の数が異なってきますが，初めて民法を学ぶみなさんには大部の六法全書は必要ない

と思われます。まして法令は毎年改正される部分がありますので，正しく法令を知るためには毎年六法を購入する必要があるわけです。ハンディタイプの六法がおすすめです。

① 小六法，有斐閣
② コンパクト六法，岩波書店
③ 模範六法，三省堂（判例が簡単に紹介されている）

《副教材》
判例となった具体的な事件と判決要旨の紹介。
星野・平井編・民法判例百選（第4版）Ⅰ・Ⅱ，有斐閣
久貴忠彦＝米倉明編・家族法判例百選（第5版），有斐閣

◇判例等略語

民　　録	大審院民事判決録
民(刑)集	大審院民（刑）事判例集（昭和22年まで）
	最高裁判所民（刑）事判例集（昭和22年から）
高民集	高等裁判所民事判例集
下民集	下級裁判所民事裁判例集
行　　集	行政事件裁判例集
家　　月	家庭裁判月報
新　　聞	法律新聞
判　　時	判例時報
判　　タ	判例タイムズ

＊本文中（○○条）は「民法○○条」の略記

<民法典の構成>

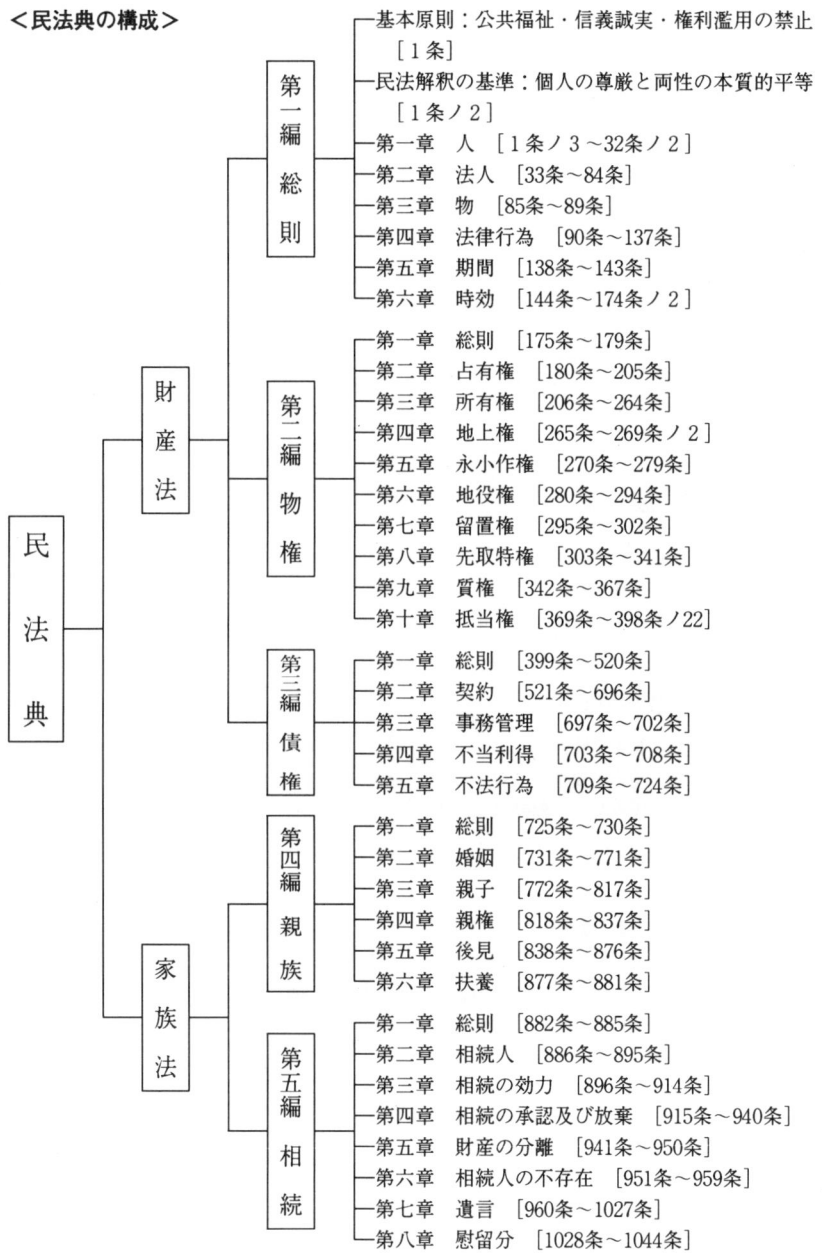

目　　次

はしがき
〔百合野一家紹介〕
百合野家と子門家
◇この本の使い方
◇参考文献

第Ⅰ編　親　族　法

第1講　家族法を学ぶために……………………………………………2
　　1　家族法とは　2
　　2　家族法の特徴　3
　　3　身分権と身分行為　4

第2講　親族の範囲………………………………………………………6
　　1　親族の範囲　6
　　2　親等と親系　7
　　3　親族関係の効果　9

第3講　婚姻の予約………………………………………………………12
　　1　婚約の成立　12
　　2　婚約の効果　13
　　3　婚約の解消　13
　　4　婚約の不当破棄と損害賠償請求権　14
　　5　婚約の解消と結納金　14

第4講　婚姻の成否………………………………………………………16
　　1　婚姻成立の形式的要件　16
　　2　婚姻成立の実質的要件　17
　　3　無効な婚姻の追認　18

第5講　婚姻の身分上の効力……………………………………………22
　　1　氏の共同　22

　　　　2　同居・協力・扶助義務　　23
　　　　3　貞操義務　　24
　　　　4　姻族関係の発生　　25

第6講　婚姻の財産上の効力 …………………………………………26
　　　　1　夫婦財産制　　26
　　　　2　夫婦間の日常家事代理権　　29
　　　　3　夫婦間の契約取消権　　30

第7講　婚姻の無効と取消 ……………………………………………32
　　　　1　婚姻の無効・取消　　32
　　　　2　婚姻の無効　　33
　　　　3　婚姻の取消　　35

第8講　内　　縁 ………………………………………………………36
　　　　1　内縁とは　　36
　　　　2　内縁の保護　　37
　　　　3　重婚的内縁　　38

第9講　離　　婚 ………………………………………………………40
　　　　1　離婚の種類　　40
　　　　2　離婚法の沿革　　40
　　　　3　協議離婚　　41
　　　　4　調停離婚　　42
　　　　5　審判離婚　　43
　　　　6　裁判離婚　　43

第10講　協議離婚 ………………………………………………………48
　　　　1　協議離婚手続　　48
　　　　2　協議離婚の現状　　49
　　　　3　協議離婚の問題点　　49
　　　　4　不受理申出制度　　49
　　　　5　無効な協議離婚の追認　　50
　　　　6　離婚届出の審査　　50
　　　　7　離婚届出の署名・捺印　　51

第11講　裁判離婚 ………………………………………………………54
　　　　1　離婚原因　　54
　　　　2　離婚法の形態（有責主義と破綻主義）　　56
　　　　3　外国法でみる離婚原因　　57

第12講　離婚の効果 (1) ………………………………………………60

1　夫婦関係の終了　60
　　2　財産分与と慰謝料の関係　62
　　3　財産分与と詐害行為　63
　　4　財産分与と過去の婚姻費用　64
　　5　財産分与請求権の相続性　64

第13講　離婚の効果 (2) ……………………………………66
　　1　親権者の決定　66
　　2　非嫡出子の親権者　67
　　3　面接交渉権　68
　　4　共同監護とは　69

第14講　嫡出子 ……………………………………………72
　　1　法律上の親子関係　72
　　2　推定されない嫡出子　73
　　3　嫡出否認の訴えと親子関係不存在の訴え　74

第15講　非嫡出子 …………………………………………76
　　1　非嫡出子の認知　76
　　2　認知請求権の放棄　78
　　3　婚姻準正と認知準正　79

第16講　養　子 (1) ………………………………………80
　　1　養子制度の意義　80
　　2　養子縁組の成立要件　81
　　3　縁組の効果　83
　　4　養子縁組の解消　84
　　5　離縁の効果　84

第17講　養　子 (2) ………………………………………86
　　1　特別養子制度の制定　86
　　2　特別養子縁組の成立　87
　　3　縁組の効果　88

第18講　人工生殖 …………………………………………90
　　1　親子関係とは　90
　　2　人工生殖　91
　　3　人工生殖の親子関係　92
　　4　代理母とは　93
　　5　諸外国にみる人工生殖の状況　94

第19講　親権の内容 ………………………………………96

　　　　　1　親権の意義　*96*
　　　　　2　親権の内容　*97*

第20講　利益相反行為 ……………………………………………… *102*
　　　　　1　利益相反行為禁止の根拠　*102*
　　　　　2　利益相反行為の範囲　*103*

第21講　親権の喪失 ………………………………………………… *106*
　　　　　1　親権の喪失――著しい不行跡と親権の喪失　*106*
　　　　　2　児童虐待――救済の道　*108*

第22講　未成年後見 ………………………………………………… *110*
　　　　　1　後見制度　*110*
　　　　　2　未成年後見の開始と機関　*110*
　　　　　3　未成年後見人の権限と義務　*112*

第23講　扶　養 ……………………………………………………… *114*
　　　　　1　扶養制度　*114*
　　　　　2　扶養義務者と扶養の順序　*115*
　　　　　3　扶養の内容　*116*
　　　　　4　過去の扶養料　*117*

第24講　氏名の話 …………………………………………………… *118*
　　　　　1　夫婦同姓強制への疑問　*118*
　　　　　2　離婚復氏　*119*
　　　　　3　子の氏の変更　*119*
　　　　　4　民法上の氏と呼称上の氏　*122*
　　　　　5　名の変更　*122*

第Ⅱ編　相　続　法

第25講　成年後見制度 ……………………………………………… *126*
　　　　　1　従来の成年後見制度　*126*
　　　　　2　「禁治産」・「準禁治産」制度の問題点　*128*
　　　　　3　新たな成年後見制度　*128*

第26講　年金と保険と税 …………………………………………… *136*
　　　　　1　年金と年金計画　*136*
　　　　　2　生命保険の性格と基本型　*138*
　　　　　3　老後の保障と財産の承継　*140*
　　　　　4　年金・生命保険と税金　*140*

第27講 相続制度 …………………………………………………… 142
   1 相続制度　*142*
   2 相続の根拠　*144*
   3 法定相続（無遺言相続）と遺言相続　*146*

第28講 相続人 ………………………………………………………… 148
   1 法定相続人の順位　*148*
   2 相続人の資格（相続欠格と推定相続人の廃除）　*149*
   3 代襲相続　*151*

第29講 相続財産と相続分 …………………………………………… 152
   1 相続財産の範囲　*152*
   2 債務の承継　*155*
   3 相続分　*155*

第30講 特別受益と寄与分 …………………………………………… 156
   1 特別受益の持戻し　*156*
   2 寄与分　*157*

第31講 非嫡出子の相続分 …………………………………………… 160
   1 死後認知　*160*
   2 非嫡出子の相続分　*161*
   3 愛子の法定相続分　*162*
   4 愛子が遺産を受け取る方法　*163*

第32講 相続の放棄と承認　単純承認・限定承認 ………………… 164
   1 相続の自由　*164*
   2 相続放棄　*165*
   3 限定承認　*167*
   4 単純承認　*168*

第33講 遺産の共有と遺産分割 ……………………………………… 170
   1 遺産共有の性質　*170*
   2 遺産分割協議　*172*
   3 遺産分割審判　*172*

第34講 相続財産と第三者の関係 …………………………………… 176
   1 遺産持分の処分　*176*
   2 遺産分割と詐害行為取消権　*177*

第35講 共同相続と登記 ……………………………………………… 180
   1 相続登記とは　*180*

2　共同相続と登記　*181*
　　　3　遺産分割と登記　*183*

第36講　相続放棄と登記……………………………………………*186*
　　　1　相続放棄　*186*
　　　2　相続放棄の遡及効　*186*
　　　3　相続放棄と登記　*187*

第37講　無権代理人と相続……………………………………………*190*
　　　1　無権代理人の本人相続　*190*
　　　2　単独相続の場合　*191*
　　　3　共同相続の場合　*193*
　　　4　本人の無権代理人相続　*194*

第38講　相続人の不存在・特別縁故者・国庫帰属……………*196*
　　　1　手　続　*196*
　　　2　特別縁故者　*197*
　　　3　相続財産が共有持分である場合　*198*
　　　4　国庫帰属　*198*

第39講　遺　言……………………………………………………………*200*
　　　1　遺言の意義　*200*
　　　2　遺言の特質　*200*
　　　3　遺言事項　*202*
　　　4　遺言を必要とする具体的な場合　*202*

第40講　遺言の方式……………………………………………………*204*
　　　1　遺言の方式　*204*
　　　2　遺言書の検認・開封　*207*

第41講　遺言の撤回……………………………………………………*210*
　　　1　撤回の意義　*210*
　　　2　撤回の方法　*211*
　　　3　撤回の撤回　*211*

第42講　遺言能力………………………………………………………*214*
　　　1　遺言能力とは　*214*
　　　2　成年被後見人の遺言　*215*
　　　3　遺言能力認定基準　*215*

第43講　遺言の執行……………………………………………………*218*
　　　1　遺言の執行とその必要性　*218*

        2　誰が遺言を執行するのか　219
        3　遺言執行者の就職・解任　219
        4　遺言執行者の権利義務と法的地位　219
        5　相続人の処分権制限　221

第44講　遺贈および死因贈与 ·· 222
        1　遺　贈　222
        2　死因贈与──遺贈と類似の機能を有する制度　225

第45講　遺留分および遺留分減殺請求権の性質 ·· 228
        1　遺留分とは　228
        2　遺留分の放棄　229
        3　遺留分減殺請求権の性質　232

第46講　慰謝料の相続 ··· 234
        1　生命侵害による損害賠償請求権の相続性の問題点　234
        2　老女の逸失利益　235
        3　慰謝料請求権の相続──「笑う相続人」──　235

第47講　家庭裁判所 ·· 238
        1　家庭裁判所の役割──家庭に平和を　少年に希望を──　238
        2　家事事件の概要　239
        3　家事事件の家庭裁判所での手続　241

第48講　相続税 ·· 242
        1　相続税とは　242
        2　相続税の仕組み　244
        3　相続税の計算　245

資　料　編

事項索引

第Ⅰ編　親　族　法

第1講  家族法を学ぶために

\<CASE\>

翼は，なぜ自分の父が広司で，母が直子で，姉が千夏であり，百合野という同じ苗字を名乗っているのだろうかと考えた。民法が財産関係だけではなく，こうした親子や夫婦をめぐる家族関係についても定める法であることを財産法の授業で知った翼は，財産より大切な家族をめぐる法規についても，はやく学びたいと思った。そこで，先生に，より能率よく勉強するために，家族法の概要を教えてほしいと頼みにいった。翼は，友人のために先生の話をまとめてみることにした。

\<THEME\>

1 家族法とは
2 家族法の特徴
3 身分権と身分行為

\<ESSENCE\>

1 家族法とは

　民法は，私たちの日常の私的な生活関係について規定する原則法，一般法であるが，そのうち財産関係を規律するものを財産法，家族（身分）関係を規律するものを家族法（身分法）という。
　実質的意義（広義）での家族法は，生まれてから死ぬまでの人の身分関係の発生，変更，消滅とそれに伴う諸関係——出生，親子関係，婚約，結婚，夫婦関係，不倫，認知，離婚，扶養，死，相続，遺産分割などの家族生活関係——また，その登録，公示や争いが起きた時の手続など家族に関する法規のすべて

を意味する。たとえば，戸籍法，住民基本台帳法，年齢計算ニ関スル法律，人事訴訟手続法，家事審判法などである。しかし，一般的には，家族法といえば，形式的意義（狭義の家族法）すなわち，民法典の第4編親族（725条―881条），第5編相続（882条―1044条）を意味する。

このように，わが国では，家族法は，親族法と相続法からなるが，諸外国では，ファミリーローは，夫婦，親子等の身分的生活関係に関する法規だけで，相続法を含まない。すなわち，人の死を契機として，その人と一定の身分関係にある人に生ずる財産の移転についての法は含まない。

なお，民法典の構成については，ドイツの影響を受けており，ix頁の図＜民法典の構成＞に見られるように5編から成る。これをインスチチューチオーネス（ローマ方式）に対して，パンデクテン方式という。

2 家族法の特徴

(1) 家族法の強行法規性，財産法の任意法規性

家族法の対象である家族は，夫婦や親子をその中心において，それに対する国家からの規制であるから，国家による承認を得るためには，規範に従った定型とならざるをえない。そこでは，公序良俗の要請が，多くの場合，本人の意思にかかわらず適用される強行性を家族法規に与えており，財産法における選択性，補充性，任意性とは対照的である。

たとえば，夫婦について考えてみよう。日本において，正式に認められる夫婦関係は，一夫多妻や同性同士ではなく，男女の一夫一婦制だけであり，さらに，戸籍吏に婚姻届が受理されていなければならない。そのためには，年齢だとか，重婚でないとか，近親でないなど民法典の定める婚姻成立の要件をすべてクリアーしている必要がある。同時に二人の妻を持ちたいとか，同性と婚姻したいという意思を持っていても，それは認められない。当事者の意思とは無関係に，日本国の婚姻法規が，強制的に適用され，その結果，夫婦関係が定型化される。イスラム法では，ひとりの夫が4人まで妻を持つことができるし，同性婚を認めている国があるにもかかわらず，日本では一夫一婦の婚姻による夫婦関係だけが合法的なものとなるのである。

(2) 家父長制度から平等制へ――家族法理念の変革

第二次世界大戦の敗戦の結果，1946年に公布された日本国憲法は，家族と家族法について，家庭生活における個人の尊厳と男女の平等の原則を基本とすることを宣言した。その24条は，以下のように規定している。

「婚姻は，両性の合意のみに基いて成立し，夫婦が同等の権利を有することを基本として，相互の協力により，維持されなければならない。

配偶者の選択，財産権，相続，住居の選定，離婚並びに婚姻及び家族に関するその他の事項に関しては，法律は，個人の尊厳と両性の本質的平等に立脚して，制定されなければならない。」

これをうけて，明治民法の「家」，「戸主権」，「家督相続」を骨子とする家父長制の家族制度は廃止されることになり，1947年に民法の親族，相続編の大改正が行われた。その結果，夫婦と未婚の子による平等家族が基礎におかれ，当事者の合意による婚姻，夫婦の権利義務の平等，親権の共同行使，均分相続，配偶者相続権などが定められた。

その後，1976年には，離婚した後でも婚姻中の氏を称せるようになり，1980年には，配偶者相続分の引き上げが行われ，1987年には，特別養子制度，1999年には，成年後見制度が導入されるなどして，現行法に至っている。なお，現在，実質的平等の視点から，改正が検討されている。

3　身分権と身分行為

身分権は財産権に対する用語で，夫婦，親子という家族団体における独自の地位にもとづく権利である。同時に，義務的，一身専属権的性質を有し，一般に条件や期限などの法律行為に対する付款などに親しまず，配偶者権，親権といった基本的身分権とそれから派生する派生的身分権に分かれる。

身分権は，権利の作用から，3種に分類される。

(a) 形成権的身分権　婚姻，離婚，養子縁組，離縁，認知，準正など身分関係の変動を生ずる権利で，戸籍に届出をすることにより，身分上の効力が発生する。この届出を出生や死亡の報告的届出に対して，創設的届出という。

(b) 支配権的身分権　未成年者の婚姻に対する父母の同意権，未成年者に対する父母の親権のように，一定の身分関係にもとづいて身上に対する支配を可能にする権利（義務）である。

(c) 請求権的身分権　　同居請求権，財産分与請求権，扶養請求権，遺留分減殺請求権のように，一定の身分関係にもとづいて，一定の行為を請求する権利である。

　身分行為とは，身分上の法律効果を発生させる法律行為であり，その特質を列挙すれば，以下のとおりである。

(a) 意思主義の重視　　取引における外観および表示の尊重に対して，身分行為では，当事者の真の意思が重視され，意思の合致がなければ，身分行為は無効となる。たとえば，婚姻届が出されても，両当事者に婚姻する意思がなければ，婚姻は成立しない。

(b) 身分行為能力　　身分行為には，取引におけるような行為能力を必要としないで，意思能力があればよい。たとえば，行為無能力者である成年被後見人でも，本心に復していれば，後見人の同意なしに，単独で，婚姻という身分行為を有効に成立させることができる（738条）。

(c) 一身専属性　　代理，譲渡，相続などに親しまない。

(d) 要式行為　　個人，社会に重大な影響のある身分の変動の公示，当事者の意思確認，公益性等の要請から戸籍への届出という要式行為を必要とする。

(e) 先行事実の法的確認　　一般に，身分行為の対象である事実に，法的効果を与えるための確認および宣言である。ただし，事実が存在しなくても，意思と要式があれば，身分行為は成立する。

<ANSWER>

　家族法には，実質的意味の家族法と形式的意味の家族法があり，後者は，民法典の第4編親族，第5編相続が，基本法となる。その特別法としては，戸籍法，家事審判法などがある。私たちの私的な生活関係が民法典の対象であり，財産的生活関係と身分的（家族的）生活関係に分かれる。合理性の支配する財産関係に対して，身分関係には，非合理性，全人格性，情緒などが支配する。

<POINT>

1　財産法との対比による家族法の特質
2　身分行為の特徴

第2講 親族の範囲

<CASE>
この本の主人公である翼の家族，百合野家と親戚の子門家（翼の父，広司の実家）を紹介しよう。はたして，この系図のうち，だれが翼の親族か。

<THEME>
1 親族とは
2 親等と親系
3 親族の権利・義務

❖❖❖❖❖❖❖❖❖❖❖❖❖❖❖❖❖❖❖

<ESSENCE>
1 親族の範囲
　親族関係は，血縁と縁組を基礎として成り立っている。血縁は，自然的には無限に広がるが，法的には，民法の定める範囲に限定される。
(1) 六親等内の血族
　血族には，父，母，兄弟姉妹のように生物学的に血がつながっている「自然血族」と養子のように法律上親子関係を擬制する「法定血族」がある。旧法では，「家制度」の影響で，親の再婚による「継親子」も，法的な親子とされたが，現行法では廃止され，継親，継子の間には法的親子関係はない。たとえば，夫と妻の連れ子との間に，親族（姻族一親等）であるが親子関係はない。養子縁組をすることにより法定親子関係が生ずることになる。百合野家の場合，典子，直子，めぐみ，千夏たちは自然血族であり，広司は，法定血族である。

(2) 配 偶 者

　婚姻している夫婦の一方からみて，他方を配偶者という。たとえば，翼の母親，直子の配偶者は，父の広司であり，広司の配偶者は直子である。また，翼の祖母圭子の配偶者は，耕一であり，耕一の配偶者は，圭子である。内縁夫婦の場合は，配偶者ではない。このように，配偶関係は婚姻により発生し，離婚など婚姻の解消によって消滅する。なお，日本では，配偶者は親族の範疇に入るが（725条2号），配偶者を親族としない国が多い。

(3) 三親等内の姻族

　婚姻によって，配偶者の一方と他方の血族とは，互いに，姻族となるが，このうち三親等内の者が親族である（725条3号）。自己の三親等内の血族（子，孫，兄弟姉妹）の配偶者も親族であるが，その配偶者同士は親族ではない。たとえば，翼の母，直子（嫁）にとって，夫，広司の父親岩男と母親真理（舅，姑）は，姻族一親等である。

2　親等と親系

　このように，親族の範囲を定めるにあたって，血縁の連絡関係をしめす「親系」とその遠近を示す「親等」とが，基準になっている。

　「親系」は，系譜的にみた血統の流れで，直系と傍系にわけられる。父母から祖父母へ，子から孫，曾孫へと真直ぐにのびる関係を直系血族（直系親）といい，伯叔父母と甥，姪や兄弟のように共通の始祖から派生した血統に属するものを傍系血族（傍系親）という。たとえば，翼と直子・広司（両親），圭子・耕一（祖父母）の関係は，直系血族であり，翼と貴司（甥，叔父），翼と千夏（兄，妹）の関係は，傍系血族である。

　また，本人より先の世代に属する人びとは「尊属」であり，世代の下がる人びとは「卑属」である。これは，世代による区分であり，実際の年齢とは関係ない。たとえば，本人より若い叔父も尊属である。

　「親等」は，親族間の遠近をはかる基準で，世代（一つの親子関係）を単位として，その数を計算して定める（726条1項）。たとえば，直系血族である翼と直子・広司（親子）の間は一親等，翼と圭子・耕一（孫と祖父母）の間は二親等である。

<親族の範囲>

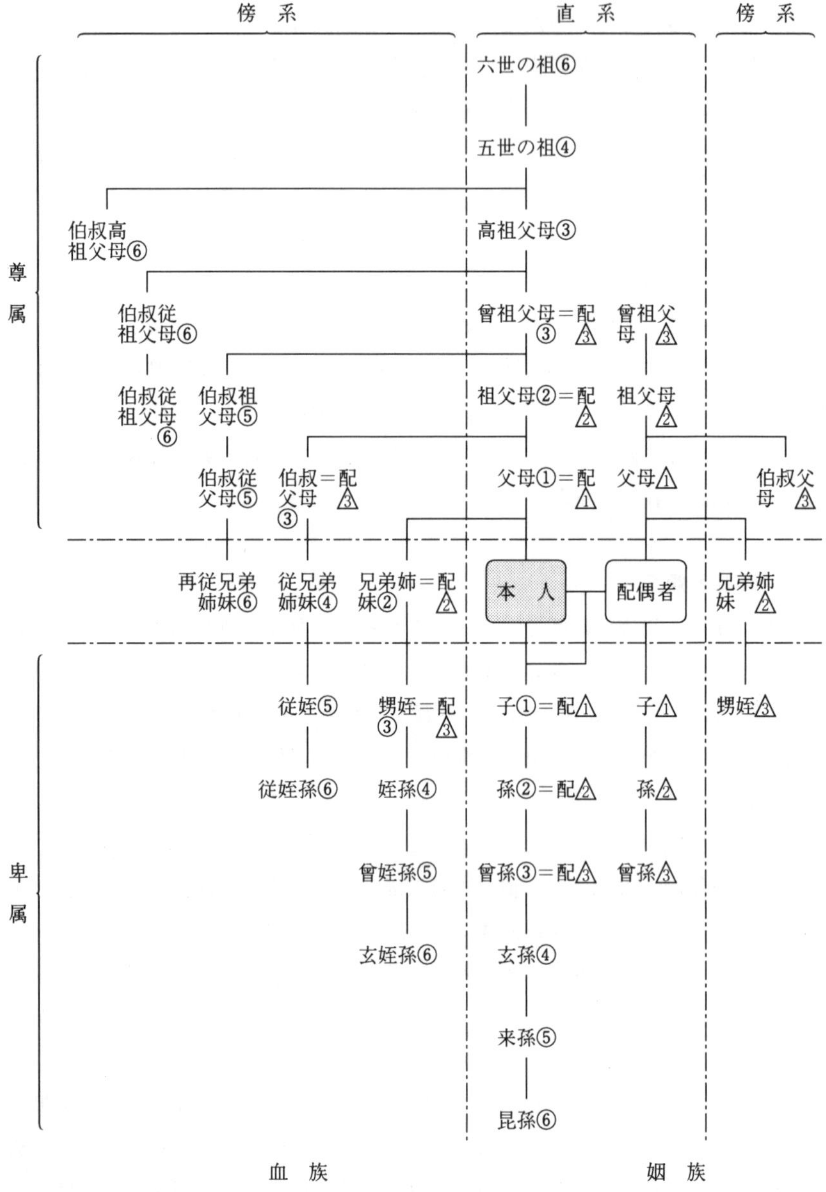
傍　系
直　系
傍　系
尊
属
六世の祖⑥
五世の祖④
伯叔高
祖父母⑥
高祖父母③
伯叔従
祖父母⑥
曾祖父母＝配
③
3
曾祖父
母
3
伯叔従
祖父母
⑥
伯叔祖
父母⑤
祖父母②＝配
2
祖父母
2
伯叔従
父母⑤
伯叔＝配
父母
③
3
父母①＝配
1
父母1
伯叔父
母
3
再従兄弟
姉妹⑥
従兄弟
姉妹④
兄弟姉＝配
妹②
2
本　人
配偶者
兄弟姉
妹
2
卑
属
従姪⑤
甥姪＝配
③
3
子①＝配1
子1
甥姪3
従姪孫⑥
姪孫④
孫②＝配2
孫2
曾姪孫⑤
曾孫③＝配3
曾孫3
玄姪孫⑥
玄孫④
来孫⑤
昆孫⑥
血　族
姻　族

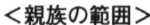

注）1．○：血族　△：姻族　数字：親等　＝婚姻関係
　　2．父母の一方のみが 本人 の親である場合は，親の配偶者は，姻族一親等である。祖父母，曾祖父母の一方のみが本人のそれである場合，その配偶者は，姻族二親等，姻族三親等である。
　　3．法定血族（養子縁組）の特別養子の場合は，実方との関係は断絶される。普通養子の場合は，養方と実方の二つの親族綱に属する。但し，養子縁組前の養子の子は，当然に養方との関係は生じない。

　傍系血族の場合は，共通の始祖に至るまでのそれぞれの世代数の合計によって定まる（726条2項）。たとえば，翼と千夏（兄妹）の間は，二親等であり，翼と拓也（従兄弟）は四親等である。
　姻族についての「親系」，「親等」は，その配偶者が血族としてもつ親系と親等による。たとえば，夫の弟は，夫の傍系親族二親等であるから，妻にとっては，傍系姻族二親等であり，嫁と舅・姑の間は直系姻族一親等である。
　これらの関係は図を参照されたい。

3　親族関係の効果

　親族関係は，法律上，さまざまな効果をもたらす。刑法では，直系血族，配偶者，同居の親族，直系尊属といった親族関係が，刑の免除や加重に影響がある（刑105条・244条・251条・257条・200条・205条・218条・220条等）。また，親族が罪を求めることにより犯罪となる親告罪もある（刑244条・255条）。訴訟法上も，裁判官の除斥，忌避，回避の原因となり（民事訴訟法23条，刑事訴訟法20条等），証言拒否権（民事訴訟法196条，刑事訴訟法147条）等も有する。
　民法上では，親族が利害関係人として申立ての権利などを与えられる場合（7条・744条・805条・834条）や，逆に，特別な制限が加えられる場合（734条・846条・850条・947条等）もある。家族法の分野については，それぞれのところで述べるが，親族関係が，とくに重要視されるのは，高齢化社会にあって，扶養の権利・義務と相続である。
　なお，「直系血族及び同居の親族は，互に扶け合わなければならない」と，730条は規定しているが，夫婦の協力扶助義務（725条）や，扶養義務（877条以下）との関わりで，具体的な内容をめぐって議論がなされている。一般に，同居の親族に広く認められる相互扶助義務を定める730条は，道義的なもので

あって，法的には，ほとんど機能することはない，無意味な規定といわれている。

＜百合野家の家系図＞

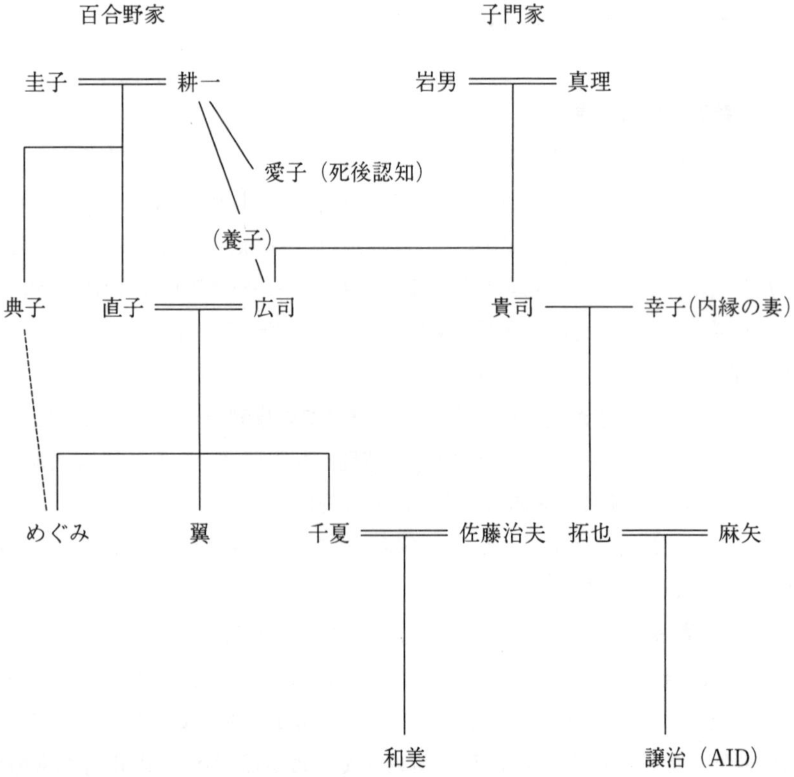

百合野家　　　　　　　　子門家

圭子＝＝耕一　　　　岩男＝＝真理
　　　　　｜＼
　　　　　　愛子（死後認知）
　　　　（養子）
典子　直子＝＝広司　　　　貴司＝＝＝幸子（内縁の妻）

めぐみ　翼　千夏＝＝佐藤治夫　拓也＝＝麻矢

　　　　　　　　和美　　　　　　譲治（AID）

<ANSWER>
翼を中心にして，その親族を見ると以下のようになる。

1 血族関係
　直子，広司（両親＝直系尊属一親等）
　圭子，耕一（母方祖父母＝直系尊属二親等）
　岩男，真理（父方祖父母＝直系尊属二親等）
　千夏，めぐみ（兄弟姉妹＝傍系親族二親等）
　典子，愛子（母方伯叔母＝傍系尊族三親等）
　貴司（父方叔父母＝傍系尊族三親等）
　和美（姪＝傍系卑族三親等）
　拓也（父方従兄弟＝傍系親族四親等）
　譲治（父方従姪＝従兄弟の子＝傍系卑族五親等）

2 姻族関係
　治夫（姉の配偶者＝姻族二親等）
　幸子（叔父の配偶者＝姻族三親等──ただし，内縁でない場合）
　　＊ 翼の父，広司は，翼の祖父，耕一の養子なので，翼の母，直子と兄弟になり，したがって，翼の叔父になる。このように，広司は，父と叔父の二重資格を有する。耕一が，孫である翼を養子にすれば，翼は，広司，直子に対して子であるとともに，兄弟にもなる。

第3講 婚姻の予約

\<CASE\>

翼はバイト先で出会った女の子亜紀と，電撃婚約をした。しかし翼が就職に失敗し，そのことで亜紀に八つ当たりなどしたので，亜紀から突然「翼には将来の展望がない」と婚約破棄の手紙がきた。翼は亜紀があきらめられない。翼は亜紀に婚約破棄の責任追及ができるか。翼のせめてものけじめのために，広司が翼のために立て替えて，支払った亜紀への結納金50万円と婚約指輪の返還は請求できるか。

\<THEME\>
1　婚約不履行
2　結納金の法的性質

\<ESSENCE\>
1　婚約の成立

　婚約とは，将来婚姻をしようという男女間の合意である。結納などの慣習上の儀式がなくても男女が誠心誠意をもって将来夫婦になる約束をしたときには婚約は成立する（大判昭和6年2月20日新聞3240号4頁）。戦後，下級審判例の多くは婚約が成立したというためには一定の公然性・公示性を必要とするとした。
　高校卒業後間もない男女が将来夫婦となることを約束し，肉体関係を結び，男性が大学進学後も休暇で帰省すると大半を女性の家で過ごし情交を重ね，双方の両親も婚約していることを知っており，男性が大学卒業後就職すれば婚姻させてもよいとの考えで二人の関係を黙認していた事案で，最高裁は，当事者間において結納の取交し，仮祝言の挙行等の事実はなくても，当事者が肉体関

係を結ぶにあたって真面目に婚約を締結していたと認めることができるとし，「公然性」は，当事者の婚約成立の意思推断の一資料に過ぎず，それが必ずしもはっきりしていなくても，他の事情から意思が推断される限り，婚約の成立を認めうるとした（最判昭和38年12月20日民集17巻12号1708頁）。

婚約は将来婚姻をしようという合意であるから，民法の規定する婚姻の実質的成立要件を，すべて具備する必要はない。婚姻適齢（731条）や再婚禁止期間（733条）に反する婚約も有効である。しかし重婚禁止（732条）や近親婚の禁止（734条）に反する婚約は無効である。

2　婚約の効果

婚約をした当事者は，お互いに婚約関係を維持し，将来婚姻をなすべき義務を負う。しかし婚姻は当事者の自由な意思にもとづいて成立するものであるから（憲法24条），当事者が婚姻をする意思を失ったときには，いつでも婚約を解消することができる。したがって，婚姻をする意思を失った者に対し，婚約を理由に婚姻の締結を強制することはできない。婚約の効果は，正当な事由もなく婚約を破棄した者に対して損害賠償責任を追及しうるところにある。

3　婚約の解消

婚約は，①当事者の合意，②当事者の一方の意思表示，③当事者の一方の死亡によって解消する。婚約不履行が問題になるのは，当事者の一方の意思表示による解消である。

(1) 正当事由のある場合

当事者の一方的意思表示による解消の場合でも，それが正当な事由にもとづくときは問題は少ない。何が婚約の解消を正当ならしめる事由であるかの判断は，婚約より生ずる「将来婚姻をなすべき義務」を債務の本旨に従って履行できるか否かにかかっていると解されている。判例は肉体関係の強要や侮辱行為，社会常識を相当程度逸脱した言動，信仰・思考態度の相違や不品行，操行不良，嫌悪すべき遺伝性疾患などは，婚約解消の正当事由となりうるとしている。

(2) 正当事由のない場合

親兄弟が反対しているとか，相性・方位・年廻りが悪いとか，家風に合わな

いということは，婚約解消の正当事由とはなりえない。正当な事由なく，婚約が破棄された場合には破棄された者は，精神的ならびに財産的な損害の賠償を請求することができる。

4　婚約の不当破棄と損害賠償請求権

婚約を不当に破棄された者に，損害賠償請求権を認めることについて，学説・判例に異論はないが，その法的構成については見解が分かれている。

(a) 債務不履行説（判例・多数説）　婚約は法的に有効な契約であり，婚約を不当に破棄した者は，相手方が婚約を信じたために被った精神的・財産的損害を債務不履行の法理に従って賠償しなければならないとする。

(b) 不法行為説　不当破棄は婚約者としての社会的地位の侵害であり，不当に破棄した者の責任は不法行為責任であるとする。

債務不履行説によれば，相手方はその婚約を信じたために被った有形・無形の損害を，債務不履行の法理に従って請求することになる。請求にあたっては，婚約の成立と婚約不履行の事実を立証すればよく，破棄に正当な事由があることの立証は破棄した者においてしなければならない。損害賠償請求権の消滅時効は10年である（167条1項）。

不法行為説によれば，相手方は婚約者としての社会的地位あるいは生活関係が侵害されたことへの損害を，不法行為の法理に従って請求することになる。請求にあたっては，婚約の成立と婚約破棄が正当な事由にもとづかないことを立証しなければならず，損害賠償請求権の消滅時効は3年である(724条)。

5　婚約の解消と結納金

わが国では従来より婚約が成立するとその印として結納を授受する慣行があるが，婚約が解消された場合に，結納金を返還すべきか否かが問題になる。

(1) 結納金の法的性質

(a) 手附説　結納金の法的性質を手附とくに証約手附類似のものと解する。

(b) 贈与説　これには婚姻の不成立を解除条件とする解除条件付贈与説（通説）と婚姻の成立を祈念しそれを最終目的として授受される目的的贈与であるとする目的的贈与説がある。

(c) 折衷説　　証約手附的性質と贈与的性質をあわせもつと解する。

判例は折衷説の立場から「結納は，婚約の成立を確証し，あわせて，婚姻が成立した場合に当事者ないし当事者両家の情誼を厚くする目的で授受される一種の贈与である」としている（最判昭和39年9月4日民集18巻7号1395頁）。

(2) 婚約解消と結納金
(a) 合意によって解消した場合　　一般的には合意の内容の一つとして，結納金返還の問題も解決されるが，合意がないときには受領者は結納金を授与者に返還すべきである。
(b) 結納授与者側の責めに帰すべき事由によって解消した場合　　多数説は返還請求を認めない。判例もこのような場合には信義則上授与者はその返還を求め得ないとする（大阪地判昭和43年1月29日判時530号58頁）。
(c) 結納授与者および結納受領者の双方が有責で解消した場合　　授与者の責任の方が受領者の責任よりも重くないときは返還請求を認める。
(d) 結納受領者側の責めに帰すべき事由によって解消した場合　　受領者は結納金を返還しなければならない。
(e) 当事者の一方の死亡によって解消した場合　　多くの場合には当事者の話し合いによって授与者に返還されている。

<ANSWER>

亜紀が婚約破棄を申し出たのは，翼が就職に失敗しそのことで亜紀に八つ当たりしたためである。これは婚約破棄の正当事由にはならない。翼は亜紀に対して婚約の不当破棄を理由に精神的損害の賠償，すなわち慰謝料を請求できる。また婚約は結納受領者である亜紀の責めに帰すべき事由によって解消したのであるから，翼は亜紀に対し結納金50万円と婚約指輪の返還を請求できる。

<POINT>

1　婚約の成立
2　婚約解消の正当事由
3　婚約の解消と結納金の法的性質

第4講 婚姻の成否

<CASE>

千夏はフォトグラファーと自称する佐藤治夫と知り合い，サラリーマンにはない将来性を感じ，内輪で披露宴を設け，その1カ月後婚姻届を友人に頼んで出してもらった。治夫はあとでそのことを知ったが，「まあいいか」ということで，そのままにしてあった。この結婚はいつ，有効に成立したのか。

<THEME>

1　婚姻の成立要件　実質的要件　婚姻意思
2　形式的要件
3　婚姻届出の効力　戸籍の記載例，婚姻届の書式

<ESSENCE>

1　婚姻成立の形式的要件

　民法は「婚姻は，戸籍法の定めるところによりこれを届け出ることによって，その効力を生ずる」と規定して（739条1項），届出を婚姻成立の形式的要件としている。

（1）　婚姻届出の法的性質

（a）　成立要件説　　通説・判例は，この届出を婚姻の成立要件と解し，戸籍法に定められた届出という方式に従って婚姻意思を合致させることにより婚姻は成立するとしている。

（b）　効力発生要件説　　わが国においては従来より結婚式を挙げて夫婦共同

生活に入れば婚姻は成立するという意識があり，このようなところから婚姻は当事者の合意ないし慣習上の儀式によって成立し，届出はその効力発生要件にすぎないとする見解で，739条1項の文言を根拠にしている。

(2) 婚姻届書の作成と受理

民法は婚姻の届出について「当事者双方及び成年の証人二人以上から，口頭又は署名した書面で，これをしなければならない」(739条2項) と規定するが，口頭による婚姻の届出は例外であり，通常は書面による届出の方法がとられている。届書の提出方法としては，当事者の一方または第三者に委託してもよいし，郵送でもよい。戸籍事務管掌者には形式的審査権だけがあり，実質的審査権はない。

2 婚姻成立の実質的要件

婚姻が法律上成立し効力を生ずるためには，民法に規定する実質的要件を具備しなければならない。実質的要件には，①男は満18歳，女は満16歳の婚姻適齢に達していること (731条)，②重婚でないこと (732条)，③女が再婚するには前婚の解消または取消の日から6カ月を経過していること (733条)，④近親婚でないこと (734条〜736条)，⑤未成年者が婚姻をするには父母の同意があること (737条) などがある。

また，民法に規定はないが当事者間に婚姻意思の合致がなければならないことは当然である。婚姻成立の実質的要件として最も重要なのは婚姻意思の合致である。

(1) 婚姻意思とは

婚姻は契約であり，当事者間に婚姻意思の合致がなければならない。民法は「人違その他の事由によつて当事者間に婚姻をする意思がないとき」は，婚姻は無効であるとしている (742条1号)。婚姻意思の解釈をめぐっては見解が分かれている。

形式的意思説は，婚姻意思とは，法律上の婚姻すなわち届出をすることに向けられた意思 (届出意思) であると解し，届出意思の合致があれば，婚姻は有効であるとする。

実質的意思説は，婚姻意思とは，真に社会観念上夫婦と認められる関係を形

成する意思であると解し，届出意思があっても実質的意思がなければ婚姻は無効であるとする。通説・判例は実質的意思説を採用する。最高裁は，せめて子供だけでも嫡出子として入籍させたいという女性の希望で，子の入籍後に離婚する旨の誓約書をとって婚姻届を提出した事案において「本件婚姻の届出に当り，被上告人と上告人との間には子供に右両者間の嫡出子としての地位を得させるための便法として婚姻の届出についての意思の合致はあったが，被上告人には上告人との間に真に前述のような夫婦関係の設定を欲する効果意思はなかったというのであるから右婚姻はその効力を生じないとした原審の判断は正当である」とした（最判昭和44年10月31日民集23巻10号1894頁）。

(2) 婚姻意思の存在時期

婚姻届のような届出によって効力が生ずる創設的届出については，届書の作成から受理までの間に時間的間隙があるので，その間に当事者の一方が婚姻意思を翻すことがある。そこで婚姻意思は，届書作成時に存在すれば足りるのか，受理される時にも存在することが必要なのかが問題になる。届出の法的性質を婚姻の成立要件とする説は，届書作成時だけでなく，届出の受理時においても引き続き存在することが必要であるとする。この説によれば，届出の受理時に婚姻意思を欠く場合には婚姻は不成立となる。これに対して届出の法的性質を婚姻の効力発生要件とする説は，婚姻意思は届書作成時に存在すれば足り届出の受理時に存在したか否かは問わないとする。この説によれば，届書作成時に婚姻は成立しているので，かりに届書作成後に当事者の一方が翻意しても届出が受理されれば婚姻は成立する。

3 無効な婚姻の追認

届出意思がないのに，当事者の一方もしくは第三者が，婚姻届を作成しそれを提出して受理された場合，婚姻は無効である。無効な婚姻は初めからその効力を生じない。しかし無効な婚姻の追認について判例はこれを肯定する。最高裁は「事実上の夫婦の一方が他方の意思に基づかないで，婚姻届を作成提出した場合でも当時当事者間に夫婦としての実質的生活関係が存在しており，かつ，後に他方配偶者が届出の事実を知ってこれを容認する態度を示していた事実があるときは，婚姻は他方の黙示の追認により届出の当初に遡って有効となる」

と判示している（最判昭和47年7月25日民集26巻6号1263頁）。

その理由として，追認によって婚姻届出の意思の欠缺は補完され，また追認に右の効力を認めることは当事者の意思にそうものであり，実質的生活関係を重視する身分関係の本質に適合することをあげ，追認を認める実定法上の根拠として116条の無権代理の規定を類推適用している。たしかに婚姻をはじめ身分行為は代理に親しまないが事実上の夫婦の一方が，他方の意思にもとづかないで婚姻届を作成し提出した場合は，まさに代理権のない者が署名代理の形で婚姻届を作成し婚姻意思を合致させたものであり，その行為は無権代理に似ている。もっともその形態が無権代理に似ているからといって直ちに無権代理の規定を適用してよいことにはならない。判例は当事者間に夫婦としての実質的生活関係が存在していることを追認の要件としている。

したがって婚姻の届出がほしいままに当事者の一方もしくは第三者によってなされ，当事者間に婚姻の意思もないし夫婦としての実質的生活関係もない場合には，婚姻は無効であり追認を論ずる余地はない。追認の効果は届出時に遡り（116条），119条の適用はない。

<ANSWER>

千夏は，治夫に相談せずに婚姻届を作成し，友人に頼んで提出してもらった。治夫の不知の間になされた届出であるが，その当時，千夏と治夫との間には夫婦としての実質的生活関係が存在しており，しかもその届出のなされたことを後日知った治夫が「まあいいか」ということでそのままにしておくということは，黙示の追認にあたり，婚姻は追認によって届出の時に遡って有効に成立したものと解する。

<POINT>

届出意思の欠缺による婚姻の無効とその追認の効力

婚姻届

平成　年　月　日届出

　　　　　長殿

	受理 平成　年　月　日 第　　　号	発送 平成　年　月　日	
	送付 平成　年　月　日 第　　　号		長印
書類調査	戸籍記載	記載調査	調査票	附票	住民票	通知

		夫になる人	妻になる人
(1)	（よみかた） 氏　名 生年月日	氏　　　　名 　　年　月　日	氏　　　　名 　　年　月　日
(2)	住　所 （住民登録をしているところ） （よみかた）	番地 　　　　番　号 世帯主の氏名	番地 　　　　番　号 世帯主の氏名
(3)	本　籍 （外国人のときは国籍だけを書いてください）	番地 　　　　番 筆頭者の氏名	番地 　　　　番 筆頭者の氏名
(4)	父母の氏名 父母との続き柄 （他の妻父母はその他の欄に書いてください）	父　　　　　　　　　続き柄 母　　　　　　　　　　　男	父　　　　　　　　　続き柄 母　　　　　　　　　　　女
(5)	婚姻後の夫婦の氏・新しい本籍	□夫の氏 □妻の氏	新本籍（左の☑の氏の人がすでに戸籍の筆頭者となっているときは書かないでください） 　　　　　　　　　　　　　　　　　　　　　　　　番地　番
(6)	同居を始めたとき	年　　月　（結婚式をあげたとき、または、同居を始めたときのうち早いほうを書いてください）	
(7)	初婚・再婚の別	夫 □初婚　再婚 □死別　年　月　日 　　　　　　　　　□離別	妻 □初婚　再婚 □死別　年　月　日 　　　　　　　　　□離別
(8)	同居を始める前の夫妻のそれぞれの世帯のおもな仕事と夫妻の職業	夫□ 妻□　1. 農業だけまたは農業とその他の仕事を持っている世帯 夫□ 妻□　2. 自由業・商工業・サービス業等を個人で経営している世帯 夫□ 妻□　3. 企業・個人商店等（官公庁は除く）の常用勤労者世帯で勤め先の従業者数が1人から99人までの世帯（日々または1年未満の契約の雇用者は5） 夫□ 妻□　4. 3にあてはまらない常用勤労者世帯及び会社団体の役員の世帯（日々または1年未満の契約の雇用者は5） 夫□ 妻□　5. 1から4にあてはまらないその他の仕事をしている者のいる世帯 夫□ 妻□　6. 仕事をしている者のいない世帯 （国勢調査の年・平成　年　の4月1日から翌年3月31日までに届出をするときだけ書いてください） 夫の職業　　　　　　　　　妻の職業	

その他	
届出人署名押印	夫　　　　　　印　　　妻　　　　　　印
事件簿番号	住所を定めた年月日　夫　年　月　日　妻　年　月　日	連絡先　電話（　　）　　　番 自宅・勤務先・呼出　　　方

第4講 婚姻の成否

> 記入の注意

鉛筆や消えやすいインキで書かないでください。
この届は、あらかじめ用意して、結婚式をあげる日または同居を始める日に出すようにしてください。その日が日曜日や祝日でも届けることができます。(この場合、宿直等で取扱うので、前日までに、戸籍担当係で下調べをしておいてください。)
届書は、1通でさしつかえありません。
この届書を本籍地でない役場に出すときは、戸籍抄本(謄本)が必要ですから、あらかじめ用意してください。

		証	人	
署名押印	名 印	印		印
生 年 月 日		年　　月　　日	年　　月　　日	
住　　　所		番地 番　号	番地 番　号	
本　　　籍		番地 番	番地 番	

「筆頭者の氏名」には、戸籍のはじめに記載されている人の氏名を書いてください。

父母がいま婚姻しているときは、母の氏は書かないで、名だけを書いてください。
養父母についても同じように書いてください。

□には、あてはまるものに☑のようにしるしをつけてください。
外国人と婚姻する人が、まだ戸籍の筆頭者となっていない場合には、新しい戸籍がつくられますので、希望する本籍を書いてください。

再婚のときは、直前の婚姻について書いてください。
内縁のものはふくまれません。

◎署名は必ず本人が自署してください。
◎印は各自別々の印を押してください。
◎届出人の印をご持参ください。

第5講 婚姻の身分上の効力

<CASE>
　千夏は結婚によってライフスタイルを変えたくないと考えている。しかし、「結婚すれば思いもかけない問題が押し寄せてくるものよ」と、友人の主婦はぐちっている。結婚によって法律的にどんな問題が起きてくるのだろうか。

<THEME>
1　氏の変更　夫婦同姓
2　同居・協力・扶助義務
3　姻族関係

<ESSENCE>
1　氏の共同

　夫婦は婚姻の際に定めるところに従い、夫または妻の氏を称する（750条）。これを夫婦同氏の原則という。
　夫の氏を称する婚姻をした場合には夫が、妻の氏を称する婚姻をした場合には妻が戸籍筆頭者になる（戸籍法14条1項）。夫婦の氏に関する規定は、強行規定であり、必ずいずれか一方の氏を選択しなければならず、第三の氏を称したり、それぞれが生来保有してきた氏を称し続けることはできない。氏の共同は婚姻継続中は維持されなければならない。従来の社会的慣習から夫の氏を称する婚姻が圧倒的多数を占めており、改氏を強制されるのはほとんどの場合女性である。そのため女性の社会的活躍がめざましい昨今では、婚姻によって氏の変更を余儀なくされることによる女性の不利益はきわめて大きい。

そこで平成8年の「民法の一部を改正する法律案要綱」では選択的夫婦別氏制が提案されている（資料編251頁参照）。

2 同居・協力・扶助義務
(1) 同 居 義 務

同居義務（752条）は夫婦共同生活における本質的義務である。ここに「同居」とは，住家を同じくするという単なる場所的な意味のそれではなく，いわゆる「夫婦としての同居」である。一方が同居に応じない場合には，他方は同居をするように請求できる。しかし，同居義務は，その性質上直接強制はもとより間接強制も許されない（大決昭和5年9月30日民集9巻926頁）。

同居義務は夫婦共同生活の維持向上のために認められるものであるから，その目的に反しない限度での一時的別居は同居義務違反にはならない。

別居中の夫婦の一方が他方に対して同居を請求した場合に，他方に同居拒否の正当事由があれば同居請求に応ずる義務はない。

同居拒否の正当事由として，①別居のやむなきに至らしめた原因が同居請求者にある場合（同居に耐えられない程度の虐待・暴行・冷遇など）。有責配偶者からの同居請求は同居請求権の乱用であり認められない（大阪高決昭和34年9月5日家月11巻11号109頁）。また有責配偶者の同居拒否は認められない。同居を命じる審判をしても，その実現を期待しえないことが明白であるにもかかわらず，他の女性と同棲する夫の現況は倫理的にも社会的にも許容できないとして妻の同居請求を認めた事例がある（東京家審昭和48年8月23日家月26巻3号47頁）。②同居が客観的に不可能な場合（受刑中や病気療養のためなど），③別居が夫婦共同生活を維持するためにやむをえない場合（職業上の必要性など），④婚姻関係が破綻している場合。婚姻関係が破綻している場合でも752条との関連で抽象的な同居義務は負うが，具体的な同居義務はないと解されている。

正当な事由なく同居義務を履行しない夫婦の一方は他方に対し協力・扶助義務の履行を請求しえない。同居義務違反は悪意の遺棄にあたる。

(2) 協 力 義 務

協力義務とは，夫婦共同生活の維持向上のために夫婦が誠実に協力し合うべき義務である。協力義務は同居・扶助義務と一体となって意味をもつものであ

り，協力義務を独立した法的義務として扱う意義は少ないとする見解もあるが，協力義務こそが円満な夫婦共同生活を営む上で基本的な義務であると考える。

婚姻関係が継続し難い状態に立ち至ったについては，妻が我を押し通し夫と協力して家庭円満を図る努力を尽さなかった協力義務違反にその原因の大半を求めるべきであるとして，妻からの同居請求を棄却した判例もある（東京高決昭和40年7月16日家月17巻12号121頁）。

(3) 扶 助 義 務

夫婦間の扶助義務とは，自己と同一水準において他方の生活を維持すべき，いわゆる生活保持義務である。この点で一般親族間における自己に経済的余力がある限りにおいて扶養すればよい，いわゆる生活扶助義務とは本質的に異なる。

(a) 婚姻費用分担義務との関係　通説・判例は夫婦間の扶助義務と婚姻費用分担義務は観念的には区別しうるが，婚姻費用とは夫婦共同生活の維持向上のために必要な費用であり，現実にこれを負担することが扶助義務の履行になるので両者は結局において同一のものであると解している（大阪高決昭和42年4月14日家月19巻9号47頁）。

(b) 別居中の夫婦間の扶助義務　夫婦関係の存続する限り別居中でかつ夫婦関係が破綻状態にあっても，原則として免れることはできないとするのが学説・判例である。もっとも夫婦の一方が同居・協力の義務に著しく違反しながら他方に対し扶助義務の履行を求めることは権利の乱用として許されない。扶助義務は，同居・協力義務と表裏一体の関係にあるといえるからである。

同居・協力・扶助義務違反は「悪意の遺棄」または「婚姻を継続し難い重大な事由」として離婚原因になるものと解されている。

3　貞 操 義 務

民法上規定はないが一夫一婦制の建て前から，また不貞行為を離婚原因とする770条1項1号によって夫婦は互いに貞操を守る義務を負う。夫婦の一方が第三者と不貞行為を行った場合には，他方は不貞配偶者と第三者に対し慰謝料を請求できる。しかし最近になって，婚姻関係がすでに破綻している夫婦の一方と肉体関係をもった第三者は，他方配偶者に対する不法行為責任を負わない

とする判例が出たことは注目すべきである（最判平成8年3月26日民集50巻4号993頁）。

4 姻族関係の発生

婚姻によって配偶者の一方と他方配偶者の血族との間に姻族関係が発生する。妻からみて夫の父母，兄弟姉妹などは姻族である。民法は三親等までの姻族を親族として（725条）一定の法的効果を認める。直系姻族間の婚姻を禁止し，特別の事情がある場合には，姻族も審判扶養の対象になる（877条2項）。

姻族関係は離婚および婚姻の取消によって終了する。配偶者の死亡によっては当然には終了せず，生存配偶者が姻族関係を終了させる意思を表示したときに限り終了する（姻族関係終了届）。

なお，死亡配偶者の血族の側から，姻族関係を終了させることはできない。

<ANSWER>

① 千夏は婚姻をするにあたり生来の氏である百合野姓を称するか，治夫の氏である佐藤姓を称するのかを治夫と話し合って決めなければならない。百合野姓を選択すれば千夏が，佐藤姓を選択すれば治夫が戸籍筆頭者になる。戸籍上は夫婦別姓も百合野姓，佐藤姓以外の第三の氏を称することも認めない。

② 婚姻によって千夏と治夫はお互いに同居し協力し扶助する義務を負う。正当な事由のないかぎり同居を拒否することはできない。またお互いに貞操義務を負う。

③ 千夏と治夫の血族との間に姻族関係が発生する。その範囲は直系・傍系共に三親等までである（治夫の父母，祖父母，曾祖父母，兄弟姉妹，伯叔父母，甥，姪）。姻族関係は婚姻の継続中は存続する。

<POINT>

1　夫婦同氏の原則
2　同居拒否の正当事由
3　扶助義務の本質

第6講　婚姻の財産上の効力

<CASE>

〔その1〕　千夏の夫，治夫は，千夏のカードを使って，スタジオ兼自宅のインテリア一新のために，家具と電気製品30万円分を近所のショップで購入した。千夏は身に覚えのないこの請求を支払わなければならないか。

〔その2〕　怒った千夏のご機嫌をとるために，治夫はプレミア付きの写真集を千夏にプレゼントしたが，あとで惜しくなって贈与を取り消したいといった。治夫の贈与取消は可能か。

<THEME>

1　夫婦財産制
2　夫婦間の日常家事代理権
3　夫婦間の契約取消権

<ESSENCE>

1　夫婦財産制

夫婦間における財産関係を規律する制度を夫婦財産制という。民法が定める夫婦財産制には契約財産制と法定財産制がある。

(1)　契約財産制

夫婦間の財産関係を夫婦財産契約によって定める制度である。契約の内容は公序良俗に反しないかぎり自由に決めることができる。

夫婦財産契約は婚姻の届出前に締結し，その登記をしなければならない（755条・756条）。また婚姻届出後の変更は原則として許されない。婚姻をしよ

うとする男女が婚姻届出前に婚姻後の財産関係について話し合いで取り決めをする慣行のないわが国では，夫婦財産契約を締結する夫婦はほとんどいない。夫婦財産契約を締結しなければ，法定財産制が適用される（755条）。

(2) 法定財産制

夫婦間の財産関係を法律によって定める制度である。

(a) 特有財産　夫婦の一方が婚姻前から所有する財産および婚姻中に自己の名義で取得した財産は特有財産である（762条1項）。特有財産に対してはそれぞれが管理権をもつ（夫婦別管理制）。

妻が専業主婦である場合には，夫の収入，その収入によって購入した不動産等は夫の特有財産である。すなわち夫婦の財産の大部分は夫の特有財産となり妻の内助の功は全く評価されないことになる。

(b) 共有財産　夫婦のいずれに属するか明らかでない財産は，夫婦の共有に属するものと推定される（762条2項）。推定であるので反証を挙げれば覆される。夫婦共働きで得た収入で購入した不動産は，たとえ夫名義であったとしても夫婦の共有に属するし（札幌高判昭和61年6月19日判タ614号70頁），共働き夫婦が蓄えた預金債権は，夫名義であっても対内的には夫婦の準共有に属する（横浜地判昭和52年3月24日判時867号87頁）。

夫が婚姻費用の分担として妻に家計費を渡し妻が節約して剰余金が生じた場合（通常「へそくり」という），家計費は夫婦共同生活の基金であり，共有財産であるから「へそくり」も原則として夫婦の共有財産である。

(c) 実質的帰属関係にもとづく分類　有力な学説は夫婦の財産を三種に分けて実質的帰属関係を決めている。

① 第一種財産（名実共に夫または妻の特有財産）　夫婦の一方が婚姻前から所有する財産，婚姻中に親兄弟などから贈与，相続によって無償取得した財産，これらの収益および夫婦それぞれの専用品がこれにあたる。

② 第二種財産（名実共に夫婦の共有財産）　夫婦共有名義で取得した財産および婚姻中に取得した夫婦共同生活に必要な家財道具などの動産類がこれにあたる。これらの家庭用動産は，夫婦の一方の固有の収入によって購入したものでも共有財産になると解されている。

③ 第三種財産（名義は夫婦の一方に属するが，実質的には夫婦の共有に属

するとみられる財産）　婚姻中に夫婦の協力によって取得した不動産，共同生活の基金とされる預金債権などがこれにあたる。もっとも夫婦間では共有財産とされる第三種財産は対第三者間では形式的な名義によって所有関係が決まるので名義人の特有財産として扱われる。名義によって共有の推定は覆される。

(3) 婚姻費用の分担

夫婦は，その資産，収入その他いっさいの事情を考慮して，婚姻から生ずる費用を分担する（760条）。婚姻から生ずる費用とは，夫婦を中心とする家族的共同生活を維持するために必要な費用であり，衣食住費，医療費，社会的地位にふさわしい交際費，娯楽費，子の教育費などが含まれる。

(a) 扶助義務と婚姻費用分担義務との関係　通説は752条は夫婦共同生活の本質としての夫婦間の生活保持義務を定め，760条は，その実現に必要な費用の分担を定めるものとする。判例も「扶助義務は婚姻費用分担義務の中に吸収される」とする（大阪高決昭和33年6月19日家月10巻11号53頁）。

(b) 婚姻費用分担の内容　婚姻費用分担の割合および方法は，夫婦の収入，資産その他一切の事情を考慮して決める。「一切の事情」の中には妻の家事労働も含まれるので，夫が婚姻費用の全額を負担し妻が家事労働に専念するという分担でもよい。また妻が父から贈与された家屋を夫婦共同生活の住居として提供することも婚姻費用の分担である。

(c) 別居と婚姻費用の分担　婚姻費用の分担がとくに問題になるのは夫婦が別居している場合である。①別居が夫婦の合意その他正当な事由にもとづく場合は同居時と同質の生活を保障すべきであり，婚姻費用負担者は，生活保持義務としての費用を負担しなければならない。②別居が専ら婚姻費用負担者の責めに帰すべき事由にもとづく場合は，負担者は自己と同程度の生活を保持するに足る婚姻費用を分担する義務を負う（大阪高決昭和42年4月14日家月19巻9号47頁）。③別居が専ら婚姻費用分担請求権者の責めに帰すべき事由にもとづく場合は，負担者の分担額は生活扶助義務の限度にとどめるべきであると解されている。判例には，子の生活費は別として自身の生活費にあたる分の婚姻費用分担請求は権利の乱用として許されないとするものもある（東京高決昭和58年12月16日家月37巻3号69頁）。④別居が夫婦双方の責めに帰すべき事由にもとづく場合は，その責任の程度に応じて分担義務の有無と範囲が決められる。

2 夫婦間の日常家事代理権

(1) 日常家事債務の連帯責任

　日常家事債務については，夫婦の一方が第三者と取引をして債務を負担した場合でも夫婦が連帯して責任を負う（761条）。これは夫婦別産制の原則に対する例外である。夫婦別産制の下で夫婦別債務の原則を貫くと，財産を持たない配偶者の一方（一般には妻）は取引行為ができなくなり婚姻生活を営む上で不便をきたす。そこで夫婦の連帯責任とすることにより家事処理の便をはかり，かつ取引の相手方の保護をもはかろうとするものである。なお第三者に対し免責の予告をすることにより連帯責任を免れることができる（761条但書）。

　夫婦の連帯責任を生じさせる日常の家事に関する法律行為とは，個々の夫婦が婚姻共同生活を営むうえで通常必要な法律行為である。その具体的な範囲は，個々の夫婦の社会的地位，職業，資産収入によって異なり，またその夫婦が共同生活を営む地域社会の慣習によっても異なるというべきである。

　判例によって日常家事債務とされているのは，食料品や衣料品の購入，家具調度品の購入，家賃，光熱費，医療費，教育費などに関する債務である。借財行為が日常家事債務になるか否かについて従来の下級審判例は金額の多少によって区別し，比較的少額の場合に限り日常家事債務性を認めているが，学説は金額の多少よりも家族の共同生活を維持するために必要な資金を調達する目的でなされた借財行為であるか否かにより判断すべきだとする。夫婦の一方による他方名義の不動産の売却行為または担保提供行為は，日常の家事に関する法律行為の範囲には属さない。もっとも妻が夫名義で賦課された所得税や固定資産税を納付するための資金を借り受けるために抵当権を設定する行為は，日常の家事に関する行為であるとする（横浜地判昭和42年11月15日判タ219号166頁）。

(2) 日常家事代理権と表見代理

　通説・判例は，日常家事債務につき夫婦が連帯責任を負う前提として，夫婦は相互に日常の家事に関する法律行為につき他方を代理する権限を有すると解している（最判昭和44年12月18日民集23巻12号2476頁）。

　夫婦が相互に日常家事代理権を有するとした場合，これを基本代理権として110条の表見代理の規定が適用されうるかについては議論があり裁判例も分かれていたが，前記最高裁判決は「夫婦の一方が日常の家事に関する代理権の範

囲を越えて第三者と法律行為をした場合においては、その代理権を基礎として一般的に同法110条所定の表見代理の成立を肯定すべきではなく、その越権行為の相手方である第三者において、その行為がその夫婦の日常の家事に関する法律行為に属すると信ずるにつき正当の理由のあるときに限り同条の趣旨を類推して第三者の保護をはかるべきである」とした。

すなわち妻が夫名義の不動産を第三者に売却した場合、売却行為は日常の家事に関する法律行為ではないが、第三者において妻にその権限ありと信ずるにつき正当の理由があれば表見代理が成立することになる。

3 夫婦間の契約取消権

夫婦間で契約をしたときは、その契約は、婚姻中いつでも夫婦の一方からこれを取り消すことができる（754条）。夫婦間で締結された契約に限り、なぜ無制限に取消権を認めるかについては、夫婦間の契約の履行は当事者の愛情や道義に委ねるべきであり、法によって履行を強制することはかえって家庭の平和を害するという説明がされている。しかしその理由は合理性を欠き、夫婦の信頼関係をそこなう結果になる。平成8年の「民法の一部を改正する法律案要綱」では754条を削除するものとしている。

取消権の対象となる契約は、その種類、内容において制限はないが、実際には贈与契約が一番多い。取消権の行使は相手方配偶者に対する無方式の意思表示で足り取消原因のあることを要しない。夫婦間の契約取消権は、550条の書面によらない贈与の取消権と異なり、契約の履行前だけでなく一部もしくは全部を履行した後でも行使することができる。取消権を行使すると契約は、はじめから無効となる（121条）。ただし第三者の権利を害することはできない（754条但書）。第三者とは当該夫婦以外の者で、善意・悪意は問わない。

夫婦間の契約取消権がとくに問題になるのは、夫婦関係が破綻した後において本権を行使しうるかである。具体的には、夫が妻に協議離婚に同意させるために贈与契約をなし、協議離婚届に妻の署名・捺印を得たのち、届出前に、いまだ婚姻中であることを理由に契約取消権を行使しうるかである。初期の判例は、このような場合にも契約取消権の行使を認めていたが（大判昭和7年10月3日法学2巻6号703頁）、現在では通説・判例ともに契約取消権を行使しう

のは夫婦関係が円満な状態にある場合に限るとして，不当な行使を制限する。

　最高裁は「夫婦関係が破綻に瀕している場合になされた夫婦間の贈与はこれを取り消すことはできない」と判示した（最判昭和33年3月6日民集12巻3号414頁）。さらに契約締結の時は，夫婦関係は破綻していなかったが，取消の際には破綻状態であったという事案で「「婚姻中」とは，単に形式的に婚姻が継続していることではなく，形式的にも，実質的にも婚姻が継続していることをいうものと解すべきであるから，婚姻が実質的に破綻している場合には夫婦間の契約を取り消すことは許されないものと解する」と判示した（最判昭和42年2月2日民集21巻1号88頁）。

＜ANSWER＞

〔その1〕　家具と電気製品の購入費用が日常家事債務の範囲に属するかという問題であり，一般的には家具調度品の購入費用は日常家事債務とされる。日常家事債務については夫婦が連帯責任を負うが，それは夫婦は相互に日常の家事に関する法律行為については他方を代理する権限を有するからである。

　したがって，治夫が千夏に無断で千夏のカードを使用して家具および電気製品を購入した行為は日常家事代理権の範囲に属するものと認められる。千夏は身に覚えのないことと怒りたくもなろうが，治夫と取引をした近所のショップを保護する観点から千夏は30万円を治夫と連帯して支払わなければならない。

〔その2〕　夫婦間で契約をしたときは，その契約は婚姻中いつでも夫婦の一方から取り消すことができる。取消原因を必要としないので，治夫が「惜しくなって」という身勝手な理由であっても贈与契約を取り消して千夏に返してほしいと言うことができる。千夏に写真集を渡した後でも取り消せる点で第三者に対する贈与との違いがある。

＜POINT＞

1　夫婦の特有財産・共有財産
2　日常家事債務の連帯責任
3　夫婦関係の破綻と契約取消権

第7講 婚姻の無効と取消

<CASE>
　千夏は早々と，治夫との結婚生活に幻滅し，この結婚は最初から間違っていたと思った。できれば治夫とのことはなかったことにしたい。千夏は婚姻の無効または取消を主張できるか。

<THEME>
1　婚姻の無効
2　婚姻の取消

<ESSENCE>
1　婚姻の無効・取消
　婚姻も売買と同じように当事者の合意によって成立する契約である。したがって，その成立に瑕疵があれば，その法律上の効果を否定して，瑕疵ある婚姻の拘束から当事者を解き放つ必要がある。無効な売買であれば，当事者は相互に受け取った物と代金を返還して，売買がなかった状態に戻すこと（原状回復）が可能である。しかし，婚姻は性的な結合を伴う継続的契約関係であるから，その原状回復といっても婚姻前の状態に完全に戻すことはできない。なぜなら婚姻生活の否認は，その間に生まれた子の身分や当事者はもちろん，第三者にも混乱と不都合を引き起こすからである。そこで民法は婚姻の無効・取消となる事由を制限し，婚姻取消の効果も遡及しないものとした。同じように婚姻関係を不遡及的に解消させる制度として離婚がある。しかし，離婚は婚姻成立後に生じた事由によって婚姻を解消させる制度である点で，婚姻の無効・取

消とは異なる。とはいえ,実際問題として,婚姻の無効・取消が問題となる夫婦間では離婚の可能性もある。このため,離婚制度を利用すれば婚姻関係を将来に向かって消滅させることができ,無効・取消という方法よりも合理的な結果を導き出しやすい。このため,わが国のように協議離婚によって自由に離婚が認められる法制の下では,婚姻の無効・取消制度の存在意義は小さい。

2 婚姻の無効

(1) 婚姻の無効原因

婚姻は,①婚姻意思の欠如,②婚姻届出の欠缺の場合に無効となる(742条)。

(a) 婚姻意思の欠如　婚姻届は提出されているが,人違いその他の理由で当事者間に婚姻意思がない場合である(742条1号)。

婚姻意思の欠如 ─┬─ 人違い…たとえばAさんをBさんと思っていた場合のように,相手方についての同一性を誤ることである。したがって相手方の性質・健康・年齢・職業・地位・財産などについての誤認は,無効や取消の原因にもならないので,たとえそのような誤認があったとしても,婚姻自体は完全に有効である。しかし,その誤認が詐欺による場合であれば取消原因となる。
　　　　　　　 └─ その他の事由…①当事者の知らない間に第三者が婚姻届をした場合。②当事者の一方または双方が心神喪失または一時的精神障害のもとで婚姻をした場合。③婚姻の意義を理解できない幼者が当事者であった場合。

婚姻意思とは社会通念上,夫婦共同生活関係に入る意思をいう(実質意思説:通説・判例)。婚姻意思は婚姻届作成時だけでなく,婚姻届の提出時(受理時)にも存在しなければならない,というのが通説の立場である(ただし最判昭和45年4月21日判時596号43頁,最判昭和44年4月3日民集23巻4号709頁)。

(b) 婚姻届の欠缺　民法742条2号本文は,婚姻の届出のない場合を婚

の無効と規定しているが，実はこれは婚姻の不成立であって（通説），無効以前の問題である。したがって届出が同条2号所定の要件を備えていない不完全な届出も，受理によって完全な届出として治癒されるという意味に解すべきである。

(2) 無効の効果

婚姻が無効であれば，婚姻の効果ははじめからいっさい生じない。したがってその間に当事者間に子が生まれても嫡出子とはならない。婚姻の無効は，当事者はもちろん，利害関係のある者はだれでも，またいつでも無効を主張できる。ただし，婚姻意思が欠如しているために無効となっている場合には，後に婚姻意思を備えることによって当初から有効な婚姻となる。

(a) 婚姻無効の審判と訴え　婚姻無効の訴えを提起するには，まず調停の申立てをしなければならない（調停前置主義，家事審判法17条・18条）。手続の概略は次のとおりである。

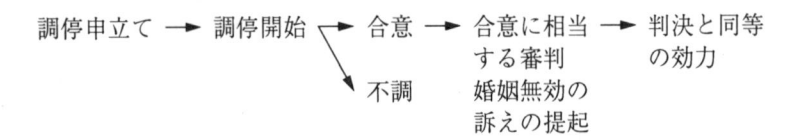

```
調停申立て → 調停開始 ┬→ 合意 → 合意に相当 → 判決と同等
                      │              する審判      の効力
                      └→ 不調      婚姻無効の
                                    訴えの提起
```

調停は，戸籍上配偶者となっている者を相手方として，その相手方の住所地または当事者が合意で定めた地の家庭裁判所に申し立てる。婚姻無効の訴えは人事訴訟手続法に従って提起する。この訴えは，当事者以外の第三者でも訴える利益があるかぎり提起することができる。婚姻無効の判決の効力は，訴訟の当事者だけでなく，第三者に対しても効力を有する（人事訴訟手続法18条1項）。これは，婚姻無効の制度的本質からみて，だれに対しても画一的な対世的効力を持つ必要があるからである。

(b) 婚姻の無効と戸籍の訂正　調停または判決によって婚姻の無効が確定したときには，確定した日から1カ月以内に，調停申立人あるいは原告は判決の謄本を添付して戸籍の訂正をしなければならない（戸籍法116条）。

3 婚姻の取消

婚姻の取消は，一定の事由がある場合（取消原因）に，一定の者（取消権者）の主張を待ってはじめて認められ，その効果は将来に向かってのみ認められる（不遡及効）。

取消原因	取消権者	期間制限
①不適齢婚 （731条違反）	当事者　親族 検察官	当事者が適齢に達するまで可。 本人は適齢後3カ月間は可。
②重婚（732条違反）	当事者　親族 検察官 前婚の配偶者	なし
③再婚禁止期間違反 （733条違反）	当事者　親族 検察官	前婚解消・取消の日から6カ月以内 再婚後，懐胎するまで可
④違法な近親婚 （734条〜736条違反）	当事者　親族 検察官	なし
⑤詐欺・脅迫による婚姻（747条）	当事者	詐欺を発見した時・脅迫を免れた時から3カ月以内。

婚姻の取消は裁判所に請求して，その判決を待ってはじめて効力を生じる。取消の効力は既往に遡らないので，取消前に懐胎した子は嫡出子である。身分関係では，子の親権者の決定，復氏，財産分与請求権の発生などが生じる。財産関係は不当利得の原則によって清算されることになる。

＜ANSWER＞

結婚生活に対する幻滅だけでは，婚姻の無効・取消事由に該当しない。ただし，たとえば婚外子の存在や異常な性的素質などについて黙秘による欺罔が行われた結果，千夏が結婚に幻滅を感じた場合には，詐欺による取消が考えられる。

＜POINT＞

1　無効原因と取消原因
2　婚姻無効と婚姻取消の効果とその主張方法

第8講 　内　　　縁

<CASE>
　広司の兄，子門貴司は25年以上幸子という女性と同居し，二人の間にできた子，長男拓也も成人しているが，根っからの拘束ぎらいの性格から婚姻届を未だに出していない。貴司は何もかもいやになり，「家を売り，幸子を捨て，自由人として生きたい。家の売却金で放浪する」と宣言した。幸子は貴司を頼りに生活してきた。内縁の妻でも何らかの保障はあるのか。

<THEME>
1　内縁とは
2　内縁の保護
3　重婚的内縁

❖❖❖❖❖❖❖❖❖❖❖❖❖❖❖❖❖❖❖❖❖❖❖

<ESSENCE>
1　内縁とは
　内縁とは，夫婦共同生活の実質があり，かつ，社会的にも夫婦として認められているにもかかわらず，婚姻届を出していない夫婦をいう。主観的に夫婦であるという婚姻意思を必要とするが，実際には内縁は同棲の延長上にあることが多く，どの時点をもって内縁とするか，むずかしい場合がある。判例では「ずるずるばったりと性関係に入り同棲生活を続けていた」関係を「事実上の婚姻関係即ち内縁」として判断したものがある（岐阜家審昭和57年9月14日家月36巻4号78頁）。
　明治民法の下では，婚姻に際して戸主や親の同意を要する（旧750条・772条）

など，「家」制度と関わる規定が多くみられ，これを理由として婚姻届出がなされないという状況があった。さらには当時，人々の生活に深く根ざしていた「家」制度的な意識が内縁の増加をもたらしていたことも明らかである。子が生まれるまで婚姻届を出さないというような事実もしばしばみられた。

民法が改正された後，このような理由で内縁にとどまるということはほとんどみられない。

これにかわって，1980年代後半から，自らの主体的な意思で婚姻届を出さないまま共同生活を続けるカップルがふえてきたことが注目される。夫婦別姓の実践，戸籍を通じて家族関係を把握・管理されることへの疑問などがその理由とされている。そして，このような関係は主体的な意思によって形成され，従来の内縁関係とは異なるものであるとして，事実婚と表現すべきとする説もあるが，婚姻意思にもとづく共同生活という実体からみれば，内縁と変わるところはない。

なお，近年，高齢者の内縁も問題になってきている。その背景には，高齢者の再婚の可能性が高くなったものの，相続の問題がからんで，親族がこれに反対するために，婚姻届を出せない，という実情がある。

2　内縁の保護

内縁の夫婦も婚姻届を出している夫婦と同様に，内縁関係の解消など法的問題に直面することが少なくない。このような場合，内縁の夫婦にどのような法的保護があたえられるのであろうか。

判例では，当初，内縁を婚姻予約として構成し，一方配偶者による不当破棄は債務不履行責任を生じさせるとした（大判大正4年1月26日民録21輯49頁）。しかし夫婦として暮らしているカップルを，婚姻予約の関係としてとらえることは実態にそぐわない。また，婚姻予約の考え方では，第三者との関係で問題が生じた場合（内縁の夫が交通事故に遭遇し，加害者に対して損害賠償責任を請求する場合など）には，処理できないことになる。その後，内縁保護の努力が重ねられ，昭和33年にいたり，婚姻に準ずる関係，すなわち準婚として解釈されるようになった（最判昭和33年4月11日民集12巻5号789頁）。

今日では，貞操義務，同居協力扶助の義務，婚姻費用の分担，夫婦財産関係

など，夫婦共同生活を維持すべき法的効果は内縁の夫婦にも認められている。一方，氏の共同，子の嫡出性の付与，相続など届出と結びついた法的効果は認められていない。ただし，相続に関しては，死亡した内縁配偶者に相続人がいない場合には，内縁配偶者は特別縁故者として遺産の分与請求権が認められ（958条の3），また，借家権を承継することができる（借地借家法36条）。

社会立法の領域では，内縁夫婦が多かった事実を反映してか，早くから内縁配偶者の保護が図られていた。1923年施行の改正工場法（15条），および，1937年施行の母子保護法（1条1項）などである。戦後は，健康保険法（1条2項），労働者災害補償保健法（16条の2第1項），労働基準法施行規則（42条1項），厚生年金保険法（3条2項），公営住宅法（17条）などにみられるように，さまざまな領域で内縁保護の立法がなされている。

このように，民法上も社会立法の領域でも，内縁の夫婦は保護されているが，自らの意思により内縁関係であることを選択しているカップルは婚姻の効果を享受することを欲していないはずであるから，婚姻と同視する必要はないとする見解があることにも注意したい。

3 重婚的内縁

法律上の配偶者を有する者が他の異性と事実上の夫婦共同生活を営んでいる関係を重婚的内縁という。法律上の婚姻がいまだ続いており，客観的には公序に反しているために，その保護はむずかしい。しかし，法律婚がすでに実体を失い，事実上の離婚状態が明らかな場合には，内縁配偶者の保護がなされる傾向が明らかになっている。

判例では，重婚的内縁関係を不当に破棄した者を救済し（東京地判昭和34年12月25日下民集10巻12号197頁），内縁配偶者の事故死に対して重婚的内縁関係にあった者への損害賠償請求を認容し（東京地判昭和43年12月10日判時544号3頁），内縁解消にともなう財産分与請求を認容する（広島高松江支決昭和40年11月15日高民集18巻7号527頁）など，重婚的内縁にある者の保護が図られている。一方では，重婚的内縁は，保護の内容にしたがって，相対的に行うべきとする考え方がある。すなわち，不当破棄の損害賠償などは肯定的に解するが，同居協力扶助の義務など内縁関係の存続維持に関係するような効果については，公序良

俗に反するとして否定的に解すべきというのである。

　社会立法上は，内閣法制局が国家公務員共済組合法の遺族年金をめぐって，重婚的内縁配偶者も受給権者となりうるという積極的な見解を示したこと（法務省「法制意見年報昭和38年度」）を発端として，社会保険庁もこれを踏襲した通達を出している。このような流れのなか，全国的に重婚的内縁配偶者が遺族年金を受給することが多くなってきている。

<ANSWER>

　貴司と幸子の関係は，婚姻届出を出していないとはいえ，25年以上も続き，二人の間には子もいるのであるから，法的保護にあたいする内縁関係にあることは明らかである。夫婦共同生活を維持するための法的権利義務は法律上の夫婦となんら変わることなく適用されることになる。したがって，貴司が幸子のもとから去り，家の売却代金も自由にしようというのであれば，幸子は貴司に対して法的な権利を行使することができる。まず，月々の生活費の確保のために同居協力扶助の義務の履行を求めることになろう。貴司がどうしても別れるというのであれば，内縁関係の不当破棄にもとづく慰謝料の請求が考えられ，また当然，財産分与の問題も生じてくる。

<POINT>

1　内縁関係発生の理由
2　重婚的内縁の保護
3　法律婚と事実婚
4　判例法の形成

第9講　離　婚

<CASE>
千夏は真剣に離婚を考え，そのための勉強を始めたが，いろいろあってややこしい。整理のためにフローチャートを書いてみることにした。

<THEME>
1　離婚とは
2　離婚法の沿革
3　協議離婚
4　調停離婚
5　審判離婚
6　裁判離婚

<ESSENCE>

1　離婚の種類

　離婚とは，有効に成立した婚姻を当事者双方のあるいは一方の意思によって将来に向かって解消する制度である。どのようにして離婚を認めるかは各国によって異なるが，わが国には，協議離婚（763条），調停離婚（家事審判法18条），審判離婚（同24条），裁判離婚（770条）の4種類の方法がある。

2　離婚法の沿革

　西欧諸国においては，中世以来キリスト教が絶大な勢力をもち，離婚を認めていなかったが，近世に至ってからは姦通・虐待・遺棄などを離婚原因とする

裁判離婚が制限的ではあるが認められるようになってきた。裁判離婚は罪に対する罰としての意味合いが強く，有責主義による考え方が示されていたが，徐々に破綻主義による考え方もみられるようになってきた。しかし，キリスト教による婚姻非解消主義を採る国は多く，根強く有責主義が維持されてきたが，しかし，個人主義・自由主義の台頭により少しずつ離婚の自由化の動きがみられ，夫婦が対等の立場で離婚法を考えることができるようになった。今日では，西欧諸国のあらゆる国々が破綻主義離婚法（有責主義離婚を含む）を認める方向へと動いている。

　一方，わが国では長く続いた封建制のもとで，「三下り半(みくだりはん)」にみられるように，家長の専権的な離婚制度が当然とされていた。離婚を望む妻は縁切寺へ駆け込み，3年間の修行が必要とされた。明治時代になってからは，フランス民法典に準拠した旧民法が制定され，協議離婚制度の規定も導入されるに至った。昭和22年には大幅に民法が改正されるに至り，離婚制度の体系が，ここにできあがったのである。

3　協議離婚
(1)　協議離婚の効力

　協議離婚とは，夫婦の協議（合意）による離婚をいい，届出によって効力が生ずる。協議離婚は，当事者の離婚意思（離婚の実質的要件）の合致と戸籍法に定める届出（離婚の形式的要件）とを基本として成立するものである。したがって，離婚原因，動機，その他の要因は問わない。協議離婚は，離婚裁判と異なり，当事者の協議という形で離婚が進められるので相手の欠点や秘事が公にされないところに長所がみられるが，夫婦の弱者に離婚意思を押しつけ，離婚を有利に導こうとするところに欠点がみられる。

　協議離婚の離婚意思については，学説は，形式意思説と実質意思説が対立している。形式意思説は，離婚届出に向けられた意思または離婚届出をしようとする意思で足りるとし，実質意思説は，夫婦の結合を実質的かつ永久に解消しようとする意思が必要であるとする。両説の相違は，仮装離婚の効力において問題となる。仮装離婚は形式意思説に従えば有効となり，実質意思説によれば無効となる。判例は当初無効と解していたが，その後有効と解するに至った

(最判昭和38年11月28日民集17巻11号1468頁)。

(2) 離婚能力

協議離婚は，意思能力があれば足りる。禁治産者でも正常な精神状態に復している限り，後見人の同意を必要としないで単独で離婚の合意をすることができる。ただし，「禁治産者が届出をする場合は，届書に届出事件の性質及び効果を理解するに足りる能力を有することを証すべき診断書を添附しなければならない」（戸籍法32条2項）と規定されている。この意思能力は，離婚の協議ならびに届出作成時に存在することが必要であるとされ，届出時に意思能力を喪失していたというような場合には，自らそのことを証明しなければならない。郵送による協議離婚の届出がなされた場合には，受理時に当事者の一方が死亡しても，届出は有効に成立したものとされる（同47条）。

(3) 離婚届出

協議離婚は，戸籍法の定めるところにより，届け出ることによって効力を生ずる（764条・739条）。届出の方式および受理は，婚姻届出と同様である。子の親権者記載は，必要的記載事項であり，この記載のない届出は受理されない（765条1項）。しかし，このような届出も，いったん受理されてしまうと，離婚は有効に成立する（765条2項）。

(4) 協議離婚の無効・取消

協議離婚の無効については，民法は何ら規定をもたない。したがって，婚姻の無効に関する規定（742条）を類推適用している（通説）。離婚の無効は，婚姻の無効と同様に，当事者間に離婚意思がないとき，離婚届出がないときの二つである。協議離婚が無効となると，従前の婚姻が継続することになり，その効果は第三者にも及ぶことになる。当事者の一方が再婚しているような場合には，重婚関係が生じ取消の問題となる。

詐欺または強迫によって協議離婚がなされた場合，協議離婚の取消については，764条により747条を準用し，婚姻と同様に取り消すことができる。

4 調停離婚

調停離婚とは，調停によって成立する離婚をいう。夫婦が協議で離婚することができないときは，必ず調停を申し立てなければならない。これを調停前置

主義（家事審判法24条）という。かりに，地方裁判所にいきなり離婚の訴えを提起しても，職権で家庭裁判所の調停に廻付される（同18条2項）。調停は，家事審判官と2名の調停委員からなる調停委員会において，当事者間の離婚の合意を基礎に当事者本人が出頭し，非公開で行われる。調停で離婚が合意されれば調停調書に申立人と相手方とは離婚する旨を記載し，調停離婚が成立する。調書は確定判決と同一の効力を有する（同21条1項）。調停離婚は，あくまでも当事者の合意を基礎として紛争を解決すべきものであるから，裁判離婚でみられるような離婚原因に拘束される必要はなく，協議離婚に近いものといえよう。

5 審判離婚

　審判離婚とは，審判によって成立する離婚をいう。調停が成立しない場合，家庭裁判所は調停委員の意見を聴き，当事者双方のため衡平に考慮して，当事者間双方の申立の趣旨に反しない限度で，審判をすることができる（家事審判法24条）。審判離婚は，離婚そのものには合意はあるが，親権・監護権，養育費，その他の問題で合意が得られないという場合に，今までの調停の経過を生かして事件の解決をはかろうとするものである。審判の効力は，2週間以内に異議申立がなければ確定判決と同様の効果をもち，離婚が成立する（同14条）。異議申立があれば，審判の効力は失効することになる。

6 裁判離婚

　裁判離婚とは，当事者の一方の請求にもとづき，裁判所が判決をもって婚姻を解消させることをいう。裁判離婚の手続は，離婚の協議が調わず，離婚調停も成立せず，審判離婚もなされないときに行われるものである。裁判離婚は，夫婦の一方が離婚を求めているのに対して，他方がこれに応じない場合に離婚を認めさせる点で強制的な離婚といえる。

(1) 離婚原因

　裁判離婚は，法律上の離婚原因がある場合に認められる。現行法の離婚原因は，四つの具体的離婚原因と一つの抽象的離婚原因を規定している。

　(a) 具体的離婚原因

　　ⓐ 配偶者に不貞な行為があったとき　　不貞な行為とは，夫婦間の貞操義

務に反する行為である。姦通よりも広い概念と理解されている。不貞行為は，行為者が自由な意思にもとづいて行われるが，自由な意思でなくても不貞な行為となる。配偶者以外の者を強姦したような場合がそうである（最判昭和48年11月15日民集27巻10号1323頁）。

ⓑ 配偶者から悪意で遺棄されたとき　悪意の遺棄とは，故意または害意をもって夫婦としての共同生活を履行しないことである。一般に，正当な理由なく同居を拒否し，夫婦としての協力・扶助義務を履行しないことなどがこれにあたる。ただし，正当な事由（病気療養の必要性から）がある場合や，婚姻破綻を招来した者に対して，相手方が同居を拒否したりあるいは扶助しないというような場合には，悪意の遺棄にはあたらない（最判昭和39年9月17日民集18巻7号1461号）。

ⓒ 配偶者の生死が3年以上明らかでないとき　生死不明とは，配偶者が生存しているのか死亡しているのか確認できない状態が継続していることである。生死不明の原因や過失は問わない。3年の期間は，最後に音信があったときが起算点となる。生死が分明でないときは，失踪宣告（30条）によって婚姻を解消することができるが，本条の離婚とは異なる。本条による離婚は，離婚が確定すれば生死不明者が現れても婚姻は復活しない。

ⓓ 配偶者が強度の精神病にかかり，回復の見込みがないとき　精神病離婚は，強度の精神病で，回復の見込みがないときを要件とする。強度の精神病とは，不治の精神病でなければならない。不治が確定できない精神病のときは，770条1項5号の問題となる。同条4号の「回復の見込みのないとき」とは，通常の婚姻生活を回復することが困難な状態であることをいう。単なる精神病，軽度の精神分裂症はこれにあたらない。最高裁は，「……諸般の事情を考慮し，病者の今後の療養，生活等についてできるかぎりの具体的方途の見込みのついた上でなければ，ただちに婚姻関係を廃絶することは不相当……」として，精神病離婚を理由とする離婚には消極的に解している（最判昭和33年7月25日民集12巻12号1823頁）。

(b) 抽象的離婚原因

ⓔ その他婚姻を回復し難い重大な事由があるとき　婚姻を回復し難い重大な事由とは，一般に婚姻関係を破綻させる事実をさすが，実際には婚姻関係

が破綻し回復の見込みのない状況にあることをいう。何をもって婚姻関係が破綻したかは裁判所の判断による。具体例としては，性格の不一致，配偶者からの虐待・暴力，性交不能，性交の理由なき拒絶，配偶者の浪費癖，配偶者の親族との不和などがある。770条2項は，1号から4号の離婚原因に該当する事実がある場合でも，裁判所はいっさいの事情を考慮して婚姻の継続を相当と認めるときは，離婚の請求を棄却することができると規定している。

<ANSWER>

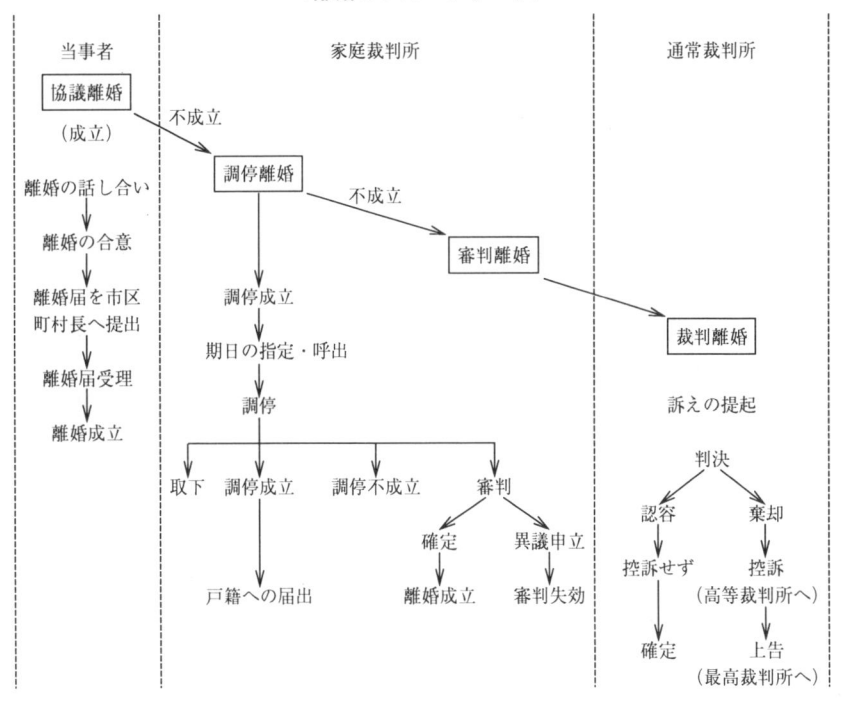

<離婚のフローチャート>

当事者	家庭裁判所	通常裁判所
協議離婚（成立）		
↓離婚の話し合い	不成立→ 調停離婚	
↓離婚の合意	↓不成立→ 審判離婚	
↓離婚届を市区町村長へ提出	↓調停成立	→ 裁判離婚
↓離婚届受理	期日の指定・呼出	
離婚成立	↓調停	訴えの提起
	取下／調停成立／調停不成立／審判	判決
	確定　異議申立	認容　棄却
	戸籍への届出　離婚成立　審判失効	控訴せず　控訴（高等裁判所へ）
		確定　上告（最高裁判所へ）

<POINT>

1　**調停前置主義と離婚の種類**

46　第Ⅰ編　親族法

離　婚　届

平成　年　月　日届出

長　殿

	受理	平成　年　月　日		発送	平成　年　月　日	
	第	号				長印
	送付	平成　年　月　日				
	第	号				
婚姻調査	戸籍記載	記載調査	調査票	附票	住民票	通知

		夫		妻	
(1)	（よみかた） 氏　　名	氏　　　　　名		氏　　　　　名	
	生年月日	年　　月　　日		年　　月　　日	
	住　　所 （住民登録をして いるところ） （よみかた）	番地 番　　号		番地 番　　号	
		世帯主 の氏名		世帯主 の氏名	
(2)	本　　籍 （外国人のときは 国籍だけを書い てください）				番地 番
		筆頭者 の氏名			
	父母の氏名 父母との続き柄 （他の養父母は その他の欄に 書いてください）	夫の父 　　母	続き柄 男	妻の父 　　母	続き柄 女
(3)(4)	離婚の種別	□協議離婚　　　　　□審判　　年　月　日確定 □調停　年　月　日成立　□判決　年　月　日確定			
	婚姻前の氏に もどる者の本籍	□夫　は　□もとの戸籍にもどる □妻　　　□新しい戸籍をつくる		番地 番	（ふりがな） 筆頭者 の氏名
(5)	未成年の子の 氏　　名	夫が親権 を行う子		妻が親権 を行う子	
(6)(7)	同居の期間	年　　月から （同居を始めたとき）		年　　月まで （別居したとき）	
(8)	別居する前の 住　　所				番地 番　　号
(9)	別居する前の 世帯のおもな 仕事と	□1．農業だけまたは農業とその他の仕事を持っている世帯 □2．自由業・商工業・サービス業等を個人で経営している世帯 □3．企業・個人商店等（官公庁は除く）の常用勤労者世帯で勤め先の従業者数が1人から99人までの世帯（日々または1年未満の契約の雇用者は5） □4．3にあてはまらない常用勤労者世帯及び会社団体の役員の世帯（日々または1年未満の契約の雇用者は5） □5．1から4にあてはまらないその他の仕事をしている者のいる世帯 □6．仕事をしている者のいない世帯			
(10)	夫妻の職業	(国勢調査の年　平成　年　4月1日から翌年3月31日までに届出をするときだけ書いてください) 夫の職業		妻の職業	
	その他				
	届出人 署名押印	夫　　　　　　　　　　印		妻　　　　　　　　　　印	
	事件簿番号		住所を定めた年月日 夫　　年　月　日 妻　　年　月　日	連絡先	電話（　　）　　番 自宅・勤務先・呼出　方

第9講 離　　婚

記入の注意

鉛筆や消えやすいインキで書かないでください。
筆頭者の氏名欄には、戸籍のはじめに記載されている人の氏名を書いてください。
届書は、1通でさしつかえありません。
この届書を本籍地でない役場に出すときは、戸籍謄本が必要ですから、あらかじめ用意してください。
そのほかに必要なもの　調停離婚のとき➡調停調書の謄本
　　　　　　　　　　　審判離婚のとき➡審判書の謄本と確定証明書
　　　　　　　　　　　判決離婚のとき➡判決書の謄本と確定証明書

証　　人 （協議離婚のときだけ必要です）		
署名押印	印	印
生年月日	年　　月　　日	年　　月　　日
住所	番地番号	番地番号
本籍	番地番	番地番

父母がいま婚姻しているときは、母の氏は書かないで、名だけを書いてください。
養父母についても同じように書いてください。
□には、あてはまるものに☑のようにしるしをつけてください。

今後も離婚の際に称していた氏を称する場合には、左の欄には何も記載しないでください。
（この場合にはこの離婚届と同時に別の届書を提出する必要があります。）

同居を始めたときの年月は、結婚式をあげた年月または同居を始めた年月のうち早いほうを書いてください。

◎署名は必ず本人が自署してください。
◎印は各自別々の印を押してください。
◎届出人の印をご持参ください。

第10講　協議離婚

<CASE>

〔その1〕　千夏は，治夫に離婚届に署名捺印するようにと要求したが，治夫は「わっかた何とかする」といったきり，いつまでたっても離婚届を送ってこない。千夏は友人に代筆してもらい，離婚届を出し，協議離婚をしようかと考えている。これは許されるか。

〔その2〕　千夏は，紙1枚で離婚する協議離婚制度は，何となく軽率すぎる気がした。この千夏の危惧はあたっているか。

<THEME>

1　協議離婚手続
2　協議離婚の現状
3　協議離婚の問題点
4　不受理申出制度
5　無効な協議離婚の追認
6　離婚届出の審査
7　離婚届出の署名・捺印

❖❖❖❖❖❖❖❖❖❖❖❖❖

<ESSENCE>

1　協議離婚手続

　民法763条は，「夫婦は，その協議で離婚をすることができる」と規定している。協議離婚は，当事者の離婚意思の合致と戸籍法に定める離婚届出によって成立する。協議で離婚しようとする者は，市区町村戸籍係に備え付けてある離

婚届用紙（書式を参照）をもらい，その離婚届用紙を戸籍吏に提出することによって離婚が成立する。離婚届は，本籍地の戸籍係に提出してもよいし，現住所の戸籍係に提出してもかまわない。本籍地に提出する場合は，離婚届で足りるが，現在所の市区町村の戸籍係に提出しようとする者は，戸籍謄本一通添付することが必要となる。

2 協議離婚の現状

日本の離婚制度の中で，いちばん離婚が多いのが，この協議離婚（離婚総数の約90％）である。協議離婚は，当事者の意思で簡易に離婚が提出できること，また裁判所の判断を経ず（プライバシーの保護）にできるという点がこの離婚率に繋がっていると思われる。昔は，夫からの一方的な「追い出し離婚」や「棄妻離婚」として利用された経緯があったため，離婚意思の確認をすべきとの提案もなされたが，実現せず現行法どおりとなった。

3 協議離婚の問題点

今日，協議離婚には，離婚意思の形成，離婚届の手続などの問題点がいくつか指摘されている。協議離婚の離婚意思の問題点としては，離婚意思が当事者双方で十分に話し合われた合意であるのかどうかが明確でないこと，離婚時に妻に対する財産分与，子に対する養育費などの取決めの基準がはっきりしないこと，また離婚時に決定された財産分与・養育費の履行確保が不十分である点などがあげられる。

離婚届出の手続の問題点としては，本人の出頭を必要とせず，戸籍係が書面審査だけで離婚届出を受理できる点にあり，離婚意思の真意を保障するものとなっていないことである。仮装離婚，離婚給付，養育費などの問題が協議離婚という名のもとに，離婚の効果だけが発生してしまうということにもなりかねない。

4 不受理申出制度

当事者の一方に離婚する意思がないにもかかわらず，一方的にまたは不本意のまま協議離婚届が提出されてしまうことがある。それを未然に防止しようと

いう制度が不受理申出制度である。不受理申出制度は，1952年以降，法務省の通達によって形成され，1976年の通達によって体系化されたものである。

協議離婚の不受理申出制度には，次の二つが認めれられている。一つは，当事者一方に最初から離婚意思がなく，相手方の一方的な離婚届の提出を阻止するという場合である。もう一つは，当事者双方の一応の合意のうえ，離婚届に署名・押印はしたが，離婚届の受理前に離婚意思を翻した場合である。

このような申し出があった場合には，相手方から提出された離婚届は不受理扱いとされる。この不受理申出（53頁，書式参照）は受付の日から6カ月間だけ有効である。さらに不受理の取扱いを受けたい者は，あらためて不受理申出書を提出しなければならない。不受理申出制度を提出できるのは，協議離婚の当事者，つまり届出人に限られる。第三者が勝手に協議離婚を阻止することはできない。

5　無効な協議離婚の追認

離婚意思を欠いた無効な協議離婚であっても，これを追認すれば離婚届出の時に遡って有効と解するのが，通説・判例の立場である。通説は，一般に第三者は届出の外観によって行動するのが常であるから，遡及的に追認を認めても第三者の利益を不当に侵害することにはならないし，また民法は詐欺・強迫による協議離婚の追認を容認しているから，要式行為を理由に追認を否定すべき根拠がないとする。

追認の方法については，裁判外の口頭・書面による意思表示でよいとする説と家庭裁判所の関与が必要であるとする説とがある。

協議離婚の追認に関する裁判では，追認は追い出し離婚に繋がる恐れがあるため，追認の意思の有無を必要とし，黙示の追認は許されないとした事例がみられる（宮崎地判昭和36年7月20日家月14巻2号126頁）。夫が勝手に協議離婚届出を提出した事例では無効な協議離婚を認めている（最判昭和42年12月8日家月20巻3号55頁）。

6　離婚届出の審査

協議離婚は，婚姻と同様に「婚姻は，戸籍法の定めるところによりこれを届

け出ることによつて、その効力を生ずる」(739条1項)と規定している。765条は、離婚届出がなされた場合に、戸籍事務担当者が届出を受理する要件および受理する要件に違反して受理されたときの効力について定めている。すなわち、離婚届は、「当事者双方及び成年の証人2人以上から、口頭又は署名した書面でこれをしなければならない」(764条による739条の準用)。さらに「……協議上の離婚をするときは、その協議でその一方を親権者と定めなければならない」(819条1項)とされているのである。戸籍事務担当者は、離婚届が先にあげた要件をみたしているときは、これを受理しなければならない。戸籍事務担当者が正当な理由なく離婚届出を拒否したときは、戸籍地のある家庭裁判所に不服の申立をすることができる(戸籍法118条、特別家事審判規則13条)。法令違反のある離婚届出を誤って受理した場合は、離婚当事者に離婚意思のある限り、離婚は有効に成立すると解されている(765条2項)。

7 離婚届出の署名・捺印

離婚届書(46頁参照)は、当事者双方が署名・捺印をしなければならないと規定している。ただし、当事者が外国人の場合は署名だけで足りる。当事者以外の者が代理人として署名・捺印した届書は受理されない(法務局長回答大正3年12月28日)と解されているが、判例・学説には争いがある。

判例は、「……離婚届出書に届出人の氏名が代書された場合に、戸籍法施行規則第62条第2項所定の事由の記載を欠いていても、その届出が受理された以上、その離婚は有効に成立するものと解するのが相当である」(最判昭和44年1月31日家月21巻7号67頁)とする。代署・代捺の点は明確には示されていないが、届書に代署・代捺の事由記載があれば認められると思われる。

他方、学説は、戸籍法37条に照らしながら、民法が当事者の真意を確保しようとしている趣旨から、書面による届出にあっても、代署・代捺は許されないと解する説や、現行の戸籍制度から鑑み、書面審査だけでは当事者の離婚意思を署名・捺印という形で確認することはほとんど不可能であり、代署・代捺は実際相当広く行われているから、自署不能の事由付記により代署は認められるとする説がある。

<ANSWER>

〔その1〕 協議離婚は，当事者の合意が前提であり，当事者に離婚意思が合致していれば離婚をすることができる。ケースでは，治夫の言葉から離婚する意思は確認できる。しかし，そのことと離婚届出の代署・代捺の問題は別である。私見としては，治夫本人の署名・捺印でなければいけないと考える。なぜなら，治夫自身，自署することが不能であるとは想定できないし，離婚届での真意を確保するという点からも，本人であることが必要であろう。＜ESSENCE＞でも説明したように，判例，学説ともに議論があるところである。

〔その2〕 この答えは，協議離婚の問題点の中に示されているので省略する。

<POINT>

1　協議離婚の離婚意思
2　離婚届出の署名・捺印に関する判例・学説
3　不受理申出制度の趣旨

不受理申出

平成　　年　　月　　日申出

　　　　　　　　　　　長殿

受理	平成　年　月　日
受付番号第　　　号	
送付	平成　年　月　日
受付番号第　　　号	

発送　平成　年　月　日

　　　　　　　　　　長印

書類調査	戸籍調査	不受理申出期間終了日
		平成　　年　　月　　日

不受理処分をする届出	届出事件の種別		届
	氏　　名		
	生年月日	年　　月　　日	年　　月　　日
	住　　所 （住民登録をしているところ）	番地 番　　　号	番地 番　　　号
	本　　籍	番地 番	番地 番
		筆頭者の氏名	筆頭者の氏名
申出理由	□届出の意志がなく、届書に署名押印したこともない。 □届書に署名押印したが、その後届出の意志をなくした。		
不受理期間 上記届出について不受理の取扱いをする期間	□本申出受付の日から6箇月間 □本申出受付の日から　　年　　月　　日まで 　　（6箇月を超えないようにすること）		
その他			

上記届出が不受理期間中に提出された場合には、これを受理しないようお願いします。

申出人 署名押印	㊞
連絡先 （連絡方法の希望）	電話 希望 （　　　　　　　　　　　　　）

第11講　裁判離婚

<CASE>

千夏は自分が妊娠4カ月であることを知り、将来の子供にはやはり父親が必要と考え、よく話し合って家庭を再建しようと実家で静養していた。ところが、千夏の留守中、治夫は独身を装って仕事先の女の子と浮気をし、千夏にない安らぎを感じるとして千夏に離婚を請求してきた。千夏がそれに応じないので、治夫は離婚裁判を起こした。

<THEME>

1　離婚原因
2　離婚法の形態（有責主義と破綻主義）
3　外国法でみる離婚原因

<ESSENCE>

1　離婚原因

(1)　裁判上の離婚原因

現行法である770条は、裁判上の離婚原因について次のように規定している（離婚原因の詳細については第9講参照）。

「①　夫婦の一方は、左の場合に限り、離婚の訴を提起することができる。

1　配偶者に不貞な行為があったとき。
2　配偶者から悪意で遺棄されたとき。
3　配偶者の生死が3年以上明かでないとき。
4　配偶者が強度の精神病にかかり、回復の見込みがないとき。

5　その他婚姻を回復し難い重大な事由があるとき。
② 　裁判所は，前項第1号乃至第4号の事由があるときでも，一切の事情を考慮して婚姻の継続を相当と認めるときは，離婚の請求を棄却することができる。」

この規定は，1947年の民法改正の際に創設された規定である。実際には，旧法（明治31年）の離婚原因規定（民法813条）の影響を受けて，規定されたものである。

(2)　旧民法の離婚原因

旧法の具体的な離婚原因は次のとおりである。①重婚　②妻の姦通　③夫の姦淫罪　④破廉恥罪その他の重罪　⑤配偶者の虐待侮辱　⑥配偶者の遺棄　⑦配偶者の直系尊属からの虐待侮辱　⑧配偶者の直系尊属への虐待侮辱　⑨配偶者の3年以上の生死不明　⑩婿養子婚姻における離縁である。

現行法である770条は，前述の①から③の離婚事由を，1項1号の「配偶者の不貞行為」として規定し，④，⑤，⑦，⑧の離婚事由は，1項5号の「その他婚姻を継続し難い重大な事由」として規定した。さらに，⑥の離婚事由は1項2号，⑨の離婚事由は1項3号に規定し，さらに精神病離婚の離婚事由を1項4号に付け加えたのである。770条1項1号から2号の事由は，いわゆる有責主義離婚法において認められる離婚原因であるが，3号と4号の事由は，離婚を配偶者の一方または双方の破綻から救済する制度としての機能を有する破綻主義離婚法の規定なのである。今日，770条1項1号から4号は，具体的離婚原因の規定，1項5号は抽象的離婚原因の規定として理解されている。

(3)　離婚請求棄却事由

770条2項は「裁判所は，前項1号乃至第4号の事由があるときでも，一切の事情を考慮して婚姻の継続を相当と認めるときは，離婚の請求を棄却することができる」と規定している。これは，離婚請求棄却事由とよばれているものである。この規定は，当事者の一方の行為が具体的な離婚原因に該当していても，婚姻関係が未だ破綻しているとはいえないと解される場合には，離婚を認めないとする規定である。破綻主義離婚法を消極的に位置づけた規定といえよう。この規定については，立法当初より，裁判官の裁量権が広すぎるとして問題となっていたところである。法制審議会民法部会は，現行法の770条2項の

裁量棄却の規定を廃止して苛酷条項と信義則の規定に置き換える要綱案を示すに至った。その理由として、苛酷条項には故意に別居状態を作出した配偶者からの離婚請求を抑止する機能があること、親の離婚によって子の福祉・利益が深刻な影響を受ける可能性があるからであるとする。

2 離婚法の形態（有責主義と破綻主義）

(1) 有責配偶者からの離婚請求

離婚法は、破綻主義離婚法と有責主義離婚法とに大きく分かれる。破綻主義離婚法では、婚姻関係が客観的事実として破綻していれば離婚に至った過失や責任の有無を問うことなく離婚請求を認めるというものである。たとえば、夫が愛人との生活に走り婚姻関係が破綻したというような場合には、結論として離婚は容認されることになる。有責主義離婚法では、有責行為が離婚原因とされるので婚姻関係が破綻していても（有責な者からの）離婚は認められないことになる。

ところで、有責配偶者からの離婚請求とは、自ら離婚原因に該当する行為をしながら、責任のない相手（妻）に対して離婚を請求することをいう。有責配偶者からの離婚請求については、肯定論、否定論などさまざまな意見がみられているが、これまでの裁判の動向について説明することにする。

最高裁は、「……婚姻関係を継続し難いのはX（ここでは夫）が妻たるYを差し置いて他に情婦を有するからである。Xさえ情婦との関係を解消し、よき夫としてYのもとに帰り来るならば、何時でも夫婦関係は円満に継続し得べき筈である。……結局、Xが勝手に情婦をもち、その為め最早Yとは同棲出来ないから、これを追い出すということに帰着するのであって、もしかかる請求が是認されるならば、Yは全く俗にいう踏んだり蹴ったりである。法はかくの如き不徳義勝手気儘を許すものではない。……」（最判昭和27年2月19日民集6巻2号110頁）と判示して否定的な立場を示した。その後の最高裁も、「……当事者間の婚姻関係の継続が事実上困難になっているとしても、……民法770条1項5号にかかげる事由が、配偶者の一方のみの行為によって惹起されたものと認めるのが相当である場合には、その者は相手方配偶者の意思に反して同号により離婚を求めることはできないというべきである……」（最判昭和29年11月5

日民集8巻11号2023頁）として，有責配偶者からの離婚請求を否定した。同意見として，最判昭和29年12月14日民集8巻12号21頁がある。

　しかし，これまで有責配偶者からの離婚請求を否定し続けてきた最高裁も，少しずつ有責性の考え方に変化がみられるに至っている。最高裁判決は，「……その破綻につきもっぱら又は主として原因を与えた当事者……」（昭和38年6月7日家月15巻8号55頁）という表現を用いて離婚請求を否定した。婚姻破綻の問題についても，婚姻破綻後に生じた第三者との同棲は，破綻の事由とは関係がないと解する（最判昭和46年5月21日民集25巻3号408頁）など，破綻の認定についても変化がみられてきたのである。とくに，最高裁昭和62年判決は今までの判例の変更をせまるもので，「……有責配偶者からされた離婚請求であっても，夫婦の別居が両当事者の年齢及び同居期間との対比において相当の長期間に及び，その間に未成熟の子が存在しない場合には，相手方配偶者が離婚により精神的・社会的・経済的に極めて苛酷な状態におかれる等離婚請求を認容することが著しく社会正義に反するといえるような特段の事情の認められない限り，当該請求は，有責配偶者からの請求であるという一事をもって許されないとすることはできないものと解するのが相当である。」（最判昭和62年9月2日民集41巻6号1423頁）と判示したのである。これは，別居が口頭弁論終結時まで36年間にも及び未成熟子がいなかった事例であるが，有責配偶者からの離婚請求が認容されたという点で重要な判決と位置づけることができる。この判決以降，有責配偶者からの離婚請求は次々と認容されるようになった。同様の裁判として最判昭和63年2月12日判例時報1268号33頁や，最判昭和63年4月7日判例時報1293号94頁などがある。法制審議会民法部会は，配偶者と5年以上の別居があるときには離婚ができるとする要綱案を提出するにいたった。

3　外国法でみる離婚原因

　イギリスでは，2年以上の別居および離婚に対する被告の同意があれば離婚することができる。また，別居が5年以上の場合にも離婚することができる。フランスでは，3種6態様の離婚があるが，破綻離婚として6年前から事実上別居をしている場合には離婚をすることができる。ドイツでは，夫婦が1年以上の別居をなし夫婦が離婚意思を有する場合，また，夫婦の一方が離婚に反対

している場合でも別居期間が3年以上に達する場合には婚姻関係が破綻したものと認定される。アメリカは，州単位（婚姻破綻を唯一の離婚原因とする州，破綻に有責離婚原因を付加する州，別居を離婚原因とする州）に分かれるが，最短はカリフォルニア州の6カ月で，その他は1年から2年が多い。スウェーデンは，2年以上の別居が離婚原因とされているが，この要件を満たさなくても6カ月の考慮期間をおけば一方当事者の意思だけで離婚判決が得られる。

<ANSWER>

このケースは，<ESSENCE>でも示したように，有責配偶者からの離婚請求の問題である。自ら婚姻関係を破綻させた者は，自ら離婚を請求することができないというのが今までの判例の態度であったが，昭和62年の大法廷判決が示されてからは，条件附ではあるが緩和されてきている。このケースは，まだ大法廷判決が示すような相当な期間でもなく，留守中に浮気をしているぐらいなので，和夫が離婚を請求したとしてもこれだけでは認められない。

なお，法制審議会民法部会は，「民法の一部を改正する法律要綱案」を決定したが，裁判上の離婚原因についても言及している（資料編253頁参照）については次のとおりである。

<POINT>

1　有責主義から破綻主義へ
2　裁判上の個々の離婚原因についての判例・学説
3　民法改正案と現行法上の問題点。別居期間，未成熟子の存在，経済的・精神的苛酷など

第11講 裁判離婚　59

離婚調停申立書の記載例

記入例　妻から夫に対して離婚の調停を求める場合

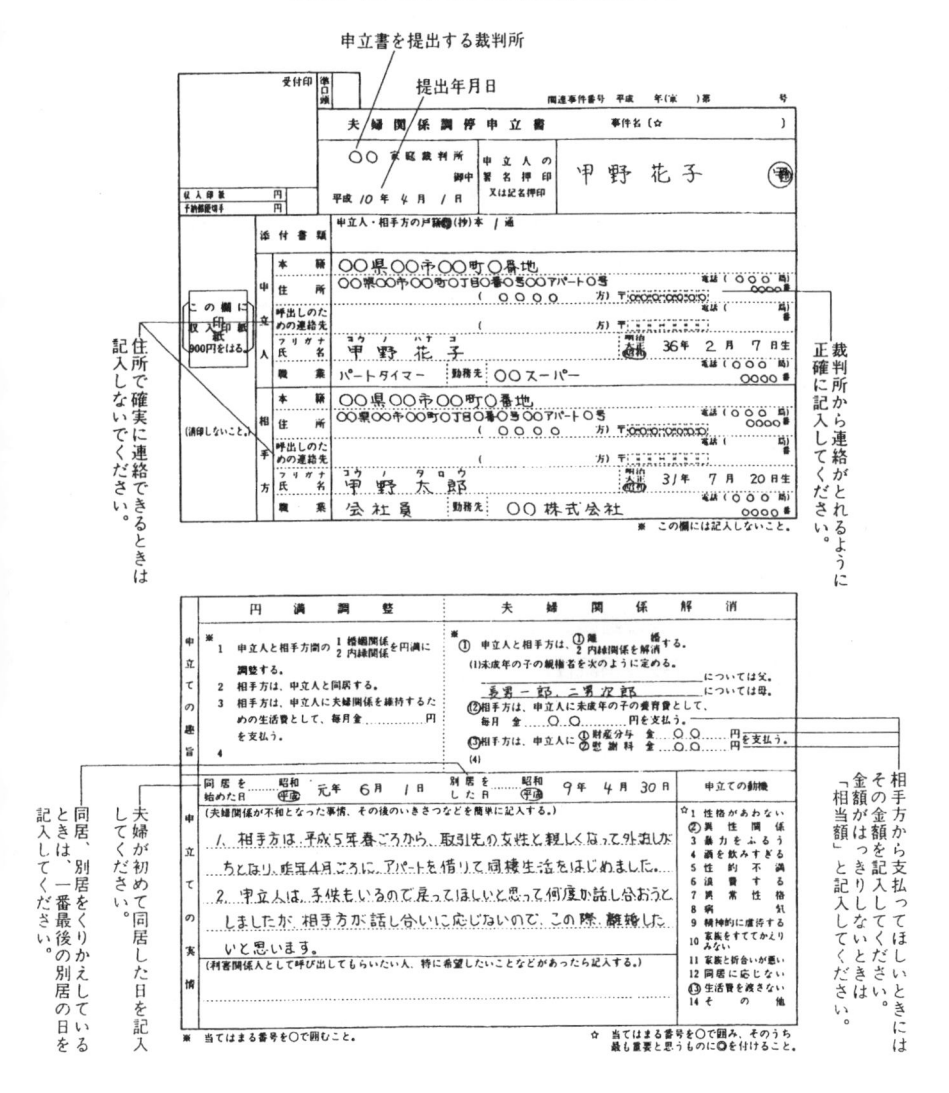

申立書を提出する裁判所
提出年月日

夫婦関係調停申立書　事件名（☆　　）
関連事件番号　平成　年（家）第　号

○○家庭裁判所御中
平成10年4月1日
申立人の署名押印又は記名押印：甲野花子 ㊞

添付書類　申立人・相手方の戸籍（謄）（抄）本　1通

申立人
- 本籍：○○県○○市○○町○番地
- 住所：○○県○○市○○町○丁目○番○号○○アパート○号
- 呼出しのための連絡先
- フリガナ／氏名：コウノ ハナコ／甲野花子　昭和36年2月7日生
- 職業：パートタイマー　勤務先：○○スーパー

相手方
- 本籍：○○県○○市○○町○番地
- 住所：○○県○○市○○町○丁目○番○号○○アパート○号
- 呼出しのための連絡先
- フリガナ／氏名：コウノ タロウ／甲野太郎　昭和31年7月20日生
- 職業：会社員　勤務先：○○株式会社

この欄に収入印紙900円をはる

住所で確実に連絡できるときは記入しないでください。

裁判所から連絡がとれるように正確に記入してください。

申立ての趣旨

【円満調整】
1. 申立人と相手方間の①婚姻関係を円満に／②内縁関係を円満に調整する。
2. 相手方は、申立人と同居する。
3. 相手方は、申立人に夫婦関係を維持するための生活費として、毎月金　　円を支払う。
4.

【夫婦関係解消】
①申立人と相手方は、①離婚／②内縁関係を解消する。
(1) 未成年の子の親権者を次のように定める。
　長男一郎、二男次郎　　　　　　については父。
　　　　　　　　　　　　　　　　　については母。
②相手方は、申立人に未成年の子の養育費として、
　毎月　金　　　　　　　　円を支払う。
③相手方は、申立人に①財産分与　　○○円を支払う。
　　　　　　　　　　　②慰謝料金　○○円を支払う。

相手方から支払ってほしいときにはその金額を記入してください。金額がはっきりしないときは「相当額」と記入してください。

申立ての実情

同居を始めた日：昭和元年6月1日　　別居した日：昭和9年4月30日

（夫婦関係が不和となった事情、その後のいきさつなどを簡単に記入する。）

1. 相手方は、平成5年春ごろから、取引先の女性と親しくなって外泊がちとなり、昨年4月ごろにアパートを借りて同棲生活をはじめました。
2. 申立人は、子供もいるので戻ってほしいと思って何度か話し合おうとしましたが、相手方が話し合いに応じないので、この際、離婚したいと思います。

（利害関係人として呼び出してもらいたい人、特に希望したいことなどがあったら記入する。）

申立ての動機
☆1 性格があわない
2 異性関係
3 暴力をふるう
4 酒を飲みすぎる
5 性的不満
6 浪費する
7 異常性格
8 病気
9 精神的に虐待する
10 家族をすててかえりみない
11 家族と折合いが悪い
12 同居に応じない
13 生活費を渡さない
14 その他

同居、別居をくりかえしているときは、一番最後の別居の日を記入してください。

夫婦が初めて同居した日を記入してください。

※ 当てはまる番号を○で囲むこと。
☆ 当てはまる番号を○で囲み、そのうち最も重要と思うものに◎を付けること。

第12講　離婚の効果(1)

<CASE>

千夏は、治夫とはもうだめだと考え、離婚に応じることにした。これですべては終わったと考えていたら、そのあと治夫から生活が苦しいことを理由に財産分与（千夏の財産の半分）を請求された。千夏は自分が慰謝料をほしいくらいなのにと怒ったが、自分にいくばくかの財産があれば、やはり夫だった治夫に財産を分与しなければならないか。

<THEME>

1　夫婦関係の終了
2　財産分与と慰謝料の関係
3　財産分与と詐害行為
4　財産分与と過去の婚姻費用
5　財産分与請求権の相続性

<ESSENCE>

1　夫婦関係の終了

　離婚は、婚姻から生じた身分関係および財産関係を将来に向かって消滅させるものである。離婚にあたっては、離婚後の配偶者・子についての（経済的）配慮が必要である。離婚の効果については、とくに協議離婚と裁判離婚での区別は必要はないが、ただ協議離婚の場合には夫婦の力関係が離婚後の効果として生じやすいので注意が必要である。

(1)　身分上の効果

(a) 再婚の自由　離婚により夫婦は各自再婚の自由を獲得する。ただし，女性は6カ月の待婚期間を経過しなければならない（733条）。

(b) 姻族関係の終了　姻族関係は離婚によって終了する（728条1項）。夫婦一方の死亡の場合のように，生存配偶者の姻族関係終了の意思表示を必要としない（728条2項）。

(c) 離婚後の復氏　婚姻によって氏を改めた夫または妻は，離婚によって婚姻前の氏に復することができる（767条1項）。しかし，昭和51年の改正により，離婚の日から3カ月以内に届け出ることによって離婚の際に称していた氏を使用することが可能になった（767条2項）。その理由としては，離婚後に復氏を強制することは，離婚した者の社会的活動に大きな支障がみられやすいこと，また子の教育においても問題とされたからである。

(d) 祭祀財産の承継　婚姻により氏を改めた夫または妻が祖先の祭祀に関する権利（897条1項）を承継している場合に，離婚後が成立したときは当事者その他の利害関係人は，協議によってこの権利の承継者を決めなければならない。当事者間において協議が調わない場合には，家庭裁判所が承継すべき者を定めることができる（769条）。

(e) 親権者の決定　父母が離婚するときは，父母の一方を親権者と定めなければならない（819条）。

(2) 財産上の効果

(a) 夫婦財産関係　離婚が成立すれば夫婦財産関係は消滅する。共有財産については，いつでも分割を請求することができる（256条）。夫婦財産契約は失効し，夫婦の婚姻費用分担（760条），日常家事債務の連帯責任（761条），帰属不明財産の共有推定（762条2項）も消滅する。

(b) 財産分与　768条は，財産分与について「①協議上の離婚をした者の一方は，相手方に対して財産の分与を請求することができる。②前項の規定による財産の分与について，当事者間に協議が調わないとき，又は協議をすることができないときは，当事者は，家庭裁判所に対して協議に代わる処分を請求することができる。但し，離婚の時から2年を経過したときは，この限りでない。③前項の場合には，家庭裁判所は，当事者双方がその協力によつて得た財産の額その他の一切の事情を考慮して，分与をさせるべきかどうか並びに分与

の額及び方法を定める」ことができると規定している。

わが国で離婚給付制度の規定がおかれたのは、昭和22年の民法改正のときである。以前にも立法化の動きもみられていたが実現されなかった。その系譜・沿革については、明治11年民法草案、大正14年臨時法制審議会親族法改正要綱17などにみることができる。

(c) 財産分与の法的性質　財産分与の法的性質には、清算的性質、扶養的性質、賠償的性質がある。清算的性質は、婚姻共同生活中に夫婦が蓄積した財産を夫婦関係の解消に際して清算するというものである。扶養的性質は、離婚後の生活に困窮する夫婦の一方（妻）に対して、他方（夫）が扶養料を給付するというものである（離婚後扶養という意味である）。さらに、賠償的性質は、離婚そのものにより夫婦の一方が被ることのある損害を賠償すべきであるというものである。財産分与の性質論については、夫婦財産の清算、離婚後の扶養の点ではあまり問題はみられないが、賠償的性質（とくに離婚による慰謝料）については異論がみられる。

2　財産分与と慰謝料の関係

財産分与の法的性質については、その性質のどこに重点を置くかによって財産分与と慰謝料との見解に相違がみられる。慰謝料については、不法行為の問題として理解することも可能であるが、他方離婚にともなう財産給付という点においても同一性がみられるので、その点が問題とされる。

財産分与に慰謝料が含まれるという説を包括説、財産分与と慰謝料は別の制度であるという説が限定説である。両説を詳説すれば、包括説は、不法行為、財産分与の二本立てを認めることは手続が二重であり裁判所も当事者も面倒であること、解釈論として768条の「一切の事情」に慰謝料の算定が含まれるものとして理解すれば1回で解決ができることを主張する。限定説は、両説はおのおのの制度的に目的を異にしていること、諸外国の離婚給付を考察すれば、損害賠償的性質は少しずつ払拭されつつあること、手続面では、財産分与は家庭裁判所、慰謝料は通常の裁判所となっていること、時効でも財産分与は2年、慰謝料は3年でそれぞれ異なっていることなどを主張される。両者の相違は、財産分与がなされた後に慰謝料請求が認められるかという点である。限定説を

とれば認められることになるが，包括説をとれば認められないことになってしまうのである。学説も見解が分かれているところである。

最高裁は，離婚による財産分与と慰謝料との関係について，「……財産分与がなされても，それが損害賠償の要素を含めた趣旨とは解せられないか，そうでないとしてもその額および方法について，請求者の精神的苦痛を慰謝するには足りないと認められるものであるときには，すでに財産分与を得たという一事によって慰藉料請求権がすべて消滅するものではなく，別個に不法行為を理由として離婚による慰藉料を請求することを妨げられないものと解するを相当とする」（最判昭和46年7月23日民集25巻5号805頁）と判示した。

3　財産分与と詐害行為

財産分与が詐害行為取消権の対象になりうるかについては，裁判所は見解が分かれている。下級審ではあるが，高松地裁は，「……ある財産を分与すれば分与義務者が無資力となる場合には，分与義務者たる夫には分与すべき財産を本来有していなかったもの……」と判示（高松地判昭和37年9月24日下民集13巻9号1940頁）して詐害行為取消権を認めたのに対して，最高裁は，「……財産分与は，768条3項の規定の趣旨に反して不相当に過大であり，財産分与に仮託してされた財産処分であると認めるに足りるような特段の事情のない限り，詐害行為にはならない」と判示（最判昭和58年12月19日民集37巻10号1032頁）して詐害行為取消権を否定したのである。

両判決は，財産分与の性質をどうみるかによって判断が左右される。学説も適用除外説と相当性基準説とに分かれる。前説は，財産分与を清算的性質としてみれば，実質的に共有財産であっても名義が夫婦の一方に属するときは第三者である債権者が優位にあるとし，反対に財産分与を扶養的性質としてみれば離婚は余後的効果として理解できるから，配偶者が優位にあるとする。後説は，財産分与の性質論からして，財産分与は離婚にともなう法律上の義務の履行というべきであるから，財産分与は詐害行為にはならないが，相当な程度をこえる多額の給付は超過部分に関するかぎり適法な分与とはいえず取消の問題が生ずると解釈している。

4　財産分与と過去の婚姻費用

財産分与の中に過去の婚姻費用が含まれるかにつき，最高裁は，「裁判所が財産分与を命ずるにあたって，当事者の一方が婚姻継続中に過去に負担した婚姻費用の清算のための給付を含めて財産分与の額及び方法を定めることができる」と判示した（最判昭和53年11月14日民集32巻8号1529頁）。

5　財産分与請求権の相続性

財産分与請求権が相続の対象になるかどうかは，財産分与の法的性質に関連する。財産分与の清算的性質を重視すれば，相続性は肯定されることになるし，一方，財産分与の扶養的性質を重視すれば，扶養請求権の一身専属権（896条）的性格から相続性が否定されることになる。最高裁は，財産分与請求権が一身専属権にあたることを前提にして，請求の意思表示によって通常の財産権となり，相続の対象になるとの見解を示した（最判昭和42年11月1日民集21巻9号2249頁）。ところが，この最高裁の判決に先例的意義があるかどうかは疑問とされている。

<ANSWER>

財産分与の法的性質については，清算的性質，扶養的性質，賠償的性質がある。このケースでは，共同生活の期間が短いようであるが，2人で築いた財産があれば，それは有責無責に関係なく清算しなければならない。ところが，扶養的性質は資力のある配偶者が困窮する配偶者を扶養するという考え方なので，治夫を保護すべきとも思われるが，婚姻破綻について責任のある者からの扶養料請求は認められないとする判決も多々みられているのである。ここでは，治夫の扶養料請求はむずかしいと考えた方がよい。賠償的性質も，一般には離婚そのものによる精神的苦痛，離婚に至った個々の有責行為が含まれるが，千夏こそ精神的苦痛を受けているわけであるから，慰謝料についても治夫の請求はむずかしいと考えるべきである。

財産分与・慰謝料の支払額別婚姻期間別件数[1]（全家庭裁判所）

婚姻期間	総数	うち財産分与・慰謝料支払の取決め							有 り		支払平均額（万円）[2]
		総数	30万円以下	50万円以下	100万円以下	200万円以下	400万円以下	600万円以下	1000万円以下	1000万円を超える	総額が決まらない	
総　　数	21147	12032	775	874	1772	2241	2552	1244	900	1174	500	380.2
1 年 未 満	867	482	68	64	127	126	69	18	3	2	5	140.7
1年以上5年未満	6754	3698	374	421	744	910	829	227	85	56	52	199.9
5年以上10年未満	5006	2624	150	213	428	532	651	291	161	122	76	304.3
10年以上15年未満	3078	1671	77	84	196	269	395	216	155	188	91	438.0
15年以上20年未満	1994	1132	46	43	103	165	220	148	148	180	79	534.9
20 年 以 上	3446	2425	60	49	174	239	388	344	348	626	197	699.1
25 年 以 上	1886	1376	33	28	95	118	204	178	192	406	122	749.0

1) 調停離婚、協議離婚届出の調停成立又は家審法24条による審判離婚の事件をいう。
2) 支払平均額は、「総額が決まらない」を除き「1000万円を超える」を1500万円として算出してある。

（平成10年司法統計年報より）

裁判例における財産分与の額

裁判年月日	請求者	同居期間	認容額	備考
大阪地判昭和62年11月16日	妻が夫へ請求（共働き）	8年	600万	離婚訴訟
大阪家審昭和62年7月17日	妻が夫へ請求（共働き）	16年	土地建物の持ち分2分の1	財産分与審判
広島家審昭和63年10月4日	妻（専業主婦）が夫へ請求	18年	1,429万	財産分与審判
神戸地判平成元年6月23日	夫（有責）が妻へ請求	1年	1,200万	離婚訴訟
東京高判平成元年11月22日	夫（有責）が妻へ請求	12年	財産分与1,000万 慰謝料1,500万円	離婚訴訟

<POINT>
1　離婚給付と有責性
2　財産分与の法的性質

第13講 離婚の効果(2)

＜CASE＞

〔その1〕 離婚成立後，千夏に子供が産まれた場合，その子の親権者は当然千夏になるのだろうか。

〔その2〕 治夫が子供に会いたいと要求するのは不当か。

＜THEME＞

1 親権者の決定
2 非嫡出子の親権者
3 面接交渉権
4 共同監護

＜ESSENCE＞

1 親権者の決定

818条は，「①成年に達しない子は父母の親権に服する。③親権は，父母の婚姻中は，父母が共同してこれを行う。但し，父母の一方が親権を行うことができないときは，他の一方が，これを行う」と規定（同条1項・3項）する。この条文は，未成年者の子に対する親権者について規定したものである。

親権は，子を保育・監護・教育する親の職分と定義される。ここでいう職分とは，「親権者が他人を排斥して子を監護・教育する権利とされ，その内容は，子の福祉をはかることであり親の利益をはかることではない。親権の適当な行使は，子及び社会に対する義務である」（我妻栄・親族法316頁）と説明されている。

(1) 父母の離婚による親権者の指定

父母が協議上の離婚をするときは、その協議でその一方を親権者と定めなければならない (819条1項)。

(a) 子の出生前の離婚　子の出生前に父母が離婚した場合には、母が親権者となる (819条2項)。ただ、子の出生後に父母の協議によって父を親権者と定めることもできる (819条3項)。父母が協議で親権者を定めることができないときは、家庭裁判所が父または母の請求によって、協議に代わる審判をすることができる (819条5項、家事審判法9条1項乙類7号)。子が満15歳以上であるときは、家庭裁判所は親権者指定変更の審判をする前にその子の陳述を聞かなければならない (家事審判規則54条・70条・72条)。実際に親権者を決定する審判においては、親の経済的能力、監護能力、愛情、父母の性格、親族の援助の有無、未成熟子の母の監護の必要性などが判断される。

(b) 子の出生後の離婚　父母が協議上の離婚をする場合、父母の間に子があるときは協議でその一方を親権者と定めなければならない (819条1項)。

この親権者の指定は離婚届出の記載事項 (戸籍法78条) であり、親権者の指定がなければ離婚届出は受理されない。父母が協議で親権者を定めることができないときは、家庭裁判所の審判によって親権者を決定することができる (819条5項)。調停で離婚および親権者の指定について合意が成立したときは、確定判決と同一の効力を有する (家事審判法21条)。もし調停において合意が成立しない場合は、調停にかわる審判へと移行し、審判で確定すれば確定判決と同一の効力を有する (同25条3項)。

2　非嫡出子の親権者

非嫡出子の親権者は原則として母である。父が認知した場合には、父母の協議によって父を親権者と定めることができる (同25条4項)。協議が整わないときは、父または母の請求によって家庭裁判所に協議に代わる審判を求めることができる。

親権者である母の死亡後に父が認知をした場合、父を親権者と指定することができるかについては学説は分かれる。肯定説は、未成年者の監護について親権を後見に優先させ、親権者とするにふさわしい者が存在するときはその者を

親権者とするのが望ましいとする。否定説は，単独親権者である母が死亡した場合には後見が開始しているので，親権者の指定の余地はないとする。

3　面接交渉権

(1)　面接交渉権とは，親権者・監護権者として現実に未成年者を監護・教育していない親が，その子と個人的に面接・交通・接触する権利である。諸外国では，面接交渉権について明文の規定を置いているところも多いが，わが国ではその規定は存在しない。東京家審は，面接の合意はあったが，後に子が父の後妻と養子縁組をしていた場合，母からの面接交渉について，「……離婚後親権もしくは監護権を有しない親は，未成熟子の福祉を害することがない限り制限されまたは奪われることのない未成熟子との面接ないし交渉をする権利を有する」と判示した（東京家審昭和39年12月14日家月17巻4号55頁，東京家審昭和50年8月12日家月28巻6号87頁など）。

他方，大阪高裁は，面接交渉権なるものは法律上の権利に該当するものと解することはできないとしてその権利を否定した。その後，最高裁はこの問題について初めての判断を示し，これまでの実務の処理を是認した。つまり，面接交渉が「子の監護に関する処分」の一つとして裁判所の管掌事項になることを認めたのである（最判昭和39年7月6日家月37巻5号35頁）。

(2)　面接交渉の権利性およびその法的性質について，学説の見解はさまざまである。

① 面接交渉権は親子という身分関係から当然に認められる自然的な権利であるとする説。

② 面接交渉権は親に与えられた固有の権利であるとともに，具体的な内容は監護に関連する権利とみる説。

③ 面接交渉権を親権ないし監護権の一機能とみる説。

④ 面接交渉権を子供の権利とみる説。

⑤ 面接交渉権は親の権利とみる説などである。

(3)　面接交渉の取決めは夫婦で決めればよいが，夫婦で決定することができないときは家庭裁判所に調停か審判の申立てをすることになる。申立てをする家庭裁判所は，調停のときは相手方の住所地，審判のときはこの住所

地を管轄する裁判所である（家事審判規則129条・52条）。

4 共同監護とは

共同監護とは，父母がともに子の監護について決定権をもち，子の養育に対して協力して一緒に生活時間を過ごすことをいう。これは，親権を有しない親が子と一緒に生活することによって子の発達にいい影響が与えられると考えられているからである。共同監護は，面接交渉権よりも一歩進んだ考え方である。わが国では，今まで面接交渉権についての議論が中心であり，その権利については，裁判・学説によって一応の結論をみるにいたったが，未だ子の利益という点からは不十分といえる。離婚が増加している今日において，子の健全な発達を保障するためには，子の非監護親との交流を活発にすることが不可欠である。アメリカをはじめとする諸外国においては，離婚後の非監護親と子との交流が面接交渉だけでは不十分とされ，共同監護制度の導入が進んでいる（山脇貞司「離婚後の親子の面接交渉」『婚姻法改正』198頁）。わが国でも，766条を根拠にしながら，共同監護を導入すべきだとする意見がある。

<ANSWER>

〔その1〕 離婚成立後に子供が産まれた場合の親権者の指定は，819条2項に規定されているとおりである。つまり，子の出生前に父母が離婚したときは母が親権者となるが，子の出生後に父母が離婚したときは，父母の協議で父を親権者と定めてもよいとされている。このケースでは，協議のことについては何も記されていないので，千夏が親権者となる。

〔その2〕 親が子に会いたいという権利を面接交渉権というが，＜ESSENCE＞で記述したように，明文規定はないが，実務上認められている。ただ，子に会うことによって，子の福祉を害したり人格形成に影響を及ぼす場合には制限される。面接交渉が子に対して最善の利益をもたらすことが重要である。治夫が子に会いたいというのは不当とはいえない。

<POINT>

離婚の子に与える効果

親権者変更の申立書の記載例

記入例　離婚後、子を養育している母が親権者を自分に変更する調停を求める場合

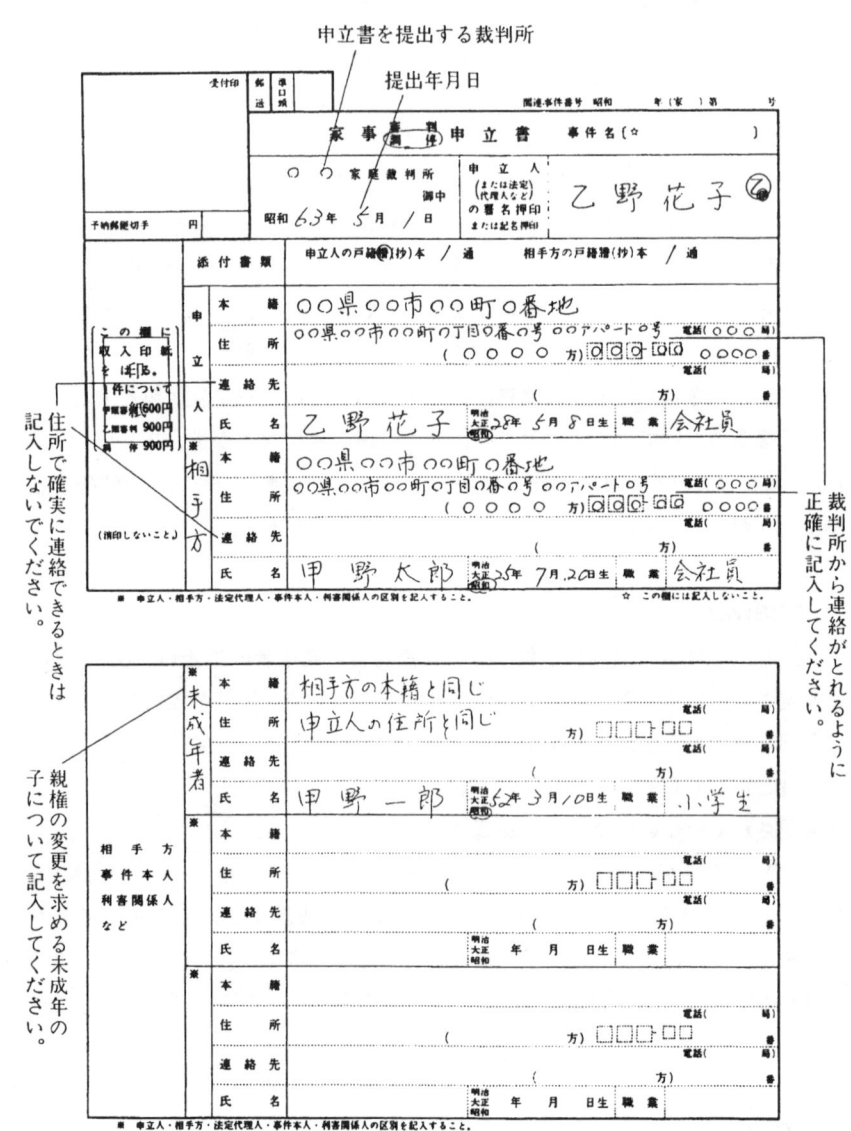

申立書を提出する裁判所	○○家庭裁判所 御中　昭和63年5月1日	申立人　乙野花子 ㊞

申立人
- 本籍：○○県○○市○○町○番地
- 住所：○○県○○市○○町○丁目○番○号○○アパート○号
- 氏名：乙野花子　昭和28年5月8日生　職業：会社員

相手方
- 本籍：○○県○○市○○町○番地
- 住所：○○県○○市○○町○丁目○番○号○○アパート○号
- 氏名：甲野太郎　昭和25年7月20日生　職業：会社員

未成年者
- 本籍：相手方の本籍と同じ
- 住所：申立人の住所と同じ
- 氏名：甲野一郎　昭和62年3月10日生　職業：小学生

注記：
- 住所で確実に連絡できるときは記入しないでください。
- 裁判所から連絡がとれるように正確に記入してください。
- 親権の変更を求める未成年の子について記入してください。

申立ての趣旨

未成年者甲野一郎の親権者を相手方から申立人に変更する調停を求めます。

申立ての実情

1 申立人と相手方とは、昭和51年3月15日に結婚しました。相手方が酒を飲んで暴力を振るうため、夫婦間に不和を生じ、昭和61年7月15日に協議離婚しました。その際、相手方が子の親権者を自分にしなければ離婚に応じないと強く主張したため、やむなく長男一郎の親権者を相手方と定めました。

2 しかし、相手方は、一郎を全く養育せず、離婚後も申立人が一郎を養育して現在に至っています。

3 一郎は現在小学6年生で、申立人が親権者でないと中学進学などで何かと不便ですので、この申立てをしました。

― この申立てをするに至ったいきさつや事情をわかりやすく記入してください。

― 親権の変更について相手方が同意しているような事情がある場合には、そのこともこの欄に記入してください。

第14講　嫡出子

<CASE>

　千夏の娘の和美は，婚姻届が出されてから，ちょうど6カ月（180日）後に産まれた子であった。治夫は「結婚の日と子供の誕生日の日にちが合わない。早くても婚姻届出後9カ月は経たないと，子供は正式な結婚による子とは法的に証明できない。自分の子でないから養育費も出せない」と主張してきた。はたして，和美は嫡出子か。千夏は和美が治夫の子供であることを証明しなければならないのか。

<THEME>

1　親子関係の発生，嫡出子
2　推定されない嫡出子
3　嫡出否認の訴えと親子関係不存在確認の訴え

<ESSENCE>

1　法律上の親子関係

(1)　実親子関係と嫡出性

　民法上の親子関係は，血縁上親子関係にある実親子（自然血族）と，本来，親子の血縁関係がない者との間に人為的に親子関係を擬制する養親子（法定血族）の二つに分類できる。また，児童福祉法上の里親制度上の里親と里子の関係がある。

　実親子関係について，わが国の法制度は，諸外国と同様，血縁上の親子関係にある者を法律上の親子と認める血統主義の原則に立つ。しかしながら，子の法的な立場は，その実親である男女が婚姻関係にあるか否かで，大きく異なる。

婚姻関係にある男女（父母），あるいは，婚姻関係にあった男女（父母）から生まれた子は，法律上「嫡出子」とされる（772条1項・2項）。

法律上有効な婚姻関係にある妻が，婚姻中に懐胎した子は，夫の子と推定される（772条1項）のである。ここで，「夫の子である」と断定するのではなく，「夫の子と推定する」と定めていることについて，なぜなのか訝るかも知れない。推定とは，それが事実であるという蓋然性が高いため，証拠を挙げずにその事実を推認するというのである。

一方，妻が懐胎した子が夫の子である，と正確に証明することは，それほど簡単なことでもない。そこで，夫婦間の同居義務や貞操義務などから，証拠によらずに，婚姻中，妻が懐胎した子は，夫の子と推定しているのである。

多くの場合，「婚姻中，妻が懐胎した子は，夫の子である」といえよう。しかし，婚姻中，妻が，夫以外の男性との関係によって，子を懐胎する場合が全くないとは言いきれない。そこで，民法は，「夫の子と推定する」としている。その事実を否定する証拠（反証）によって，推定をくつがえすことができるのである。

(2) 懐胎期間

772条2項は，「婚姻成立の日から200日後又は婚姻の解消若しくは取消の日から300日以内に生まれた子は，婚姻中に懐胎した子と推定する」と定めている。婚姻の成立の日とは，婚姻届の提出された日（婚姻届が受理されると，婚姻届の受付の日に遡って効力が生ずる）と考えられる。したがって，婚姻中妻が懐胎した子および母の懐胎期間中に，その子の父と母が婚姻関係にあった場合，子は嫡出子として推定される。一方，772条1項および2項に該当しない子は，推定されない嫡出子と考えられる。

2 推定されない嫡出子

婚姻成立後200日以内に生まれた子は，父母の婚姻中に生まれた嫡出子ということになるが，その子は婚姻前に懐胎されたこととなる。この父母が婚姻前に恋愛関係にあって，子の懐胎を知って婚姻届を出したり，婚姻届前に，子の父母が内縁関係にあった場合，子は「推定されない嫡出子」となるのか，あるいは事実上の推定を受けるか，判例と学説では見解がやや異なる。

判例（大連判昭和15年1月23日民集19巻54頁，最判昭和41年2月15日民集20巻2号202頁など）では，内縁関係継続中に懐胎された子であっても，婚姻成立後200日以内に生まれた場合は，推定されない嫡出子としている。しかし，わが国では，婚姻成立前に内縁が先行することが多かった旧法時代はもとより，今日でも，内縁関係によって懐胎した子は，婚姻成立後200日以内に出生した子であっても，内縁（事実婚）成立後200日後の出生子は，夫の子と推定されるものとするのが，多数の見解である。

ところで，戸籍届出の取扱い実務の上では，内縁先行の事実の存否，懐胎可能期間の問題などを審査する権限は戸籍事務担当者にはないので，婚姻成立後の出生子であり，嫡出子出生届が出されれば，これを受理する。そこで，形式的には嫡出子に該当する場合でも，夫の長期の海外滞在や服役中あるいは夫による懐胎可能性がないなど，実質的には夫の子ではない事例もある。このような場合には，772条の推定は及ばないと考えられる。また，夫と長期間別居している妻が，夫以外の男性の子を出産した場合にも，戸籍上離婚が成立していなければ，夫の子として記載される可能性がある。このような子も本来，772条の推定は及ばない。したがって，嫡出子の推定を受けない子について，その父子関係を否定するのは，774条の嫡出否認の訴えではなく，親子関係不存在確認の訴えによる。

なお，近時の学説では，形式的に772条の推定を受けない子を「推定されない嫡出子」，形式的には772条に該当するが，実質的には嫡出子ではありえない子を「推定の及ばない子」と区別することが多い。

3　嫡出否認の訴えと親子関係不存在の訴え

(1)　嫡出否認の訴え

772条の嫡出性は，婚姻中の妻の貞節と事実の経験則上から，きわめて強度の推定が及ぶとされている。しかし，推定である以上，その事実をくつがえす証拠（反証）をあげれば，嫡出を否認できる（774条）。

この否認権の行使は，家族の私生活や家庭の平和を守るため，民法上限定された要件の下になされる。否認権者は夫のみである。夫が禁治産者の場合は，後見監督人あるいは後見人（妻以外の者）が嫡出否認の訴え（775条）を提起

する。嫡出否認の訴えの提起期間にも制限があって，夫が子の出生を知ってから１年以内とされる（777条）。この期間を徒過した場合や夫が嫡出子であると承認（776条）したときは，子との父子関係が確定する。ただし，子の出生前または訴えの提起期間内に夫が死亡した場合，子の出生によって相続権を侵害される者または夫の三親等内の血族から，夫の死後１年内に限り，嫡出否認の訴えを提起できる。

　嫡出否認の訴えの相手方は，子または親権を行う母親，あるいは家庭裁判所が選任する特別代理人である。嫡出否認の訴えが認容された場合，子は非嫡出子となる。

(2) 親子関係不存在確認の訴え

　772条の推定を受けない子や推定の及ばない子の場合，嫡出否認の訴えではなく，親子関係不存在確認の訴えによってのみ父子関係を争いうる。この訴えについては，民法や人事訴訟手続法に明文の規定はないが，学説や判例はこのような訴えを提起しうると解している。親子関係不存在確認の訴えは，利害関係のある者なら誰でも，また父子の一方または双方が死亡した後でも，提起しうるとされる。なお，戸籍上他人の子を自己の嫡出子とする虚偽の出生届が出された場合，親子関係を否認するときにも，この親子関係不存在確認の訴えが提起される。

\<ANSWER\>

　千夏が生んだ和美は，772条２項を厳格に適用すれば，治夫の嫡出子の推定を受けないことになる。しかし，婚姻届提出の１カ月前（内輪の結婚披露宴の後）から，治夫と千夏の内縁関係が先行していると解されるので，和美は推定をうける嫡出子となる。したがって，和美との父子関係を否認するには，治夫が反証を挙げて嫡出否認の訴訟を起こさなければならない。婚姻によって懐胎された子が，父母の離婚後出生したとしても，その子は嫡出子である。父母が離婚して，子の親権者が母であっても，訴えによって父子関係の存在が否定されない限り，治夫は，親として子の養育費（子の監護・教育のための費用）の負担をのがれることはできない。

第15講　非嫡出子

<CASE>

翼の父，広司の兄の貴司は，幸子と25年以上同居をしている内縁夫婦である。その間に生まれた拓也（翼のいとこ）は，内縁の妻の子はいつまで経っても父貴司と法律上の親子にはなれないと知り，認知を貴司に要求した。ところが，幸子とうまくいっていない貴司はうんとはいわない。母親の幸子はむかし，認知はいらないなどといっていた。拓也はどうするべきか。

また，拓也は絶対に嫡出子になれないか。

<THEME>

1　非嫡出子の認知
2　認知請求権の放棄
3　婚姻準正，認知準正

<ESSENCE>

1　非嫡出子の認知

(1) 非嫡出子

西欧キリスト教社会では，婚姻関係にある男女の結合を神聖な結婚として尊重し，その出生子を嫡出子として法的に厚く保護するが，他方，婚姻外の関係から生まれた子は嫡出でない子（非嫡出子）として，嫡出子とは異なる扱いをしてきた。

嫡出でない子は，私生子として冷遇し，その子の父との関係の決定によってはじめて親の保護が与えられる。しかし，父母の婚姻関係の有無が，子の法的

地位に反映するという考えは，子の利益や福祉の観点から批判され，しだいに嫡出子と非嫡出子の差別をなくす方向に改められてきた。

ところが，わが国では，従来，伝統的な「家」制度の存続の上で，父に認知された男子の非嫡出子は，庶子として旧法の家督相続では，嫡出の女子に優先する扱いがなされることもあった。第二次世界大戦後，民法の家族に関する規定の全面的改正によって，「家」制度は廃止された。その結果，法律上，嫡出子と非嫡出子の法的な地位の違いが依然として存在するのである。

民法779条では，「嫡出でない子はその父または母がこれを認知することができる」としている。現在，学説や判例は，通常，母子関係は母の分娩の事実によって決定できるので，捨て子など特別の事情がないがぎり，母の認知は不要との見解をとる。そこで，この場合問題となるのは，貴司と拓也の父子関係を決定するための認知である。

父を決定する認知には，父の意思表示による「任意認知」と親子関係の存在を立証する客観的証拠があれば，認知の訴えによってなされる「強制認知」の二つがある。

(2) 任意認知

認知は，法律上一定の方式によってなされる要式行為である。戸籍法の定めるところにより，出生証明書を添付し，認知届を提出する単独行為である（781条1項）。また，遺言によっても，認知をすることができる（781条2項）。父または母が無能力者であるときでも，認知をするについて意思能力があれば足り，その法定代理人の同意は要しない（780条）。

成年に達した子の認知については，その承諾を得なければならない（782条）。認知によって子は父の法定相続人となる一方，直系血族として扶養義務者にもなる（877条1項）。成年に達するまで認知せず，養育の義務を怠っていながら，高齢になってから認知した子に扶養を請求するような，親の身勝手を制限する必要があると考えられる。

胎内に在る子でも，母の承諾を得てこれを認知することができる（783条1項）。また，死亡した子の認知は実益がないが，子に直系卑属がある場合は認知でき，その直系卑属が成年者ならば，その承諾を要する（783条2項）。

認知がなされると，その効果は子の出生の時に遡って発生するが，第三者の

既得権を侵害することはできない（784条本文，但書）。なお，父が，認知によって，当然に，未成年子の親権者になるのではなく，父母の協議によって父を親権者とする手続を要する。また，子が父の氏を称するためには，氏変更の届出をしなければならない。

認知をした父は，その認知を取り消すことができない（787条）。しかし，父子関係にないものを父が誤って認知したとき，子その他の利害関係人から，認知に対し，反対の事実により，認知の無効を主張しうる（786条）。

(3) 強制認知

父の認知の意思表示がない場合でも，父子関係の存在を立証する客観的証拠があれば，訴訟によって認知を強制でき，子，その直系卑属またはそれらの法定代理人が，認知の訴えを提起できる（787条）。父または母の死後3年以内に，検察官を相手方として認知の訴えをすることができる（787条但書）。認知の訴訟は，①懐胎期の父母の同棲の事実と②父以外の男性との関係がなかった（父との関係が唯一の原因である）ことを，認知請求権者が立証しなければならないとされる。しかしながら，近時の学説や判例では，②の事実の立証責任が請求権者にあるとすると，強制認知はきわめて困難になるとして，「唯一の原因」の立証を免除し，その他間接的事実で足りるとする見解がとられている。強制認知の効果は，任意認知の場合と同様である。

2 認知請求権の放棄

強制認知は，父が嫡出でない子との血縁上の親子関係を認める意思表示（認知届や遺言による認知）をしない場合，父の意思に反しても，客観的に父子関係の存在を立証することによって，認知の効果を発生させる制度である。

婚姻外の関係によって非嫡出子をもった父が，自らの婚姻家族のため，子やその母に，養育費や慰謝料の名目で多額の金銭を支払って，認知請求権を放棄させることがある。判例は，認知請求権は身分上の権利であること，また親子関係が単なる経済的な関係にとどまるものではないとの理由で，認知請求権の放棄は許されない，と解してきた。子の養育のための経済的保障が十分行われるならば，放棄を認めてもよいとする学説もあるが，非嫡出子の保護のため，また，死亡した子に直系卑属がある場合の認知ができるとする法の趣旨を考慮

し，認知請求権の放棄は許されないと考えるのが妥当である。

3 婚姻準正と認知準正

　非嫡出子は，その父母の婚姻によって嫡出子としての身分を取得する。父母の婚姻の届出前に，父が子を認知している場合，父母の婚姻の時，非嫡出子は嫡出子の身分を取得する（789条1項）。これを婚姻準正という。
　また，非嫡出子の父母が，法律上の婚姻届をした場合，子は，父の認知を受けることによって，嫡出子の身分を取得する（789条2項）。父母の婚姻後の認知によって，嫡出子となるのが，認知準正である。婚姻準正または認知準正は，死亡した子についても効果が生じる。

<ANSWER>

　翼のいとこ拓也は，母と内縁関係にある父の貴司が，認知届（あるいは遺言認知）をしない限り，貴司との父子関係は生じない。父に認知を請求しても，母の幸子とうまくいっていない貴司は任意認知をしない。しかも，母親がむかし認知はいらないといったということがただちに，認知請求権放棄の契約を意味するとはいえない。また，その際多額の金銭の授受があったか否かにかかわらず，それが認知請求権の放棄を認めたことにはならない，と考えられる。拓也は，婚姻し，妻との間に子（AIDによる出生子）がある。拓也は貴司に対して，認知の訴えを提起することは可能である。また，貴司が思い直して，幸子との婚姻届をすれば，拓也は婚姻準正か認知準正のいずれかによって嫡出子の身分を取得できるであろう。しかし，25年以上内縁関係にある幸子や子の拓也をおいて，放浪の人生を送ろうと言い出している貴司との婚姻届を，貴司の意思に反して出させることは期待できないであろう。貴司の嫡出子としての身分を，拓也が取得することはむずかしい。ところで，幸子は戸籍上は独身であり，単独で養子縁組をすることは可能である。非嫡出子に嫡出子の身分を取得させる実益を認められるから，理論的には母と養子縁組することによって，拓也は母の嫡出子となる可能性はある。したがって，拓也は絶対に嫡出子になれないとはいいきれない。

第16講 養子(1)

<CASE>
　めぐみは，自分の血液型は，両親の広司と直子からは生まれえないタイプであることを知った。両親に説明を求めると，「めぐみは実は，直子の妹の典子の子で，典子は夫に死なれ，出産の結果虚弱となり，めぐみを育てられないので広司と直子の次女として届け出，育てようということになった子である」との話であった。はたして，めぐみは広司と直子の子といえるのであろうか。

<THEME>
1　養子制度の意義
2　養子縁組の成立要件
3　縁組の効果
4　養子縁組の解消
5　離縁の効果

<ESSENCE>
1　養子制度の意義
　養親子関係は，実親子関係のように自然的にではなく，法的擬制により親子として認められる関係であり，歴史的・社会的な背景のもとに各国でさまざまな目的のために機能してきた。わが国は，古くから養子制度を利用してきたが，まず，父権的な家制度のもとでは，家長の地位や家産の承継を目的とする，いわば「家のための」養子制度であった。家族制度の崩壊後は，親の老後の扶養等を目的とする「親のための」養子制度に推移したとされる。そして，今日で

は，子の福祉を掲げる世界の親子法の流れにそって，家庭に恵まれない子に家庭を与えることを目的とした「子のための」養子制度という要素が強調されるようになってきた。それは，後述するように，未成年養子の場合に，家庭裁判所の許可を要するなど，民法の規定にも明らかになっている。さらには，昭和55年に導入された特別養子制度に，その趣旨がより明白な形で表されたのである。しかし，わが国の養子制度は，現実的な要請のもとに，今日でも種々の目的のために利用されていることも否定できない。扶養義務の履行とひきかえに相続をさせるという約束を内在した養子縁組に，その典型をみることができる。

2　養子縁組の成立要件

　養子縁組は婚姻と同様に原則として契約として構成されており，法的に有効な縁組成立のためには形式的要件および実質的要件を充足し，かつ，政策的見地から縁組に際して加えられる制限に違反していないこと（縁組障害の不存在）を要する。

(1)　形式的要件

　養子縁組は，戸籍法の定めるところによる届出を出すことによって，その効力を生じる（799条による739条の準用）。他人の子をひきとって，養育していても，養子縁組の届出を出していない場合には，法律上の養親子関係は生じない。ただし，現実に養親子としての生活があり，将来，適法な届出を行う意思があるような場合には，婚姻における内縁と同様に，事実上の養親子関係（内縁養子という言葉も使われる）があったとして法的保護が与えられることがある。

　かつて，生後間もない子を「藁のうえの養子」として，実親ではない者の嫡出子として届けることがしばしば行われていた。未婚女性の産んだ子の出生の秘密を隠すため，また後日血のつながった親子でないことが子にわからないようにするためにも，このような慣行がみられたのである。このような届出は虚偽の出生届出となり，無効となる。法的には，届出からかなりの年月を経た後でも，利害関係のある者から法的な親子関係は存在しないとして訴えが提起されることがありうるのである。これについては，養子縁組の成立という効果を擬制できないかという問題があるが，昭和25年12月28日の最高裁判決（民集4巻13号701頁）は，養子縁組が民法および戸籍法で定める要式行為であることを

理由として養子縁組への転換を否定した。その後の判例（最判昭和49年12月28日民集28巻10号2098頁，最判昭和50年4月8日民集29巻4号401頁）もこの見解を踏襲している。これに対しては，長年にわたって実子として扱われてきた子の保護という観点から，縁組の意思があり，かつ，親子関係としての実質がある場合には要式性を緩和してよいのではないかとの批判的な見解が示されている。また，下級審判決のなかには，子に酷な結果をもたらすことが明らかな具体的事情がある場合には，権利濫用あるいは信義則の法理によって，戸籍上の親からの親子関係不存在の訴えを却下しているものがある（京都地判昭和54年10月30日判時960号92頁，大阪高判平成3年11月8日判タ781号209頁）。しかし，一方では，未成年養子について要件とされる家庭裁判所の許可の潜脱防止や戸籍訂正の困難性などを理由として，最高裁判決を支持する有力な学説がある。

(2) 実質的要件

養子縁組の成立のためには，当事者間に親子となろうとする意思を必要とする。当事者の一方が知らない間になされた届出はいうまでもないが，合意があっても別の目的をもってなされた縁組は，縁組意思を欠くとして養子縁組は無効とされることになる。養親子関係を形成しようとする意思の存否は，先に述べたように，養子縁組が種々の目的をもってなされているだけに，柔軟性をもって対処しなければならない。たとえば専ら財産の承継を目的としていた場合であっても，養子縁組を成立させる意思の存在には問題はないものとされている。このように場合によっては判断が微妙になるが，芸娼妓の身柄を拘束するためになされた縁組（大判大正元年9月20日民集19巻2182頁），越境入学のためになされた縁組（岡山地判昭和35年3月7日判時223号224頁），などは，無効とされたきた。

(3) 代諾養子縁組

養子縁組の締結のためには意思能力を必要とする。成年被後見人であっても，能力を有することを証する医師の診断書の添付を条件として，後見人なくして単独で縁組をなすことができる（799条による738条の準用，戸籍法32条）。未成年者については，15歳未満の者は一律に縁組能力がないとされ，代諾養子縁組が適用されることになる。法定代理人が子に代わって縁組の承諾をするのである（797条）。先にも述べたように，かつては，出生した子をその実の親の戸籍

ではなく，別の戸籍に嫡出子として届けるということがよく行われていた。このような場合，代諾が真実の親ではなく戸籍上の親によってなされていれば，それは無権代理行為となり，養子縁組は無効となる。しかし，判例はこのような縁組であっても，子が15歳になって，追認をすれば有効となるとした（最判昭和39年9月8日民集18巻7号1423頁）。

(4) 縁組障害の不存在

① 養親の資格　養親となるためには，成年でなければならない（792条）。

② 養子の資格　養子となる者は養親となる者の尊属または年長者であってはならない（793条）。

③ 未成年者養子　未成年者を養子とするには，養親自身あるいはその配偶者の直系卑属を養子とする場合を除き，家庭裁判所の許可を得なければならない（798条）。この許可の認否は，専ら子の福祉の観点からなされる。

④ 夫婦養子縁組　配偶者のある者が未成年者を養子とするには，配偶者の嫡出である子を養子とする場合を除き，縁組は配偶者とともにしなければならない（795条）。未成年養子の養育には夫婦がともに親となることが望ましいからである。また，配偶者ある者が縁組を行う場合には，他方配偶者の同意を得なければならない（796条）。ただし，いずれの場合も配偶者が意思を表示できないときは，このかぎりではない。

⑤ 後見養子　後見人が被後見人（未成年被後見人および成年被後見人）を養子とするには，家庭裁判所の許可を得なければならない（794条）。被後見人の財産を自由にするというような不正な目的に縁組が行われることを防止するためである。

3　縁組の効果

　養子は，縁組の日から養親の嫡出子としての身分を取得する（809条）。すなわち，養子と養親は相互に扶養および相続の権利義務関係におかれ，養子が未成年であるときは養親の親権に服する（818条2項）。養子と養親およびその血族との間にも親族関係を生じるが（727条），縁組以前に生まれていた養子の子と養親のあいだには親族関係を生じることはない（大判昭和7年5月11日民集11巻1062頁）。

氏については、養子は養親の氏を称することになるが、婚姻によって、すでに氏を改めていた場合には、そのまま婚氏を使用することができる（810条）。なお、普通養子については、縁組後も実親との法的関係はなんら変わらないことに注意したい。

4　養子縁組の解消

(1)　死亡による縁組の解消

縁組の当事者の一方が死亡した場合には、生存当事者は家庭裁判所の許可を得て、離縁をすることができる（811条6項）。養親関係は、当事者の一方の死亡によって、当然に解消するので、この手続は、実質的には親族関係の終了を目的に行われるものと解されている。

(2)　協議離縁

縁組当事者は協議で離縁をすることができ（811条1項）、その要件については離婚とほぼ同様な規定がおかれている（812条、813条）。養子が15歳未満であるときは、養親と離縁後に法定代理人となる者の代諾による協議による（811条2項）。また、養親が夫婦である場合において未成年者と離縁をするには、夫婦ともに行わなければならない（812条の2）。

(3)　裁判離縁

当事者間で離縁の協議が調わず、その後調停も不成立であった場合には裁判による離縁に移行する。当事者の一方は、他の一方から悪意で遺棄されたとき、他の一方の生死が3年以上の不明のとき、その他縁組を継続しがたい重大な事由があるときに限り離縁の訴えを提起することができる（814条）。

5　離縁の効果

離縁により養親子関係、養子と養親の血族との親族関係が終了する（729条）。養子は、縁組前の氏に復するが、養親が夫婦である場合その一方のみと離縁した場合にはこの限りではない（816条1項）。なお、縁組後7年を経過した養子については、離縁の日から3カ月以内に戸籍法に定める届出を行うことによって、離縁の際に称していた氏をそのまま使用することができる（816条2項）。

<ANSWER>

　本文で説明したように，めぐみの出生届出は，法的には虚偽の届出として無効と解されることになる。また，養子縁組への転換も認められない。しかし，現実に広司と直子はめぐみを自分たちの子として届け出ているのであるから，よほど特別の事情が生じてこない限り，彼らの側から親子関係不存在の訴えを提起することは考えられない。めぐみも心情的には複雑ではあると思うが，愛情をもって育てられてきたのであるから，みずから親子関係を覆すというような愚かな行為には走るべきではない。すなわち，真実は判明したものの，この親子にとっては現状維持につとめることがもっとも望ましいのである。ただ，将来，相続に関して争いが生じる懸念があれば，正式な養子縁組を締結することも考えられよう。

<POINT>

1　養子縁組の目的
2　虚偽の出生届出から養子縁組の転換
3　代諾養子縁組

第17講　養　子 (2)

<CASE>

千夏の高校時代からの親友，山田花子は会社の上司と不倫関係にあったが，妊娠してしまい，女児美鈴を出産した。花子は逃げ腰の不倫相手には，認知の請求をするつもりはない。といって，未婚の母として一人で美鈴を育てていく自信はない。花子の父は鉄鋼所を経営していたが，2カ月前に倒産し，経済的に花子を援助する余裕はまったくない。困りはてた花子は千夏に相談にきたが，千夏はどのような助言ができるのか。

<THEME>

1　特別養子制度の制定
2　特別養子縁組の成立
3　縁組の効果

<ESSENCE>

1　特別養子制度の制定

世の中には，子に恵まれず，養子を欲している夫婦がいる。しかも，可能なら実の子として育てたいという願望がある。他方，婚外子を産み途方にくれている女性がいる。自分で育てられないので養子に出さざるをえないが，将来のことを考えれば，自分の子であったことがわからないようなかたちで養子に出したいと思っている。このような願いは，実際にも「藁のうえの養子」として，社会の慣行として実行されていた。昭和34年には，法制審議会民法部身分法小委員会が，年少の子の養子について戸籍上の取扱いも含めて完全に実親から遮

断するかたちにする養子制度導入の検討を行った。しかし，これは提案にとどまり立法化にはいたらなかった。そのうち，東北の産婦人科の医師が，生まれたばかりの乳児を虚偽の出生証明書により養親の実子として届ける方法で養子縁組の斡旋をしていた事件が明るみとなった。この医師の行為が，医師としての許されるべきものであったか否かは別として，この事件を契機に立法の必要性が社会に強くアピールされたことは明らかである。完全養子のかたちでの養子制度を有する諸外国の法制の影響もあり，昭和62年に従来の養子制度に加えて民法に特別養子の制度が導入された。

なお，特別養子制度は，以下にみるように，実親からの完全な離脱のみならず，縁組の要件は厳しく，また原則として離縁を認めないなど，子の保護が第1に考えられており，「子のための養子」として位置づけることができる。

2 特別養子縁組の成立

(1) 縁組の要件

① 養子となるために　第1に特別養子制度は実子同様な親子関係をつくることを目的としており養子となる者は幼い子であることが要件とされる。すなわち年齢の制限がおかれており縁組審判請求時に6歳未満であることを要する。ただし8歳未満の子については，6歳に達する前から引き続き養子親となる者に監護されていたことを条件に養子となることが可能となる（817条の5）。

第2に養子となる者の父母の同意を必要とする。ただし，父母がその意思を表明できないとき，または父母による虐待や遺棄など養子となる者の利益を著しく害しているような事情がある場合には同意は不要となる（817条の6）。父が認知をしていない場合には法的には父ではないので，同意を必要としない

② 養親となるために　まず，養親となることができる者は，配偶者のある者でなければならない。ただし，夫婦の一方が他の一方の嫡出子——いわゆる連れ子——の養親となる場合は単独縁組が認められる（817条の3）。しかも，養親となる者には年齢的にも25歳に達していることが求められる。ただし，夫婦の一方が25歳に達していれば，他方は20歳以上であればよいとされる（817条の4）。家庭を与えるという特別養子制度の趣旨から，結婚をしていることと，監護養育能力（25歳という年齢には異論もあると思われるが）が問われる。

(2) 家庭裁判所の審判

　普通養子縁組は，未成年および被後見人を養子とする場合には裁判所の関与があるものの，原則として当事者どうしの契約としてとらえられている。これに対して，特別養子縁組は家庭裁判所の審判による宣言という形で成立することに注意をしたい。

　家庭裁判所への申立ては，養親になろうとする者によってなされる（817条の2）。家庭裁判所では，申立て後養親になろうとする者に義務づけられている6カ月以上の試験監護（児童相談所から依頼されていたような場合には，期間が短縮されることがある）の様子を考慮したうえで（817条の8），養親としての適合性をみる。同時に，子の利益のために，特別養子となることが必要か否かが慎重に判断される。父母による養子となる者の監護が著しく困難または不適当であること，その他特別の事情があるような場合には要保護性ありとして縁組が認められる（817条の7）。父母の肉体的・精神的な障害，あるいは経済的な理由により子の養育が困難であったり，父母による子の虐待，放任などの事実が明らかで子を父母のもとにおくことが子の健全な育成のためにふさわしくない，という状況があるときなどである。

3　縁組の効果

　特別養子には，普通養子縁組の規定が準用されるが（嫡出子たる身分の取得・養親の血族との親族関係の発生・養親の氏を称する），制度の趣旨からして，固有な効果が認められている。

　養子と実方の父母およびその血族との親族関係は特別養子縁組の成立によって終了する（817条の9）。特別養子制度が養親と養子とのより完全なかたちでの親子関係の創設を目的としているからである。ただし，配偶者の連れ子を特別養子にする場合には，特別養子とその実親である夫婦の一方とその血族との親族関係は消滅しない（同条但書）。

　戸籍については，養父母の戸籍に記載されるが，嫡出子と同様な記載になるように工夫されている。すなわち，養父母の氏名のみが記され，続き柄欄には，長男，長女というように記載される。なお，養父母の戸籍への入籍前に，養親の氏を称する特別養子を戸籍筆頭者とする中間的戸籍を置くなど（戸籍法20条

の3），実親の検索ができないようになっている（なお，この単身戸籍は除籍となるが，除籍簿に保存されるので，近親婚でないことの確認など，実親の戸籍との連絡は可能となる。戸籍法12条・12条の2）。

(4) 離　　　縁

特別養子は実親関係と同様に強固な関係であるので，原則として離縁は認められない（817条の10第2項）。ただし，養親による虐待，悪意の遺棄その他養子の利益を著しく害する事由があり，かつ，実父母が相当の監護をすることができる場合で，養子の利益のために必要があると認めるときは，家庭裁判所が離縁させることができる。請求者は養子，実父母または検察官となっている（817条の10）。

離縁の後は，養子であった子と実方親族の関係が復活する（817条11）。

<ANSWER>

今日，未婚の母となることはそれほどめずらしいことでもないといってよいであろう。しかし，現実には，未婚の母が子を育てていくことは容易ではない。花子の場合も彼女自身生活をしていくのが精一杯という状態であり，事実上，美鈴を育てていくことはできない。千夏は気の毒に思いながらも，2，3日前に新聞で読んだ特別養子の制度を春子に話した。特別養子となった場合には，花子と美鈴の関係は切断されてしまうが，それは子の利益を考えてのことであり，また，父親が認知していない場合には花子の同意だけで足りるというような説明を行った。花子は，はじめは抵抗を感じていたものの，制度の趣旨を理解して，近日中に児童相談所（児童相談所では，児童に関する相談に応じており――児童福祉法15条の2第1項1号――，事情によっては，特別養子縁組を前提とする要保護児童の養育という具体的措置を図るなど，事実上，特別養子縁組の斡旋を行っている）に行ってみることにした。

<POINT>

1　特別養子の必要性
2　普通養子との相違
3　戸籍上の扱い

第18講　人工生殖

<CASE>
　拓也夫婦は，拓也の体質により子供ができないことがわかった。拓也の妻はどうしても子が1人は欲しいというので，拓也は妻の説得にまけて，人工授精による不妊治療に踏み切った。めでたく妻は妊娠し，長男譲治を出産した。拓也は子供が産まれるととてもかわいいと思ったが，ふと自分は父親なのかと疑問を持った。拓也と譲治は親子なのであろうか。

<THEME>
1　親子関係とは
2　人工生殖
3　人工生殖の親子関係
4　代理母とは
5　諸外国にみる人工生殖の状況

<ESSENCE>
1　親子関係とは
　今までの親子法は，法律上の親子関係を自然的血縁関係にもとづいて確定してきた。つまり，親子（実親子）関係の確定は血縁主義の原理によって成立すると説明されてきたのである。しかし，親子関係の確定が必ずしも血縁主義によるとは限らない。たとえば，明治民法でみられたように非嫡出子の親子関係が，親ないし父の強い意思でもって確定されるときもあった。
　今日では，科学技術の進歩によって自然な性関係によって妊娠できない夫婦

に対して，人工生殖技術によって子を誕生させることが可能となってきた。実際に，生殖技術で子が生まれてきた場合，親子関係の基準はどう判断すればいいのであろうか。人工生殖の技術は，今日先進諸国においてはますます広がる一方である。これまでは，子供は夫婦の自然的な結合によって授かるものと理解されていたが，今や作る時代へと変わってきたともいえる。

2 人工生殖

人工生殖とは，一般に人為的な方法の助けを借りて行う生殖をいう。その代表的なものが人工授精である。イギリスは，1799年に男性の不妊治療として初めて人工授精に成功した。フランスでは1920年代，アメリカでは1930年代，イギリスでは1940年代から人工授精が盛んになっていった（人見康子「人工生殖と代理母」法学教室125号22頁）。日本では，1949年に最初の人工授精子が誕生している。

(1) 人工授精

人工授精とは，精子を女性の性管内に受精を目的として注入することをいう。その結果生まれてきた子は人工授精子と呼ばれる。夫の精子を用いる場合を配偶者間人工授精（AIH, Artificial Insemination by Husband）といい，夫以外の男性の精子を用いる場合を非配偶者間人工授精（AID, Artificial Insemination by Donor）という。AIDによる妊娠例は1万人近くいるといわれているが，AIHによる妊娠例は，AIDよりもかなり多いとのことである（小林俊文「人工生殖・医学の立場から」法学教室138号38頁）。

(2) 体外受精

体外受精とは，体の外で精子と卵子を受精させ，その胚を子宮内に移植することをいう。女性の不妊治療として開発された体外受精は，現在では一般化されている。体外受精による最初の妊娠例は，1978年イギリスでみられている。

わが国では，1983年に日本産婦人科学会が体外受精の臨床応用を開始した。翌年には受精卵の凍結保存研究に関する見解をまとめ，凍結保存受精卵による体外受精の道が開かれるまでになった。今日，体外受精を行う施設は，日本産婦人科学会に登録し，毎年その成果を報告するように義務づけられている（日本産婦人科学会「体外受精・胚移植の臨床実施」の登録報告制について）。わが国で

の凍結受精卵による初の出産例は平成元年である。現在,体外受精については夫婦間だけにしか認めていない。しかし,精子提供によって生まれた事例も報告されており,社会的に大きな反響を巻き起こしている。諸外国は,ドナー精子による体外受精を認めている。

3 人工生殖の親子関係

人工生殖の技術発展は,今まで想定しなかったむずかしい問題をわれわれに投げかけている。諸外国はもとより,わが国でも人工生殖による子は多数出生している。人工生殖によって生まれてきた子の法的地位は,どのように考えればいいのだろうか。

(1) 配偶者間人工授精(AIH)で生まれた子の法的地位

AIHで生まれた子は,通常の婚姻関係から生まれてきた子と同じであるから嫡出推定の規定が適用される(772条)。既存の問題として推定を受ける嫡出子と推定を受けない嫡出子があり得るだけであり,とくに生殖技術による問題はないと思われる。

(2) 非配偶者間人工授精(AID)で生まれた子の法的地位

法律上の夫婦がAIDを受けることに同意し,これによって子が生まれた場合は,その子は嫡出推定が及ぶとする(772条)。この考えは多数説であり,AIDに夫が同意した以上は嫡出否認の訴えは信義則上許されず,子の地位の安定をはかろうとする。

一方,AIDで生まれた子は嫡出推定の及ばない嫡出子とする(AIDを希望する人は妊娠の可能性が低いから)。この考えは少数説とされ,親子関係不存在確認の訴えによらなければいつまでもその地位が否定されるとするものである。その他,AIDで生まれた子は夫の養子となると解する説もある。多数説,少数説,それぞれ一長一短がありうるが,少数説からの批判としては,AIDに同意した夫がのちに子に愛情を喪失したような場合,法的救済が否定されてしまうという懸念がある。そこには,人工生殖による「子の利益」とはどうあるべきかという問題が含まれているように思われる。

4 代理母とは

　代理母になるには二通りの方法がある（樋口範雄「代理母の親子関係」判例タイムズ747号184頁）。一つは，妻に不妊の原因がある場合に，妻以外の女性に夫の精子を人工授精し，その子を夫婦が育てるという方法である。もう一つは，夫の精子と妻の卵子を体外受精して，受精卵を妻以外の女性に移植し，その子を夫婦が育てるという方法である。前者が一般にいわれている代理母であるが，後者も代理母である（借り腹とか代理出産ともいわれる）。両者の相違点は，前者は代理母が子との血縁関係がある（一部代理母と呼ぶ場合もある）のに対して，後者は代理母が子とまったく血縁関係がない（完全代理母と呼ぶ場合もある）という点である。両者の共通点は，出産が妻以外の女性である点である。

　アメリカでこのような代理母が出現した背景は，不妊夫婦が養子をもらうことが困難になったからだといわれている。1970年には6万9,000件の養子が1977年には2万5,000件に減少し，その分はAIDによる子が出生し，その数は2万件ぐらいだといわれている（人見康子「人工生殖と代理母」法学教室125号26頁）。日本では人工授精（人工授精子の嫡出推定と親権者指定に関する事例として東京高決平成10年9月16日家月51巻3号165頁がある）に関する事例が少ないため考察することがむずかしい。

＊　　　＊　　　＊

　アメリカでみられた事例を紹介する。

〔事例①〕　Moschetta v. Moschetta, 20 F.L.R. 1379
　　　　　（Cal. Ct. App. June 10, 1994）
　夫の精子を人工授精した代理母が子を出産した事例である。妊娠中に夫婦が不仲となり離婚手続に入ったため，それを知った代理母が自分が母であることを主張した。第一審は代理母が母であるとし，子は夫との共同監護に服すると判示した。上訴審では代理母が母であることは認めたが，共同監護については破棄差戻とした。

〔事例②〕　McDonald v. McDonald, 608 N.Y.S. 2d 477, 20 F.L.R. 1207
　　　　　（N.Y. Sup. Ct. App. Div. Feb. 22, 1994）
　夫の精子と第三者の女性の卵子を体外受精させて妻が双子の女子を出産した事例である。その後夫婦が離婚をしたため，監護権が争われた。第一審では妻

に監護権を認めた。夫は妻は子とは血縁関係がない，自分に監護権がある旨を主張し上訴したが，上訴審はそれを否定した。

〔事例③〕　Johnson v. Calvert, 851 P.2d 776（Cal. 1993）

夫の精子と妻の卵子を体外受精して第三者である女性に子を出産させた事例である。妊娠中に夫婦と代理母との間で紛争が生じ，子が生まれた後に誰が母であるかが争われた。第一審は妻が遺伝上も法律上も母であるとし，代理出産契約は有効，代理母には訪問権はないと判示した（樋口範雄「人工生殖と親子親子関係」ジュリスト1059号130頁，131頁参照）。

5　諸外国にみる人工生殖の状況

アメリカでは，1973年に統一親子関係法が制定され，AIDの場合には同意した夫を父と定め，精子提供者は父ではないとした。その後18州がそれを承諾した。1988年の人工生殖子の法的地位に関する統一法（A案）は，妊娠前に裁判所が代理母契約を承認した場合は，依頼夫婦の妻が母であるとした（石川稔＝中村恵「アメリカにおける人工生殖の法的状況」『家族と医療』1995年弘文堂，石井美智子「人工生殖と親子法」家族法実務研究9判例タイムズ925号62頁）。フランスでは，1994年7月29日法律第94—695号の民法典1編7章1節4款「医学的に介助された生殖について」において，生殖に対する医学的介助を承諾した夫（311条の20）を父とし，提供者は親ではない（311条の19）とした（北村一郎「フランスにおける生命倫理立法の概要」ジュリスト1090号120頁）。イギリスでは，1990年ヒトの受精及び胚研究に関する法律によって，人工生殖に同意した夫が父となり，死後のAIHあるいは体外受精の場合には精子提供者は父ではないとした（三木妙子「イギリスにおける人工生殖の法的状況」『家族と医療』）。

<ANSWER>

人工授精には，二つの方法がある。このケースは，夫拓也に不妊の原因があるので，他の男性の精子と妻の卵子を受精させるという方法である。つまり，非配偶者間の人工授精（AID）である。その方法で生まれた子は嫡出推定が及ぶ子と考えられる（多数説）。夫拓也がAIDに合意している以上は，拓也と子である譲治は親子であるということになる。少数説もみられることを付け加えておきたい。

<POINT>
1 生殖技術に対する法規制
2 生殖と生命倫理

<人工生殖のフローチャート>

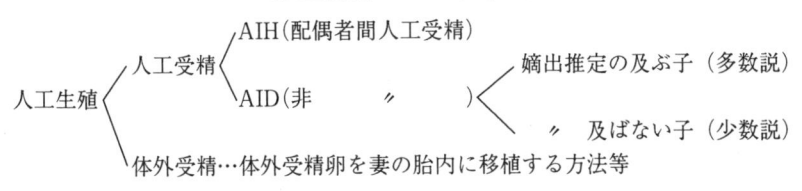

```
                    ┌AIH(配偶者間人工受精)       ┌嫡出推定の及ぶ子(多数説)
         ┌人工受精─┤                          ─┤
人工生殖─┤          └AID(非   〃   )           └ 〃 及ばない子(少数説)
         └体外受精…体外受精卵を妻の胎内に移植する方法等
```

		卵子		精子		受精方法	妊娠・分娩	具体例
		妻	他の女性	夫	他の男性			
人工授精	配偶者間	○		○		妻の胎内	妻	
	非配偶者間	○			○	妻の胎内	妻	
	代理母		○	○		他の女性の胎内	他の女性	ベビーM(アメリカ) ベビーコットン(イギリス)
	胚移植 (in vivo/ET)		○	○		他の女性の胎内	妻	1984年アメリカ
		○			○	他の女性の胎内	妻	
体外受精	配偶者間	○		○		試験管内	妻	ルイーズ・ブラウン (イギリス)
	代理母 (SET)		○	○		試験管内	他の女性	1987年南アフリカ
			○	○		試験管内	他の女性	
		○			○	試験管内	他の女性	
	?		○		○	試験管内	他の女性	
	卵子養子		○	○		試験管内	妻	1984年オーストラリア
	精子養子	○			○	試験管内	妻	
	胚移植 (in vitro/ET)		○		○	試験管内	妻	

第19講 親権の内容

<CASE>

めぐみは出生の真実を長い間話してくれなかった広司と直子に反発を感じ、学校を休んだり、夜遊びをするようになった。心配した広司と直子はめぐみの外出や友人関係にうるさく干渉するようになった。そして、めぐみがいやがるのに、カウンセリングシステムの充実した女子校へ転校させようとしている。めぐみは両親の言うことを聞かなければならないか。

<THEME>

1　親権の意義
2　親権の内容

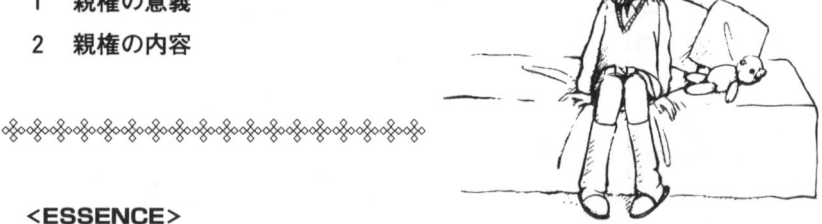

<ESSENCE>

1　親権の意義

　親権とは、未成年の子を保育し、監護教育する権利および義務をいう。親権は、権利であると同時に義務の性質をもつ。親権は、親が子を自分の信ずるところにしたがって養育することができ、みだりに他人の干渉を許さないという意味では権利である。しかし、親が子を保育し監護教育しながら健全な社会の一員として育成することは子への義務であり、また社会に対する義務でもある。
　民法は、「成年に達しない子は、父母の親権に服する」と定め（818条1項）、未成年の子の保護を図っている。

2 親権の内容

親権の内容は，子の身上に関するものと子の財産に関するものがある。

(1) 子の身上に関する権利義務

民法は，「親権を行う者は，子の監護及び教育をする権利を有し，義務を負う」と定める（820条）。この規定は，子の身上に関するものを総括的に規定したもので，居所指定権，懲戒権，職業許可権は，監護教育を実践する上で必要な権利を具体的に定めたものである。身分行為の法定代理，監護妨害に対する子の引渡請求権なども，監護教育権の具体的行使の内容とされる。

(a) 監護教育権　　監護とは現実に子の世話をし衣食の面倒を見ながら肉体的な成長をはかることであり，教育とは家庭でしつけをしたり学校教育を受けさせるなどして子の精神的発達をはかることである。これらの両者をあわせて，子を健全な社会人に育成することは，親の権利であるとともに義務でもある。

子をどのように，またどの程度に監護教育するかは，親権者の自由である。しかし，社会公共の立場から，一定の規制がある。すなわち，①親権者はその保護する子女に9年の普通教育を受けさせる義務を負い（教育基本法4条，学校教育法22条・39条），②経済的理由等により児童を手元において養育しがたいときは児童相談所などに相談すべきものとされ（児童福祉法30条3項），③親権者が子の監護を適切に行わない場合には子を救護施設などに収容することを受忍する義務を負う（生活保護法30条3項）。

親の監護教育の権利義務に関連して子の教育権が問題になっている。子に教育を行う親の法的地位は，子どもの教育を受ける権利に対応して考えるべきである。したがって，親権の内容の一つである親の教育権は，子の教育を受ける権利に対応する義務の第一次的履行責任ないし義務履行の優先権だと考えられる。親は，日常生活の中で子と触れ合いながら家庭教育を行い，未来の社会の担い手となるために必要な知識や技術・生活態度などを習得させることになる。

しかし，今日のような発展した社会では，子どもが必要とする知識や技術を親は十分に授けることができない。そこで，このような親の子に対する教育義務の履行を補完するものとして公教育が存在し，憲法26条2項，教育基本法，学校教育法は，親に対してその保護する子女に普通教育を受けさせる義務を課している。すなわち，家族機能の変化や社会生活の変化にともない，親だけで

は子の監護教育を十分に果たすことができなくなり，国の積極的関与あるいは協力が必要となってきたのである。

したがって，子どもの権利は第二次的に国に対しても向けられ，社会の進展に対応する能力を十分発達させていけるような教育の仕組みを整えることを国に要求する。それが社会権としての憲法26条の「教育を受ける権利」である。国は学校を設け，教育条件を整えるなどの外的・経済的条件の整備義務を負い，親権者などの保護者は子を就学させる義務を負う。しかし，学校教育制度や教育内容については，子に代わって思想・良心の自由や信教の自由を守る立場から，親の権利が留保されているといえよう。

監護教育に必要な費用は，親権者の監護教育権とは別の問題である。費用の負担は，婚姻費用の分担として処理されたり（760条），父・母が親として未成熟子に対する扶養として行う（877条）。子に財産があるときには，その収益を監護教育の費用に充てることができ（828条但書），収益がないかまたは収益があっても不足する場合は親が子に対する扶養として負担する。それでも不足するときには子の財産の元本を利用することができると解されている。

(b) 居所指定権　子は，親権者が指定した場所に，その居所を定めなければならない（821条）。親権者は子を自分が指定した場所に住まわせて監護や教育を行うことができる。子を自分と同居させてもよいし，寄宿舎に入れるとかアパートに住まわせてもよい。どこに居住させるかは，親権者の自由である。しかし子の心身に悪影響を及ぼすおそれのある所を指定するときは，居所指定権の濫用として，親権喪失の原因になる。

子が指定された場所に居住することを第三者が妨害したときには，親権者はその妨害排除ないし子の引渡しを請求できる。もっとも，意思能力のある十分な判断力をもつ子が，その自由意思で第三者と同居している場合には，妨害排除も引渡請求もできないと解されている。

(c) 懲戒権　親権者は，監護教育のために必要な範囲で，自ら子を懲戒し，または家庭裁判所の許可を得て懲戒場に入れることができる（822条）。懲戒とは，子の非行や過ちを矯正善導するために，その身体や精神に苦痛を加える制裁である。監護教育のためには，口頭による訓戒だけでは足りず，ときには親権者による「愛のむち」を必要とすることを認めたものである。しかし，社会

通念を超える懲戒は，親権の濫用として親権喪失の原因となり，場合によっては傷害罪（刑法204条），暴行罪（刑法208条）などの刑事責任を問われる。

なお，822条に定める懲戒場に当たる施設は，現在のところ存在しない。少年法や児童福祉法などによる少年院，教護院などの施設はあるが，それへの収容は民法の規定ではなく，それぞれの特別法の手続による。

(d) 職業許可権　子は親権を行う者の許可を得なければ職業を営むことができない（823条）。ここでの職業とは営業よりも広く，他人に雇われる場合も含まれる。いったん許可を与えても，営業または職業にたえない事跡があるときは，許可を取り消しまたは制限することができる（823条2項・6条2項）。

なお，子の労働契約について，同意を与えた場合でも，それが未成年者に不利であると認める場合には，親権者は将来に向かって労働契約を解除することができる（労働基準法58条2項）。

(2) 子の財産に関する権利義務

未成年者には，財産を管理する能力や法律行為をする能力が十分にあるとはいえない。そこで民法は，「親権を行う者は，子の財産を管理し，また，その財産に関する法律行為についてその子を代表する」と定める（824条）。

(a) 財産管理権　親権者が行う管理には，財産の保存行為，利用行為，改良行為のほかに，処分行為も含まれる。したがって，子の不動産を売却したり，子の名義で借金をすることができる。

親権者は，子の財産を管理する場合に，自己のためにすると同一の注意義務を負えばよく（827条），後見人よりも軽減されている（869条による644条の準用）。子が成年に達すると親権は終了するから，遅滞なく財産管理の計算をしなければならないが（828条），子の養育および財産管理の費用は，子の財産の収益と相殺したものとみなされる（828条但書）。この828条但書の規定は，子の財産からの収益を子の養育や財産管理の費用に充てることを認めたうえで，親権者は厳密な管理の計算をしなくてもよいことを定めたものと解すべきである。したがって，明らかな余剰財産があるときには，子に返還しなければならないのであって，親権者は子の財産について収益権をもつものと解すべきではない。

なお，無償で子に財産を与える第三者が親権者たる父または母に管理させない意思を表示したときは，その財産は父または母の管理に属さない（830条1

項)。その財産の管理は,第三者が指定した管理者または家庭裁判所が選任した管理者が行う(830条2項・3項)。この管理者には,不在者の財産管理人に関する規定が準用される(830条4項)。

(b) 財産に関する法律行為の代表　この「代表」を,子の人格の全面的同一化を意味するという見解もあるが,通説は代理と同じ意味に解している。親権者は,子の法定代理人として法律行為を行うことになる。親権者は子の代わりに契約をしたりするが,子の行為を目的にする場合には,本人の同意が必要である(847条但書)。労働基準法は,親権者が子に代わって労働契約を締結することや賃金を受け取ることを禁止している(労働基準法58条1項・59条)。

父母の婚姻中は父母が共同して親権を行うが(818条3項),この場合には代理行為も共同して行う。父母の一方が共同名義で子に代わって法律行為をし,また子が法律行為をするのに同意したときは,それが他の一方の意思に反したときも有効である。しかし,そのことを知っている悪意の第三者に対しては無効となる(825条)。民法825条は,善意の相手方を保護し,取引の安全をはかることを目的に設けられた。したがって,この規定が適用されるのは取引行為に限られ,訴訟行為には適用されない。

親権者と子の利益が相反する行為については,家庭裁判所で選任された特別代理人に子を代理させ,子の利益を守る制度がある(826条)。その詳細については,第20講で説明される。

(c) 同意権　子は,単に権利を得,または義務を免れる行為でない限り,親権者の同意を得なければ,有効な法律行為をすることができない(4条)。親権者の同意を得てない子の行為は取り消すことができる(4条2項)。

\<ANSWER\>

未成年の養子は養親の親権に服する(818条2項)。めぐみは広司・直子と養子縁組をしたにしろ,しなかったにしろ(第16講参照),その親権に服する。広司と直子は,めぐみの親権者として,めぐみを健全な社会人に育成するために,監護教育権や居所指定権,懲戒権などをもつ。したがって,生活の荒れためぐみを矯正するために,外出や友人との交際に干渉したり,女子校への転校をはかって,めぐみの環境を変えようとすることは,親権の内容として当然に認め

られることである。しかし，めぐみは16歳の高校生であり，意思能力を有するから，彼女の意見を聞き，親子でよく話し合うことが現実的であろう。また，広司や直子がめぐみに行った干渉・指導等の内容や程度が社会通念に反するときには，親権の濫用として，親権喪失原因になることもある（834条）。

<POINT>
1 親権の意義
2 親権の内容

親権の内容

親権の内容	身上に関する権利義務	監護教育権（820条）
		居所指定権（821条）
		懲戒権（822条）
		職業許可権（823条）
		身分行為の法定代理 　　認知の訴え（787条） 　　15歳未満の子の氏の変更（791条3項） 　　15歳未満の子の縁組（797条） 　　15歳未満の子の離縁（811条2項・815条）など
		親権の代行（833条）
	財産に関する権利義務	財産管理権（824条）
		財産行為の代理権（824条）
		財産行為の同意権（4条）

第20講　利益相反行為

<CASE>
圭子は実の母と縁が薄い孫娘をかわいそうに思い，めぐみに株券を贈与した。広司と直子は融資をうけるために銀行の要請をうけて，めぐみの所有となった株券を担保に出した。圭子はその話を聞いて，何となく損をしたような気がして，担保設定は無効ではないかと思った。圭子のこの疑問はあたっているか。

<THEME>
1　利益相反行為禁止の根拠
2　利益相反行為の範囲　　形式説と実質説

<ESSENCE>
1　利益相反行為禁止の根拠

　未成年者は，自分の行為の性質とか結果を判断できるだけの知的能力がまったくないか，十分でない場合が多い。そこで民法は，未成年者を制限能力者としたうえ，未成年者が有効な法律行為をするためには法定代理人の同意を要求し（4条），親権者が法定代理人として，子の財産を管理し，その財産上の行為について子を代理することを定めた（824条）。したがって，親権者が子の財産を管理したり処分する契約をする場合は，子の名で行うことになる。

　ところで，民法は，「親権を行う父又は母とその子と利益が相反する行為については，親権を行う者は，その子のために特別代理人を選任することを家庭裁判所に請求しなければならない」（826条1項）と定める。親権者と子の間での不動産売買のように，利益が相反する行為の場合には，親権者は子を代理す

る権利や同意する権利を制限され，家庭裁判所によって選任された特別代理人が子を代理し，同意を与えることになる。父母共同親権のとき（818条3項），共同親権者の一人とだけ利益が相反する場合は，他方の単独親権は認められず，特別代理人と他方親権者が共同して代理するものと解されている。

　親権者が数人の子に対して親権を行う場合に，その一人と他の子との利益が相反するときも，親権者は双方を代理したり双方に同意を与えることができず，一方のために選任された特別代理人が代理したり同意を与える（826条2項）。数人の子が共同相続人のとき，親権者がその一人を代理して相続を放棄するとか，子全員を代理して遺産分割をするような場合である。

　826条は108条と共通の理念にもとづき，利害が対立する当事者の不公正な代理行為を防ぐ制度である。108条は，「何人ト雖モ同一ノ法律行為ニ付キ其相手方ノ代理人ト為リ又ハ当事者双方ノ代理人ト為ルコトヲ得ス」と定め，自己契約または双方代理を禁止している。

2　利益相反行為の範囲

　利益相反行為の場合に，親権者の代理権や同意権を制限するのは，子の利益を保護するためである。したがって，利益相反行為とは，親権者に有利で子に不利という対立関係を意味する。しかし，その判定はかなり困難である。

(1)　利益相反行為の判断基準

(a)　形式説　　形式説は，親権者と未成年者との間に利益相反の関係があるかどうかはもっぱら行為自体から外形的に判断すべきであるとする。判例や通説の立場である。形式説は，第三者保護の必要性を重視し，親権者の意図やその行為の実質的効果から判定するべきではないという。この立場によると，親権者が自分の債務のために子の不動産に抵当権を設定する行為は利益相反になるが，子を代理して子を債務者とする借金をし，その担保として子の不動産に抵当権を設定する行為は利益相反にならない。

(b)　実質説　　実質説は，利益相反行為の制度は未成年の子の不利益により親権者が利益を得るのを防ぐことにあるから，利益相反であるかどうかは実質的に判断すべきであるとする。この説では，善意無過失の第三者は，民法93条但書の類推適用あるいは表見代理の規定によって保護されるとする。

(2) 利益相反に関する具体的事例

(a) 子の財産を親権者に譲渡する行為は利益相反になる。

(b) 親権者の財産を有償で譲渡する行為や無償譲渡でも債務を伴うものは，利益相反となる。

(c) 親権者が自分の債務について，①子を連帯債務者とする行為，②子を保証人とする行為，③子の財産を代物弁済する行為，④子の財産に抵当権を設定する行為は利益相反になる。

(d) 相手方のない単独行為でも利益相反になることがある。①親権者が子を代理して相続を放棄し，親権者が単独相続する場合，②数人の子のうちの一人に単独相続させるために，他の子らを代理して相続放棄する場合などである。

(e) 利益相反にならないのは，①親権者が子に贈与する行為，②親権者が子を代理して子と共同で会社を設立する行為，③親権者が子の名義で借財をする行為，④親権者が子の名義で借財し，子の財産に抵当権を設定する行為などである。

<ANSWER>

広司と直子は自分の借金の担保として，めぐみ所有の株券を銀行に提供したのであるから，親権者の債務のために，子の財産に質権を設定した。質権は，債権者がその債権の担保として債務者または第三者から質物を受け取り，債務が弁済されるまで質物を留置して債務の弁済を間接的に強制するとともに，弁済されない場合には質物の価格によって優先的に弁済をうける権利である（342条）。動産や不動産だけでなく，債権，株式，工業所有権などの権利も質権の目的となる。したがって，広司と直子が銀行に債務を弁済しなければ，銀行は質権を実行し，その売却代金から弁済をうける。これは，子の不利益において親権者が銀行からの融資という利益を得るので，利益相反行為になる。

広司と直子が家庭裁判所にめぐみの特別代理人の選任を請求し，家庭裁判所で選任された特別代理人Xが，めぐみを代理して銀行との間に質権設定行為をすれば，なんら問題はない。株券の引渡しとともに担保品差入証を提出させるのが銀行実務であるから，このような手続をとることになるだろう。しかし，広司と直子がめぐみを代理して銀行との間に質権設定をしたならば，それは無

権代理行為となる。無権代理は，子が成年に達した後，その追認をしないかぎり本人にその効力は及ばない（113条）。

なお，めぐみの株券は圭子から贈与されたものである。圭子が株券をめぐみに贈与するときに，親権を行う父または母に株券を管理させないと意思を表示したならば，めぐみの株券は広司や直子の管理に属しない（830条1項）。圭子が広司に株券の管理をさせないという意思表示をしていたならば，広司はめぐみの親権者ではあるが，株券については財産管理権をもたない。したがって，株券に関しては代理権もない。それにもかかわらず，広司が株券を銀行に担保設定した場合は，無権代理行為となる。

結局，株券への担保設定を，Xが特別代理人として行ったならば，有効である。広司や直子がめぐみの法定代理人として担保設定したときには，無権代理となり，株券の所有者であるめぐみが成人した後に追認しないかぎり無効である。

＜POINT＞
1 利益相反行為と親権の制限
2 利益相反行為の範囲
3 第三者が子に与えた財産の管理
4 無権代理の効力

第21講　親権の喪失

<CASE>
子門拓也は日が経つにつれて長男譲治が自分になつかないことに腹を立て、譲治に暴力をふるうようになった。妻麻矢は人工授精出産のこともあり、事なかれ主義を決めていた。譲治は拓也の暴力から救われるであろうか。

<THEME>
1　親権の喪失──著しい不行跡と親権の喪失
2　児童虐待──救済の道

<ESSENCE>
1　親権の喪失──著しい不行跡と親権の喪失
(1)　親権剝奪

親権者が親権を濫用するなどして、子の福祉に反する場合には、親権を剝奪することができる。これが親権喪失宣告の制度である（834条）。親権には義務性があり、親権は子の福祉を増進するために行使されなければならない。それなのに、親権の濫用や親権者の不行跡によって、子の利益を害し、子の心身の健全な発達を害する場合には、親権を剝奪するのである。

(a)　親権剝奪の要件　父または母が親権を濫用しまたは著しい不行跡があるときは、家庭裁判所は子の親族または検察官の請求によって、その親権の喪失を宣告することができる（834条）。この請求は、児童相談所長にも認められている（児童福祉法33条の6）。

親権の濫用とは、親権者が親権の内容である身上監護や財産管理の職責を、

不当に行使しまたは不当に行使しないでいることである。たとえば，必要以上に厳しく折檻することは懲戒権の濫用であり，子の財産を不当に処分すれば財産管理権の濫用となる。

親権者の著しい不行跡とは，放蕩で自己の財産を浪費する，飲酒にふける，賭博に身をもち崩す，性的放縦であるなど，はなはだしい素行不良のことである。このような著しい不行跡があると，子の監護教育がおろそかになったり子の財産を危うくして，子の利益を害するおそれがあるから，親権喪失原因になる。したがって，不行跡の事実のみで判断するのではなく，不行跡のある親権者に親権を行使させるよりは，他の者に親権または後見を行使させた方が子の福祉のためになると考えられるときに親権喪失宣告がなされる。

明治民法の下では，この制度は親権者に対する懲罰や制裁として考えられ，また封建的な「家」制度を背景に，父の死後に親権者となった母から親権を奪うため，母の私通などが著しい不行跡に当たるとして，裁判所に申し立てられることが多かった。

(b) 親権剝奪の効果　　家庭裁判所で親権喪失の宣言があれば，親権者は，子に対する身上監護権と財産管理権を失う。共同親権者の一方が親権喪失の宣告を受けたときは，他方の単独親権になる。単独親権者が親権を喪失すると後見が開始する（838条1項）。

(c) 宣告の取消　　親権喪失の原因がやんだときは，家庭裁判所は，本人または親族の請求によって失権の宣告を取り消すことができる（836条）。

(2) 管理権の剝奪

親権を行う父または母の管理が失当なため，子の財産を危うくしたときは，家庭裁判所は，子の親族または検察官の請求によって，管理権の喪失を宣告することができる（835条）。この宣告は，子の財産管理権を奪うだけであるから，身上に関する監護教育権には影響がない。この結果，子の財産管理権を行う者がなくなったときは，管理権のみを行使する後見人が選任される（838条1項）。宣告の原因がやんだときは，家庭裁判所は失権の宣告を取り消すことができる（836条）。

(3) 親権・管理権の辞任と回復

親権者は，やむを得ない事由があるときは，家庭裁判所の許可を得て，親権

または管理権を辞退できる（837条1項）。やむを得ない事由とは，親権の辞任について，重病・服役・海外旅行などによる長期不在や未亡人が子を置いて再婚する場合などであり，管理権の辞任については，健康や知識経験，能力などから巨額の財産を管理できない場合などが該当する。

やむを得ない事由が止んだときは，父または母は，家庭裁判所の許可を得て，親権または管理権を回復することができる（837条2項）。

2 児童虐待——救済の道

最近は，親による児童虐待が増えているといわれる。児童虐待には，①身体的暴行，②保護の怠慢・拒否（ネグレクト），③性的暴行（セクシャルアビューズ），④心理的虐待の四類型がある。親による虐待は，家庭という密室で，子へのしつけという名目で行われることが多く，外部に明らかになりにくい。また，外部の者は立ち入りにくい状況がある。

親権者の児童虐待を発見した者は，だれでも福祉事務所または児童相談所に通告する義務がある（児童福祉法25条）。実際には，治療等にあたった医師や教師などに発見されることが多い。通告があれば，公的機関による指導・援助や一時保護のほか，児童の里親への委託・児童養護施設等への入所などが期待できる（児童福祉法25条の2以下）。また，検察官や児童相談所長による親権喪失宣告の請求も考えられる（834条，児童福祉法33条の6）。

最近，急増する児童虐待の防止を目的に，児童虐待防止法の制定や児童福祉法の改正が検討されている。その内容は，①児童虐待の定義を明確化し，親のしつけとの混同を避ける，②児童虐待発見者の通告義務を強化し，医師，教師などの違反者には刑事罰を科する，③通報内容が誤っていた場合も通告者を処罰しない免責規定を設ける，④虐待した親の親権を一時的に停止する，⑤親のカウンセリング受講を義務づける，などである。

<ANSWER>

拓也は，譲治の親権者として，譲治を健全な社会人に育て上げる責任をもつ。その職責を全うするために，監護教育の権利義務をもち（820条），監護教育のために必要ならば懲戒することもできる（822条）。したがって，譲治が非行に

走ったり過ちをおかした場合には，その矯正や善導のために，拓也は譲治に体罰を加えるなど「愛のむち」をふるうこともできる。

しかし，このケースでの拓也が譲治に加える暴力は，単なる感情のはけ口として行われるものであって，監護教育のために行われたものとは認めにくい。したがって，拓也の暴力は，児童虐待として親権の濫用にあたり，親権喪失の原因となる（834条）。麻矢は，譲治の母として親権をもち，譲治を拓也の暴力から守る立場にある。したがって，麻矢は，拓也の暴力をやめさせるとか，児童相談所に通告するとか，場合によっては家庭裁判所に拓也の親権喪失宣告を請求すべきである。それをあえてしないことは，身上監護権の放棄であり，不作為による親権濫用（消極的親権濫用）ということができよう。

拓也が譲治に暴力をふるうのを発見した近隣の人が，福祉事務所か児童相談所に通告した場合は，児童福祉法に定める一時保護や養護施設への収容，里親への委託などにより，譲治を拓也から引き離すことができる。

\<POINT\>
1　親権の濫用
2　親権の剥奪
3　児童虐待

<未成年後見のフローチャート>

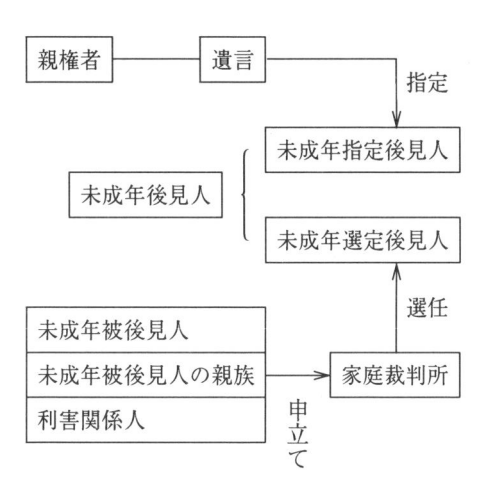

```
親権者 ─── 遺言
              │指定
              ▼
         ┌─ 未成年指定後見人
未成年後見人┤
         └─ 未成年選定後見人
              ▲
              │選任
未成年被後見人      ┐
未成年被後見人の親族 ─→ 家庭裁判所
利害関係人         ┘   申立て
```

第22講　未成年後見

<CASE>
拓也夫婦は離婚し，妻麻矢が譲治の親権者となったが，まもなく麻矢は交通事故により死亡してしまった。譲治の面倒をみるのはだれか。
譲治はまた拓也のもとに戻るのか。それとも身内のだれかが後見人となるのか。

<THEME>
1　後見制度
2　未成年後見の開始と機関
3　未成年後見人の権限と義務

<ESSENCE>

1　後見制度
社会には，親による保護を受けられない未成年者や精神上の障害のために自己の行為について合理的な判断ができない高齢者などがいる。これらの生活不能者を保護するために設けられたのが，後見制度である。わが国の後見制度には，未成年後見と成年後見がある。いずれも身上監護と財産管理の権限をもつが，とくに未成年後見は親権の延長としての本質をもっている（857条）。

2　未成年後見の開始と機関
(1)　未成年後見の開始
未成年者に対して親権を行う者がないときおよび親権者が管理権を有しないときに，後見が開始する（838条1項）。親権を行う者がないときとは，単独親

権者の死亡や失踪宣告，親権喪失や辞任，後見開始の審判や保佐開始の審判のほかに，行方不明のような場合も含まれる。

　離婚に際し父母の一方を親権者と定めたところ，その単独親権者が死亡したり親権を喪失したりした場合，他の一方の生存親が親権者となるか，後見が開始するかについては議論がある。すなわち，①後見開始説，②親権復活説，③親権者変更審判説である。後見開始説が通説で，この説は，子の利益や財産を保護し事態を合理的に処理するには，後見を開始させ，特別の事情がない限り生存親を後見人に選任するのがよいという。親権復活説は，父または母による子の監護は親権者として行うのが国民感情に合うから生存親を親権者にするのがよく，もし不都合があれば親権喪失の手続をとればよいという。親権者変更審判説は，単独親権者の死亡等により後見が開始するが，後見開始後でも生存親に親権者を変更する審判をすることができるという。これは折衷説ともいえ，家庭裁判所の実務の傾向である。

(2) 後見の機関

　後見の機関には，後見人と後見監督人とがある。後見人は必ず置かれる執行機関であるが，後見監督人は必置機関ではない。

　(a) 未成年後見人　　未成年後見人は未成年者につけられる後見人で，一人に限られる（842条）。成年後見人が複数であったり，法人でも就任できる（843条3項・4項）のとは異なる。親権者は遺言で未成年後見人を指定することができる（839条）。指定された未成年後見人がない場合は，未成年被後見人やその親族その他利害関係人の請求により，家庭裁判所が未成年後見人を選任する（840条）。しかし，現実には，遺産分割，不動産売買など法的処理が必要なときに，後見人が選任されるのが通例である。後見が開始しても，なかなか後見人の選任は行われず，親族や知人などが未成年者を事実上世話をしている場合が多かった。

　(b) 未成年後見監督人　　後見監督人には，遺言で指定する指定後見監督人（848条）と家庭裁判所が選任する選定後見監督人（849条）がある。後見監督人の職務は，後見人の事務を監督することである（851条1号）。そのほかに，①後見人に対し後見事務の報告や財産目録の提出を求め，後見事務や被後見人の財産状況を調査すること（863条），②後見人の死亡・辞任などにより後見人が

欠けた場合に，遅滞なく後見人の選任を請求すること（851条2号），③急迫の事情がある場合に，必要な処分をすること（851条3号），④利益相反行為について，被後見人を代理すること（851条4号）などがある。

3　未成年後見人の権限と義務

　未成年後見は親権の延長といえるものであるが，自然の愛情にもとづく親権とは異なるところがある。そこで，未成年後見人の権限と義務には若干の制限があり，未成年後見監督人や家庭裁判所の監督に服すべきことがある。

(1)　後見人の就職時の権限と義務

　後見人は，被後見人の財産全体についてあらかじめ状況を把握しておく必要があり，職務の公正を期するためにも，就職後遅滞なく被後見人の財産を調査し，1カ月以内にその調査を完了し，財産目録を調製しなければならない（853条）。また，後見人が被後見人に有する債権・債務を申し出たり（855条），被後見人の生活・教育・療養監護・財産管理のための毎年の予算を定めなければならない（861条1項）。なお，後見事務に必要な費用は被後見人の財産から支弁される（861条2項）。

(2)　後見人の在職中の権限と義務

　未成年後見人は，ほとんど親権者と同一の権利義務をもつ（857条）。すなわち，監護教育する権利義務を有し，居所指定権，懲戒権，職業許可権をもつ。ただし，親権者が定めた教育の方法や居所を変更し，未成年被後見人を懲戒場に入れ，営業の許可，その許可の取消・制限をする場合には，未成年後見監督人があれば，その同意を得なければならない（857条但書）。

　後見人は，被後見人の財産を管理し，またその財産に関する法律行為について被後見人を代表する（859条）。被後見人の行為を目的とする債務を生ずべき場合には，本人の同意を必要とする（859条2項による824条但書の準用）。いっさいの職務執行は，善良な管理者の注意をもってすることを要する（869条による644条の準用）。後見人と被後見人の利益相反行為については，後見人は，後見監督人のある場合を除いて，特別代理人の選任を家庭裁判所に請求しなければならない（860条による826条の準用）。

(3)　後見終了時の権限と義務

未成年被後見人の死亡・成年到達・婚姻により，後見は終了する。未成年後見人の辞任・解任・欠格・死亡，親権者の出現によっても後見は終了する。後見が終了すると，後見人は2カ月以内に管理の計算をしなければならない（870条）。後見が終了しても，管理の引き継ぎがあるまでは，急迫の事情がある場合に必要な処分をする義務がある（874条による654条の準用）。

<ANSWER>

　単独親権者であった譲治の母麻矢が死亡したため，譲治について後見が開始する。麻矢が遺言で未成年後見人としてAを指定している場合は，Aが譲治の未成年後見人になる。麻矢が遺言で未成年後見人を指定していないときは，譲治またはその親族その他の利害関係人の請求によって，家庭裁判所が譲治の未成年後見人を選任する。後見人候補者は選任申立書に挙げられ，家庭裁判所は，後見人になるべき者の意見を聴いて選任する。したがって，拓也が譲治に暴力をふるった事実，拓也夫婦が離婚し麻矢が親権者になった経緯などから考えて，拓也が譲治の未成年後見人に選任されることはないであろう。身内のだれかが譲治の未成年後見人になるものと思われる。

　なお，親権復活説によると，麻矢の死亡により，拓也が親権者として譲治を監護教育することになる。従前どおり拓也が暴力をふるい譲治を虐待するならば，親権喪失の手続きをとることになろう。また，親権者変更審判説によると，拓也から家庭裁判所に親権者変更申立がなされると，拓也が親権者になる可能性がある。しかし，この審判は，子の利益を第一に行われるから，従前の経過から考えてよほどのことがない限り，拓也に親権者を変更することはないだろう。したがって，家庭裁判所の選任手続により，身内のだれかが譲治の未成年後見人になるものと思われる。

<POINT>

1　制限能力者保護制度と後見
2　未成年後見と親権の異同
3　後見の開始と親権の復活
4　未成年後見人の職務

第23講　扶　　　養

<CASE>

広司の父母、岩男と真理が事業に失敗し、生活が苦しいので広司に仕送りをしてほしいと頼んできた。直子は養子にいった次男の広司が親の面倒を見るのは筋が違うと思った。はたして、広司は岩男と真理の全生活費を支払わなければならないか。

また広司は兄の貴司に以前立て替えた父母の生活費の求償を求めることができるか。

<THEME>

1　扶養制度
2　扶養義務者と扶養の順位
3　扶養の内容

<ESSENCE>

1　扶養制度

社会には、幼年、病弱、老齢、あるいは失業などを理由として自らの力では生活できない者が少なくない。扶養とは、このような者に対して必要な生活上の援助を行うことをいい、民法では、一定範囲の親族にこの援助を行う法的義務を課している。本来、家族に対する援助は、愛情、道徳等により自ずからなされるものであるが、扶養を助長し強制するために、扶養を法制度のなかに組み入れたのである。

(1)　公的扶養と私的扶養

憲法25条は「健康で文化的な最低限度の生活を保障する」と宣言しており、この生存権の趣旨にもとづき生活保護法が制定され、生活困窮者に対する公的

扶養義務が明らかにされている。しかし、この公的扶養は、生活保護法4条2項が「民法に定める扶養義務者の扶養はすべてこの法律による保護に優先して行われる」と定めているように、私的扶養を補充するものとして位置づけられている。これを保護の補足性の原則という。かつて、この原則にもとづきあまりにも厳格な行政指導がなされたために、朝日訴訟（最判昭和42年5月24日民集21巻5号1043頁）にみられたように、公的扶助制度の歪んだ側面が露呈されたことがあった。また、公的扶養については、世帯単位でその要否と程度を決定する世帯単位の原則をとっているが、この原則との関係でも、事実上、家族に過度な負担を課することがある。このような事態は家族の調和を損なうおそれがある。保護補足の原則も世帯単位の原則も制度の趣旨は理解できるものの適切な運用が望まれている。

(2) 生活保持義務と生活扶助義務

家族の扶養義務は、戦前からの有力説では、生活保持義務と生活扶助義務に二分されるものとして解釈されてきた。前者は、夫婦間および親と未成熟子との間の扶養であり、家族的共同生活を通じて実現される扶養と考えられている。その結果、扶養の内容は扶養義務者と同一の生活水準を維持することが求められる。後者は、夫婦間・親と未成熟子以外の扶養であり、扶養義務者は自己の生活を犠牲にすることなく、余力があるときに扶養すればよいものとされる。したがって、扶養義務者と被扶養者との間に生活レベルに差が生じてもさしつかえないことになる。

しかし、この学説には、今日、いくつかの問題点が指摘されている。生活保持義務の強調は公的扶助制度の発展を阻害する虞があるとする批判、生活保持義務と生活扶助義務は程度の差にすぎないのではないか、などである。ただ、実際に扶養義務が法律上問題になる場合には、その内容、程度などについては、後述のように、当事者の協議あるいは家庭裁判所の審判にゆだねられ（879条）、諸事情が考慮される。すなわち、上記学説は一応の目安にはなるものの、絶対的な基準となるわけではない。

2 扶養義務者と扶養の順序

(1) 扶養義務者

民法は扶養義務者の範囲を次のように定めている（877条1項・2項）。
① 直系血族　　親と子，祖父母と孫というような直系血族は，相互に扶養の義務をおう。自然血族であるか法定血族であるか，また氏や戸籍の異同，同居の有無は問わない。
② 兄弟姉妹
③ 三親等内の親族　　家庭裁判所は①②以外の三親等内の親族にも扶養の義務を負わせることができる。叔母と甥というような傍系親族関係，嫁と姑というような姻族一親等間の扶養義務がこれにあたる。「特別の事情」は家庭裁判所の裁量によるが，慎重な判断が要請されている。
(2) 扶養の順序・程度

　扶養をする義務のある者が数人ある場合，あるいは扶養を受ける権利のある者は数人いるが扶養義務者の資力が全員を扶養するに足りない場合には，それぞれ順位が問題になる。民法はその場合，まず当事者間の協議にまかせ，協議ができないときは家庭裁判所の審判によることとした（878条）。扶養の程度についても当事者間に協議が調わないときは，要扶養者の需要，扶養義務者の資力その他いっさいの事情を考慮して，家庭裁判所がこれを定める（879条）。

3　扶養の内容

　扶養の方法は原則として金銭給付となり，一般的には定期金の形で毎月支払われる。扶養義務者が要扶養者を引き取って行う扶養（引取り扶養，面倒見的援助）については，これまでも金銭扶養の代替的なものとして行われてきた。ところが高齢化現象が顕著となった今日，引取り扶養（老親の介護）そのものの法的把握が問題となってきている。この点に関しては，介護を扶養の一態様とみて，扶養義務者による介護を相当であると認めたうえで，調停における説得，ないしは審判における義務の形成を可能とする見解もある。しかし，このような見解は，結果的に家族に耐え難い負担を課する虞がある。引取り扶養を家族の扶養義務としてとらえるのではなく，より積極的な行政施策を通して対処していくべきではないだろうか。むろん，扶養義務者と権利者との合意による引取り扶養は可能となる。このような場合，引き取って扶養した者以外に扶養義務者が複数いるときには，それらの者は生活費の一部を負担することが多い。

なお，合理的かつ実質的に公平を実現する手段として，高齢者と親族との間で，扶養と相続を結び付けるような契約の締結を行うことも一案となろう。

4 過去の扶養料

過去の扶養料の問題は，具体的には義務のない第三者もしくは複数義務者のうちのひとりが要扶養状態にある者を扶養してきて，事後的にその費用を求償するかたちで展開することが多い。扶養義務は，現在また将来の生活の維持を目的としており，過去の扶養料を請求することは論理的ではないともいえる。また，古い判例では愛情や孝養の念にかられ自己の感情を満足させるために行った扶養であるから，その費用の求償はできないとの見解を示していた（東京控判大正6年5月16日新聞1277号31頁，他）。しかし，このような考え方には衡平の観念に反するとする批判がむけられていた。そのようななかで最高裁は（最判昭和26年2月13日民集5巻3号47頁），親を引き取って扶養を行っていた妹の兄に対する費用求償につき，もし求償を認めなかったら「…冷淡な者は常に義務を免れ情けの深い者が常に損をすることになる虞がある。」として，従来の判例理論を変更したのである。

\<ANSWER\>

普通養子の場合には実親との法的権利義務は変わることはないので，広司は岩男と真理に対する扶養の義務を負っており，請求に応じなければならない。義務の程度はもうひとりの扶養義務者である貴司と協議をすることになる。それぞれが半額の負担とするような取り決めが望ましいが，協議ができないときには家庭裁判所で決めてもらうこともできる。岩男と真理の要扶養状態が緊急を要しているような場合には広司がとりあえず全額を負担することもありえよう。しかし，その半額については，後に求償が可能となる。

\<POINT\>

1 引取り扶養
2 生活保持義務と生活扶助義務
3 過去の扶養料の求償

第24講　氏名の話

<CASE>

　千夏は，離婚成立後1年がたち，離婚に伴うトラブルや子育ての大変な時期を越え，少しものを考える余裕ができた。「なぜ1年あまりで，百合野—佐藤—百合野と名字がころころ変わってしまったんだろう。なぜ女だけがこんな目にあうのだろうか」。
　千夏の疑問に答えてほしい。
　「私が育てている娘の和美と私の名字が違うのはおかしいし，不都合だわ」と千夏は考えた。子の氏を変更することはできるか。

<THEME>

1　氏と戸籍
2　氏の変更　離婚復氏
3　氏の変更　子の氏

<ESSENCE>

1　夫婦同姓強制への疑問

　旧法では，氏は「家」の呼称であり，「家」単位の戸籍がつくられていた。「家」制度の廃止に伴って，戸籍編成の方法を変え，夫婦ならびに親と氏を同じくする未婚の子を単位とする「一夫婦一戸籍の原則」を採用したが，同氏同籍の原則は維持している（戸籍法6条・16条以下）。
　民法は，氏の決定について，夫婦同氏（750条），親子同氏（790条）を，原則的に，強制している。つまり，現行法において，氏は，夫婦・親子という家族共同体の構成員に共通する呼称と考えられる。これが，戸籍と結び付くことに

よって、「家」の残存を助け、西欧の身分登録における氏より深刻な諸問題を出現させている。とくに、法規および実態の両面から、男女平等が求められている現在、一つの氏にしなければ、婚姻届が受理されない。その結果、婚姻は成立しないというシステムは、90パーセント以上が夫の氏を称している実情において、女性に不利益をもたらす。つまり、規定そのものは、ニュートラルであっても、その適用の結果が不平等となることから、女子差別撤廃条約の実効性の面からも、選択的別姓などの主張がなされている（第5講、第25講参照）。

2 離婚復氏

　婚姻によって氏を変更した配偶者は、離婚によって、婚姻前の氏に復し（767条1項、復氏強制）、婚姻前の戸籍に戻るか、新戸籍をつくることができる。ただし、離婚から3月以内に戸籍法による届出（書式参照）をすれば、婚姻中の氏を称することができる（767条2項、戸籍法77条の2　婚氏続称）。これは、民法上の氏でなく、呼称上の氏であり、新戸籍を編成する（戸籍法19条3項）。年間の離婚女性の4割程度が婚氏続称制度を利用していることからも、婚姻における同姓強制の再検討の必要性がうかがえる（第12講参照）。

　さらに、婚氏を続称した人が、再び婚前の氏を称したい場合、やむをえない事由があるときには、家庭裁判所の許可を得て、戸籍法による届出をすることにより氏の変更ができる（戸籍法107条）。この場合、家庭裁判所の許可は、他の氏の変更より容易であるようだ。

3 子の氏の変更

　父母が離婚したり、婚姻が取り消されたり、再婚したり、死亡した場合や養子である父母が離縁した場合、あるいは、非嫡出子が父に認知された場合、子は、父または母と氏を異にすることになる。その場合、家庭裁判所の許可を得て、戸籍法による届出をすることにより、父または母の氏を称することができる（791条）。

　また、やむをえぬ事由があれば、家庭裁判所の許可を得て、戸籍法による届出をすることにより氏の変更ができる（戸籍法107条）。

120　第Ⅰ編　親族法

子の氏の変更許可の申立書の記載例

1　申立人が15歳以上の場合

申立書を提出する裁判所（申立人の住所地の家庭裁判所）

提出年月日

子の氏変更許可申立書

〇〇家庭裁判所　御中

昭和63年5月1日

申立人（15歳未満のときは法定代理人）の署名押印または記名押印：乙野太郎 ㊞

添付書類：申立人の戸籍謄（抄）本　1通／父・母の戸籍謄（抄）本　1通

申立人（子）
- 本籍：〇〇県〇〇市〇〇町〇番地
- 住所：〇〇県〇〇市〇〇町〇丁目〇番〇号〇〇アパート〇号　電話（〇〇〇〇）〇〇〇〇-〇〇　〇〇〇〇
- 氏名：乙野太郎　昭和45年7月31日生
- 本籍・住所：上記申立人に同じ。
- 氏名：　　　昭和　年　月　日生
- 本籍・住所：上記申立人に同じ。
- 氏名：　　　昭和　年　月　日生

法定代理人（父・母・後見人）
- 本籍・住所・氏名：（空欄）

この欄に収入印紙をはる。申立人1人につき600円

（消印しないこと。）

※ 各申立人の本籍・住所が異なるときはそれぞれ記入すること。
☆ 申立人が15歳未満のときに記入すること。

現在の氏　　　変えたい氏（母の「甲野」の氏に変えたいとき）

申立ての趣旨：申立人の氏〔乙野〕を　1 父母／2 父／③ 母　の氏〔甲野〕に変更することの許可を求める。

申立ての理由（具体的に父・母とする氏を変える理由）：
1. 父母の離婚
2. 父・母の婚姻
3. 父・母の養子縁組
4. 父・母の養子離縁
5. 父の認知
6. 父（母）死亡後、母（父）の復氏
7. その他（　　　）
（その年月日……昭和62年4月10日）

申立ての動機：
1. 入園・入学
2. 就職
3. 結婚
4. 親権者変更
5. 父・母との同居生活上の支障
6. その他

※ あてはまる番号を〇でかこむこと。

裁判所から連絡がとれるように正確に記入してください。

1～6に該当しないときはここに簡単に記入してください。

1～5に該当しないときはここに簡単に記入してください。

2 申立人が15歳未満の場合

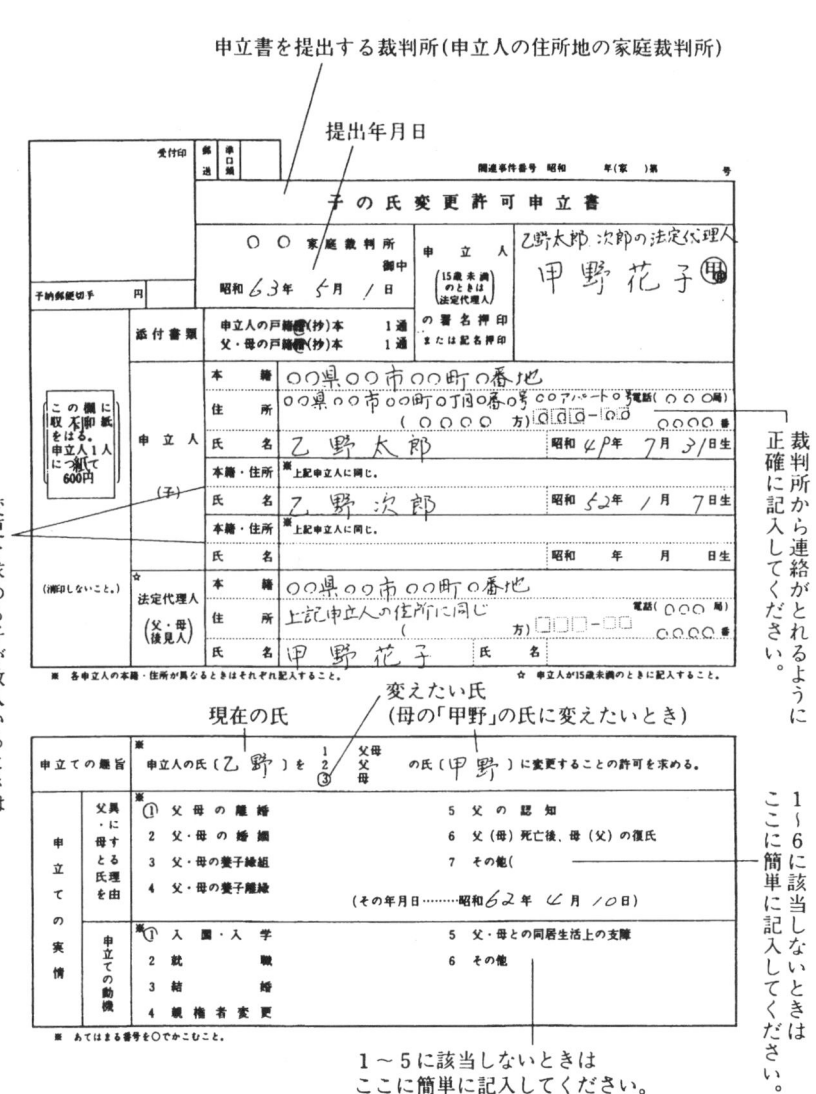

子の氏変更許可申立書

申立書を提出する裁判所（申立人の住所地の家庭裁判所）

提出年月日：昭和63年5月1日

○○家庭裁判所 御中

申立人（15歳未満のときは法定代理人）の署名押印または記名押印：乙野太郎・次郎の法定代理人 甲野花子㊞

添付書類：
- 申立人の戸籍（抄）本　1通
- 父・母の戸籍（抄）本　1通

この欄に収入印紙を貼る。1人につき600円

申立人（子）

本籍：○○県○○市○○町○番地
住所：○○県○○市○○町○丁目○番○号　○○アパート○号　電話（○○○局）○○○○番（○○○○方）090-00-0000
氏名：乙野太郎　昭和40年7月31日生

本籍・住所：上記申立人に同じ。
氏名：乙野次郎　昭和62年1月7日生

本籍・住所：上記申立人に同じ。
氏名：　　　　　昭和　年　月　日生

（捺印しないこと。）

法定代理人（父・母・後見人）

本籍：○○県○○市○○町○番地
住所：上記申立人の住所に同じ　電話（○○○局）○○○○番（○○○○方）
氏名：甲野花子

※各申立人の本籍・住所が異なるときはそれぞれ記入すること。
☆申立人が15歳未満のときに記入すること。

裁判所から連絡がとれるように正確に記入してください。

変更を求める子が数人いるときはこの欄を利用してください。

申立ての趣旨

申立人の氏（乙野）を ①②③ 父／父母／母 の氏（甲野）に変更することの許可を求める。

現在の氏　　変えたい氏（母の「甲野」の氏に変えたいとき）

申立ての実情

父異・母と異にする氏とる理由：
1. 父母の離婚
2. 父母の婚姻
3. 父・母の養子縁組
4. 父・母の養子離縁
5. 父の認知
6. 父（母）死亡後、母（父）の復氏
7. その他（　　　　　　）

（その年月日……昭和62年4月10日）

申立ての動機：
1. 入園・入学
2. 就職
3. 結婚
4. 親権者変更
5. 父・母との同居生活上の支障
6. その他

※あてはまる番号を○でかこむこと。

1〜6に該当しないときはここに簡単に記入してください。

1〜5に該当しないときはここに簡単に記入してください。

4 民法上の氏と呼称上の氏

　氏の強制的，定型的原則に対して，離婚後の婚氏続称（767条2項，第12講参照），生存配偶者の復氏（751条），子の氏の変更（791条）等については，当事者の意思にもとづく氏の決定を認め，氏の強制を緩和している。氏の変更には，前述した離婚による復氏（767条1項）のように身分関係の変動による場合と生存配偶者の復氏のように，身分関係の変動を伴わない場合がある（第5講「婚姻の身分上の効力」を参照）。

　民法上の氏は，身分関係の変動や身分関係そのものから，民法により定まり，戸籍の変動を伴う。たとえば，夫婦は，夫または妻の氏を称し，嫡出子は父母の氏を，非嫡出子は母の氏を，養子は養親の氏を称することが強制される。これら民法上の氏に対して，戸籍法107条による氏の変更は，身分の変動を生ぜず，呼称上の氏の変更である。

5 名の変更

　正当な事由があれば，家庭裁判所の許可をえて，戸籍への届出をすれば，名を変更することができる（戸籍法107条の2）。正当な事由とは，やむを得ない事由より，容易に認められる。たとえば，奇妙な名，難しい字や読み，同姓同名，襲名などが正当事由とされている。

<ANSWER>

　千夏は，日本の大多数の女性と同様に，結婚に際して，夫の氏を称する婚姻をして，佐藤千夏となった。そして，短期間のうちに離婚となった。婚氏である佐藤を称し続ける意思はなく，百合野の氏に戻った。千夏は，結婚のとき，百合野を選び，自分が戸籍筆頭者になるべきだったと思ったが，後の祭りだった。立法による解決を期待したい。

　和美の氏は，790条1項但書により，強制的に，父母が婚姻中に称していた佐藤になり，和美は，佐藤を称している父，治夫の戸籍に記載される。つまり，婚姻により氏を変えず，離婚により婚姻前の氏に戻る必要がない親の戸籍に入るのである。そこで，母が親権者であり，一緒に生活しているにもかかわらず，母親と娘は，百合野千夏，佐藤和美となり氏が異なることによる不利益を受け

ざるをえない。

　そこで，和美の法定代理人である母千夏が，本人和美に代わって氏変更の申立てをし，家庭裁判所の許可が得られれば，和美は百合野を称することができる。そして戸籍法による届出をすることにより，百合野千夏の籍に和美は入り，同籍となる（791条1項・3項）。なお，和美が成年に達した後，1年以内ならば，家庭裁判所の許可なしで，戸籍法による届出をして，佐藤姓に戻ることができる。

<POINT>

日本国民たる身分を公証する戸籍の氏に与える影響

甲類審判事件新受件数の推移

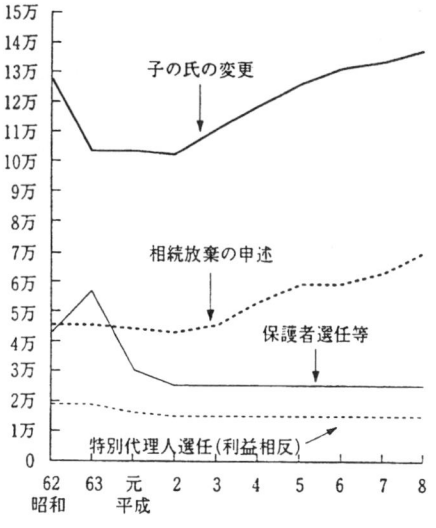

（グラフ：子の氏の変更，相続放棄の申述，保護者選任等，特別代理人選任（利益相反））

横軸：62, 63 昭和／元, 2, 3, 4, 5, 6, 7, 8 平成
縦軸：0〜15万

出典：法曹時報50巻1号

乙類審判事件受件数の推移

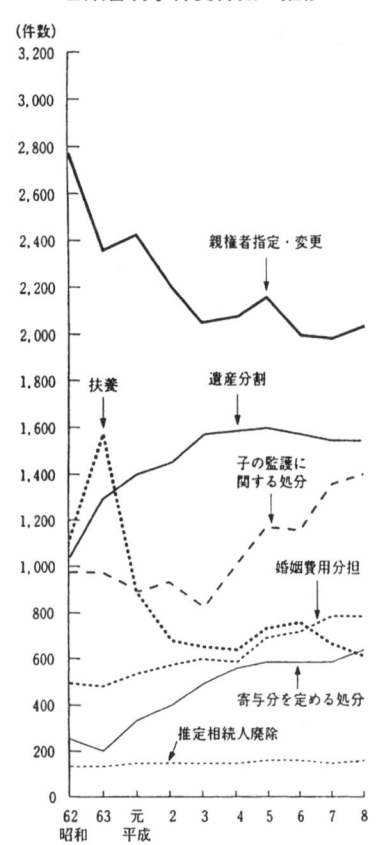

(件数)

- 親権者指定・変更
- 扶養
- 遺産分割
- 子の監護に関する処分
- 婚姻費用分担
- 寄与分を定める処分
- 推定相続人廃除

横軸：昭和62・63、平成元・2・3・4・5・6・7・8

調停事件新受件数の推移

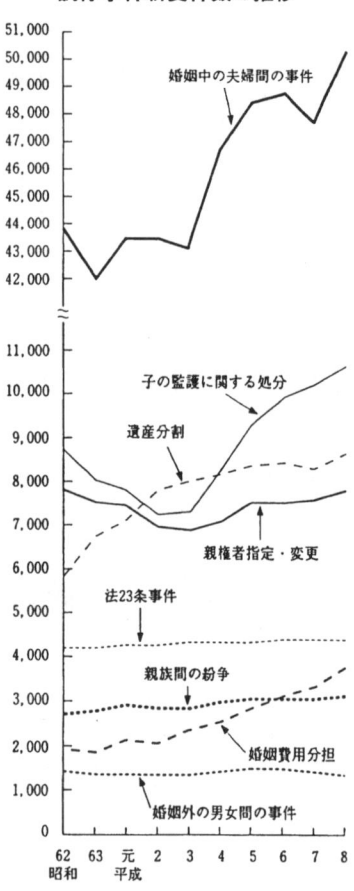

- 婚姻中の夫婦間の事件
- 子の監護に関する処分
- 遺産分割
- 親権者指定・変更
- 法23条事件
- 親族間の紛争
- 婚姻費用分担
- 婚姻外の男女間の事件

横軸：昭和62・63、平成元・2・3・4・5・6・7・8

出典：法曹時報50巻1号

第Ⅱ編　相　続　法

第25講 成年後見制度

<CASE>
最近，耕一には軽い痴呆状態が現れるようになった。耕一の財産管理はどのようにすればよいであろうか。また，2000年4月1日から新たに成年後見制度が導入されたが，新たな成年後見制度とはどのような制度であろうか。

<THEME>
1 従来の成年後見制度
2 「禁治産」・「準禁治産」制度の問題点
3 新たな成年後見制度
 (1) 法定後見制度
 (2) 任意後見制度
 (3) 両制度の関係
 (4) 公示

<ESSENCE>
1 従来の成年後見制度

従来の成年後見制度は，「禁治産」・「準禁治産」制度および「後見」・「保佐」制度であった。

「禁治産」者とは，「心神喪失ノ常況ニ在ル者」（＝意思無能力がほぼ普通の状態である者）で，家庭裁判所から「禁治産」宣告を受けた者である（7条）。「禁治産」者のなした法律行為は，これを取り消すことができる（9条）。ただし，身分法上の行為（例，婚姻・離婚・養子縁組・離縁など）については，「禁

治産」者は「後見」人の同意を得ないで単独でなすことができる（例，738条・764条・799条・812条）。「禁治産」者には「後見」人が付せられる（8条・838条2号）。「後見人」は，「禁治産」者を療養看護（858条）するとともに，財産上の行為について「禁治産」者のために代理する権限を有する（859条）。

「準禁治産」者とは，「心神耗弱者」（＝精神能力が心神喪失の程度には至らないが普通人に比べてかなり障害のある者）および「浪費者」（＝前後の思慮なく財産を浪費する性癖の強い者）であって，家庭裁判所から「準禁治産」宣告を受けた者である（11条）。「準禁治産」者には「保佐人」が付せられる（11条）。「準禁治産」者は，12条1項に定める重要な財産上の行為および家庭裁判所が特に宣告した行為（同条2項）については「保佐人」の同意を要するが，それ以外の行為について単独で有効にすることができる。「保佐人」の同意を要する行為について「準禁治産」者が「保佐人」の同意なしになした場合，「準禁治産」者はこれを取り消すことができる。ただし，「保佐人」は取消権を有しない（通説）。また，「保佐人」には本人を療養看護する義務がない。

　以上に述べた法定後見制度以外の財産管理制度としては，たとえば，財産管理契約・信託・事務管理がある。

　まず，財産管理契約は，本人と財産管理人との間で財産管理に関する委任契約（643条以下）を締結することにより生じる。しかし，財産管理契約の場合，本人の意思能力喪失により委任契約が存続するか否かに関して学説上争いがあり，また，仮に本人が意思能力を喪失しても委任契約が存続すると解したとしても，意思能力を喪失した本人が受任者をコントロールすることは不可能であるから，受任者の濫用行為をいかにして防止するか，という問題がある。

　次に，信託は，受託者に一定の目的に従って財産の管理または処分をしてもらうために，受託者に財産権そのものを移転しまたはその他の処分をすることにより設定される（信託法1条）。信託の場合，財産管理契約におけると異なり，信託行為に特別の定めのない限り，信託関係が本人の意思能力喪失後も存続するが，財産権が受託者に移転する，という点がネックとなっている。

　最後に，事務管理は，法律上の義務なくして他人の事務を処理することである（697条以下）。本人から頼まれもしないのに近親者や知人が好意で本人のために財産管理をする場合がこれにあたる。この場合，本人を代理する権限が事

務管理者にないから，事務管理者が本人の名で代理行為しても無権代理となることに留意すべきである。

2 「禁治産」・「準禁治産」制度の問題点

「禁治産」・「準禁治産」制度は十分に機能していないと指摘されている。昭和23（1948）年から平成7（1995）年までの48年間の実施件数をみると，禁治産宣告が2万1767件，準禁治産宣告が9653件（いずれも宣告取消件数を含む）にすぎない。

その理由としては，第1に，従来の民法は，「禁治産」「準禁治産」の硬直的な二つの制度しか用意していないので，個々の事案における各人の判断能力および保護の必要性の程度に合致した柔軟かつ弾力的な措置を採ることができず，また，「心神耗弱」に至らないものの意思能力が不十分であるために保護を要する者（痴呆性高齢者・知的障害者・精神障害者）のための制度を用意していない，第2に，「禁治産」・「準禁治産」の宣告を受けると，戸籍に記載されるが，このことを避けようとする国民感情は今日においても相当に強い，第3に，保護機関（とくに「後見人」）の権限が非常に強いため，現行の制度は本人の保護というよりも財産争いのための道具として悪用されることが多い，第4に，手続に多額の費用と時間がかかり，精神科医の鑑定料の相場はおよそ50万円で，申立てから結論が出るまで早くて6カ月程度，場合により1年以上かかることもある，第5に，「禁治産」・「準禁治産」制度の利用者は広範な資格制限を受ける，等を挙げることができる。

3 新たな成年後見制度

前述のごとく，「禁治産」・「準禁治産」制度には種々の問題点があり，高齢社会に対応して障害者に対する福祉をいっそう充実するために，「民法の一部を改正する法律」（以下，「改正法」とする）は，法定後見に関しては，判断能力および保護の必要性の程度に応じた柔軟かつ弾力的な制度とするため，「禁治産」・「準禁治産」制度を後見・保佐制度に改め，新たに補助制度を創設している。また，任意後見制度（公的機関の監督を伴う制度）をも新たに創設している。以下では，新たな法定後見および任意後見制度を概観することとする。

なお，後見という用語は，三つの意味で用いられることがあることに留意すべきである。すなわち，まず，最狭義では「禁治産」制度を改正した意味での「後見」である。次に，最狭義の「後見」と保佐そして補助を併せた意味での「後見」である。通常，法定後見と呼ばれる。最後に，最広義では法定後見と任意後見を併せた意味での「後見」である。通常，成年後見と呼ばれる。

(1) 法定後見制度

法定後見制度は，法律の定めによる後見の制度であり，法律の定めに従って成年後見人等を選任し，これに権限を付与することによって本人を保護するものである。具体的には，補助・保佐・後見がある。

(a) 補助　補助は，精神上の障害（軽度の痴呆・知的障害・精神障害等）により判断能力（事理弁識能力）が不十分な者のうち，後見・保佐の程度に至らない軽度の状態にある者を対象とする。すなわち，本人が「精神上ノ障害ニ因リ事理ヲ弁識スル能力ガ不十分ナル者」（改正法14条1項）であることが必要である。

家庭裁判所は，「補助開始の審判」とともに被補助人のために補助人を選任し，当事者が申立てにより選択した「特定の法律行為」について，審判により補助人に代理権または同意権・取消権の一方または双方を付与する。なお，自己決定の観点から，本人の申立てまたは同意が審判の要件とされる。

(b) 保佐　精神上の障害により判断能力が著しく不十分な者を対象とする。すなわち，「精神上ノ障害ニ因リ事理ヲ弁識スル能力ガ著シク不十分ナル者」（改正法11条1項）であることが必要である。なお，単に浪費者であるというだけでは「保佐開始の審判」ができなくなった，ということに留意すべきである。

家庭裁判所の「保佐開始の審判」とともに被保佐人のために保佐人が選任され，保佐人は，同意権の対象行為について取消権を付与されることとなったが，当事者の申立てにより選択した「特定の法律行為」について審判により代理権を付与されることも可能となった。なお，自己決定権の観点から，本人の申立てまたは同意が代理権の付与の要件とされる。

(c) 後見　「精神上ノ障害ニ因リ事理ヲ弁識スル能力ヲ欠ク常況ニ在ル者」（改正法7条）を対象とする。

家庭裁判所の「後見開始の審判」とともに成年被後見人のために成年後見人

が選任され，成年後見人は広範な代理権・取消権を付与される。ただし，自己決定の観点から，日用品の購入その他日常生活に関する行為に関しては，本人の判断に委ねて取消権の対象から除外される。

(2) 任意後見制度

任意後見制度（公的機関の監督を伴う任意代理制度）は，契約による後見の制度であり，契約によって本人が任意後見人を選任し，これに権限を付与することによって本人を保護するものである。契約の方式・効力等は，「任意後見契約に関する法律」において定められている。

任意後見契約とは，委任者が，受任者に対し，精神上の障害により事理を弁識する能力が不十分な常況における自己の生活，療養看護および財産の管理に関する事務の全部または一部を委託し，その委託に係る事務について代理権を付与する委任契約である（同法2条1号）。任意後見契約を締結するにあたっては，任意後見監督人が選任された時から契約の効力が生ずる旨の特約を付することと（同法2条1号），公正証書によること（同法3条）が必要である。この契約が効力を生ずるのは，家庭裁判所が任意後見監督人を選任した時からである（同法2条1号）。そうして，この任意後見監督人が任意後見人を監督する（同法7条）。したがって，家庭裁判所の監督は間接かつ二次的なものにすぎない。

(3) 両制度の関係

任意後見契約が登記されている場合，任意後見制度による保護を選択した本人の自己決定を尊重する趣旨から，家庭裁判所は，「本人の利益のため特に必要があると認めるときに限り」，後見開始の審判等をすることができる。そうして，任意後見監督人の選任後に後見開始の審判等がなされたときは，権限の抵触を防止する目的から，任意後見契約は終了する。

(4) 公　　示

従来の「禁治産」・「準禁治産」制度を利用すると，「禁治産」・「準禁治産」者であることが戸籍に公示されるが，このことに対する利用者の抵抗感は相当に強いものがあるので，「後見登記等に関する法律」は，戸籍への記載に代えて，法定後見および任意後見契約に関する新たな登記制度（成年後見登記制度）が創設されることになった（「後見登記等に関する法律」参照）。具体的には，原則として裁判所書記官または公証人の嘱託により，裁判所に備える登記

ファイルに法定後見および任意後見契約についての所要の登記事項を記録するとともに、代理権等の公示の要請とプライバシー保護の要請とを調和させるべく、登記事項証明書の交付を請求しうる者の範囲を限定している。また、登記事項証明書の交付に関しては、成年後見人などの代理権等の範囲に関する証明書とともに、本人等について後見開始の審判等または任意後見契約に関する記録がないことの証明書の交付も請求することが可能である。

<ANSWER>

　まず、従来の「禁治産」（心神喪失の常況の場合）・「準禁治産」（心神耗弱の場合）制度によれば、耕一が軽い痴呆状態にすぎないことから、耕一を「準禁治産」者とすることは困難である。そこで、耕一が意思能力を有している限り、財産管理契約と信託が一般に考えられうるが、財産管理契約に関しては、本人の意思能力喪失後でも財産管理契約が存続するとした場合、受任者の濫用行為の恐れに十分留意しておく必要がある。

　次に、新たな成年後見制度の下では、任意後見制度を利用することができる。また、耕一が軽い痴呆状態にすぎないことから、耕一は、任意後見契約が登記されていなければ、おそらくは補助を利用することができよう。これに対して、すでに任意後見契約が登記されている場合には、耕一の利益のため特に必要があると家庭裁判所から認められたときに限り、補助を利用することができる。そうして、補助を利用する場合、耕一に対する必要に応じて、代理権または同意権・取消権の一方または双方が補助人に付与されることになる。

<POINT>

　軽い痴呆状態に陥った者のために、新たに用意された法定後見制度（補助・保佐・後見）と任意後見制度。

補助・保佐・後見の制度の概要

		補助開始の審判	保佐開始の審判	後見開始の審判
要件	〈対象者〉（判断能力）	精神上の障害（痴呆・知的障害・精神障害等）により判断能力が不十分な者	精神上の障害により判断能力が著しく不十分な者	精神上の障害により判断能力を欠く常況に在る者
開始の手続	申立権者	本人、配偶者、四親等内の親族、検察官等　任意後見受任者、任意後見人、任意後見監督人（任意後見契約に関する法律）　市町村長（整備法）		
	本人の同意	必　要	不　要	不　要
機関の名称	本　人	被補助人	被保佐人	成年被後見人
	保護者	補助人	保佐人	成年後見人
	監督人	補助監督人	保佐監督人	成年後見監督人
同意権・取消権	付与の対象	申立ての範囲内で家庭裁判所が定める「特定の法律行為」	民法12条1項所定の行為	日常生活に関する行為以外の行為
	付与の手続	補助開始の審判＋同意権付与の審判＋本人の同意	保佐開始の審判	後見開始の審判
	取消権者	本人・補助人	本人・保佐人	本人・成年後見人
代理権	付与の対象	申立ての範囲内で家庭裁判所が定める「特定の法律行為」	同　左	財産に関するすべての法律行為
	付与の手続	補助開始の審判＋代理権付与の審判＋本人の同意	保佐開始の審判＋代理権付与の審判＋本人の同意	後見開始の審判
	本人の同意	必　要	必　要	不　要
責務	身上配慮義務	本人の心身の状態及び生活の状況に配慮する義務	同　左	同　左

＜公的機関の監督を伴う任意後見のフローチャート＞
（任意後見契約に関する法律）

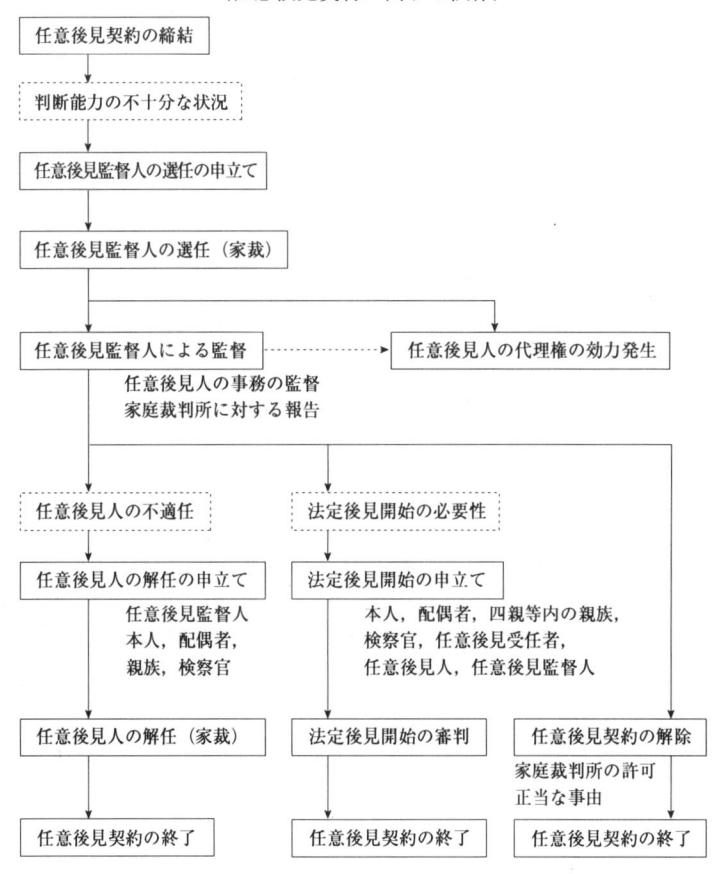

```
任意後見契約の締結
      ↓
[判断能力の不十分な状況]
      ↓
任意後見監督人の選任の申立て
      ↓
任意後見監督人の選任（家裁）
      ↓
任意後見監督人による監督  ·······→  任意後見人の代理権の効力発生
  任意後見人の事務の監督
  家庭裁判所に対する報告
      ↓
  ┌───────────────┬───────────────┐
  ↓               ↓               
[任意後見人の不適任]  [法定後見開始の必要性]
  ↓               ↓
任意後見人の解任の申立て   法定後見開始の申立て
  任意後見監督人      本人，配偶者，四親等内の親族，
  本人，配偶者，      検察官，任意後見受任者，
  親族，検察官        任意後見人，任意後見監督人
  ↓               ↓               ↓
任意後見人の解任（家裁） 法定後見開始の審判  任意後見契約の解除
                              家庭裁判所の許可
                              正当な事由
  ↓               ↓               ↓
任意後見契約の終了   任意後見契約の終了   任意後見契約の終了
```

＜任意後見契約と法定後見開始審判との関係の調整＞

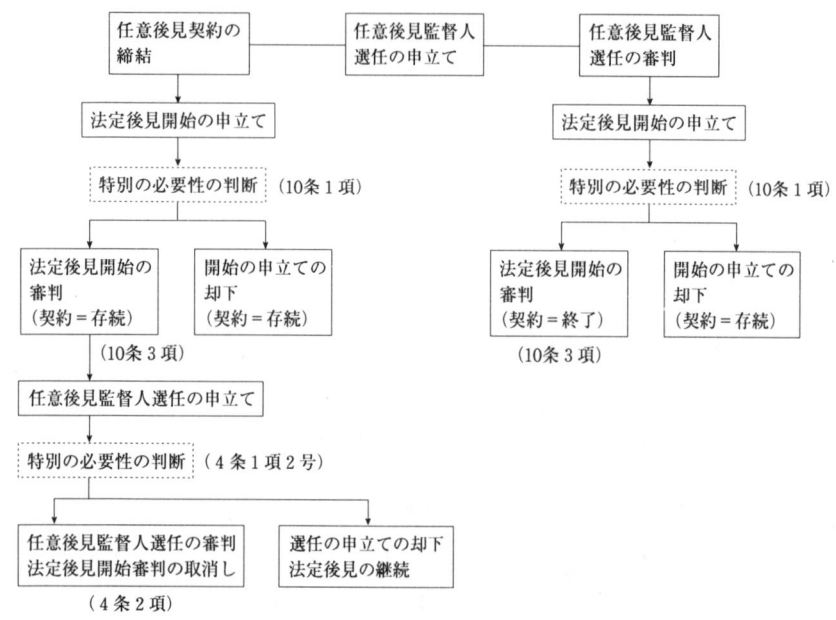

```
任意後見契約の          任意後見監督人          任意後見監督人
   締結      ─────  選任の申立て          選任の審判
    │                                      │
    ▼                                      ▼
法定後見開始の申立て                  法定後見開始の申立て
    │                                      │
特別の必要性の判断 (10条1項)          特別の必要性の判断 (10条1項)
    │                                      │
    ├──────┐                      ├──────┐
    ▼          ▼                      ▼          ▼
法定後見開始の  開始の申立ての        法定後見開始の  開始の申立ての
   審判          却下                   審判          却下
(契約=存続)   (契約=存続)            (契約=終了)   (契約=存続)
             (10条3項)                         (10条3項)
    │
    ▼
任意後見監督人選任の申立て
    │
特別の必要性の判断 (4条1項2号)
    │
    ├──────┐
    ▼          ▼
任意後見監督人選任の審判   選任の申立ての却下
法定後見開始審判の取消し   法定後見の継続
   (4条2項)
```

出典：132〜134頁，小林昭彦＝大鷹一郎編『わかりやすい新成年後見制度』(新版) 有斐閣

第25講 成年後見制度 135

補助開始申立書の記載例

住居の増改築についての代理権および高額の物品購入についての同意権の付与を求める場合

申立ての趣旨	本人について補助を開始するとの審判を求める。 (必ず、当てはまる番号を○で囲んでください。) ① 本人が以下の行為(日用品の購入その他日常生活に関する行為を除く。)をするには、その補助人の同意を得なければならないとの審判を求める。(☆) ② 本人のために以下の行為について補助人に代理権を付与するとの審判を求める。 (行為の内容を記入してください。書き切れない場合は別紙を利用してください。) 1につき、金20万円以上の物品の購入 2につき、私名義の建物の増改築に関する登記手続	
申立ての実情	(申立ての理由、本人の生活状況などを具体的に記入してください。書き切れない場合は別紙を利用してください。) 私は一人暮らしをしているが、痴呆症状が出ていると言われ、今後の生活の不安もあるので住んでいる家を増改築し、長男夫婦と同居することにした。一人で契約することや、登記手続をするのが不安なので、長男を補助人に選任してほしい。また、最近、訪問販売で高価な物を購入して困ったことがあったので、補助人に同意権を与えてほしい。	

第26講 年金と保険と税

<CASE>
　祖父母の耕一と圭子は，国民年金をすでにもらっているが，お小遣い程度といっていた。両親の広司と直子は，会社で厚生年金に加入している。翼は就職したらどういう年金に入ることになるのか。また，祖父母や両親は生命保険にも入っているという。生命保険会社に入社している先輩から，就職が決まったら，ぜひ生命保険に入るように，税金も安くなるよと言われている。年金や生命保険と税金について知りたい。

<THEME>
1　年金と年金計画
2　生命保険の性格と基本型
3　不慮の事故と老後の保障
4　年金と生命保険の税制

<ESSENCE>
1　年金と年金計画
(1)　公的年金
(a)　公的年金制度の仕組み——二階建て年金制度
　国民年金は，国民すべてが対象となるように，国民皆年金の仕組みになっている。
　二階建て年金制度とは，定額の国民年金の基礎年金に報酬に比例した厚生年金等が上乗せされている制度のことをいう。
(b)　保険料の負担　　国民年金は，強制加入で保険料の3分の1を国庫が負

		被保険者種類	加入者職業	年金の種類
年金 公的年金	国民年金	第1号被保険者 第2号被保険者 第3号被保険者	自営業者　無職者 給与所得者 給与所得者の妻	老齢基礎年金 障害基礎年金 遺族基礎年金
	厚生年金	第2号被保険者	民間給与所得者	老齢厚生年金
	共済年金	第2号被保険者	公務員など 団体職員等	障害厚生年金 遺族厚生年金
私的年金	企業年金・401K．個人年金（郵政省や生命保険会社の年金）			

担（税金）している。第1号被保険者は市区町村に保険料を支払う。第2号被保険者は，勤務先で給与から国民年金と厚生年金等の保険料が天引きされる。同額を勤務先も負担する。第3号被保険者の保険料は，2号被保険者全体で負担している。

　現在，第3号被保険者や未加入者のことが問題になっている。今後2004年度までに国民年金保険料の国庫負担率を2分の1へ引き上げることが決定されている。

　(c)　給付　　老齢基礎年金は原則として，加入期間25年以上の者が65歳から受給できる。

　障害基礎年金，障害厚生年金は障害者に，遺族基礎年金，遺族厚生年金は遺族になったとき受給できる。その他，受給が限定されている寡婦年金などがある（表掲上省略）厚生年金，共済年金の受給は現在60歳から，高齢社会に向けて2013年度からは，段階的に65歳に引き上げられる。

　今後，負担と給付の問題，公的年金制度そのものも検討されねばならない。

　(2)　企業年金・401K

　第1号被保険者は，国民年金の上乗年金として任意加入の国民年金基金がある。第2号被保険者のうち民間給与所得者は，厚生年金のほかに勤務先に企業年金として，厚生年金基金制度や適格退職年金制度などがあれば加入できる。

　企業年金は，加入した期間や給付水準にもとづいてあらかじめ給付額が定められる仕組みで，確定給付型年金と呼ばれている。近年，バブル経済の崩壊後，低金利が続いたことなどから資産運用が悪化し，確定給付がむずかしくなり，厚生年金基金制度を維持できない企業もでている。そこで，アメリカの401Kと呼ばれている，自己責任で運用する確定拠出型年金制度（日本版401K公務

員・専従主婦を除く）が2001年から導入される。
　この年金は，拠出した掛金額とその運用収益との合計額を基に給付額を決定する仕組みであり，自営業者も国民年金基金を通して加入できる。
　(3) 個 人 年 金
　生命保険会社の年金，郵政省の郵便年金，農協共済の年金共済などを個人年金といい，年金の支払期間，支払条件から基本的には次のように分類される。

確 定 年 金	生死とは無関係に一定期間内は年金が支払われるタイプ
有 期 年 金	予め定めた期間内でも死亡すれば支払われないタイプ
終 身 年 金	一生涯年金が支払われるタイプ

　(4) 年 金 計 画
　耕一と圭子は，国民年金だけなので，これを補う意味で，それぞれ農協の年金共済に加入した。耕一はそんなに長生きをする自信はないし，掛けた金額は確実に回収したいと思ったので10年の確定型年金にしたが，幸いにも受取りは終っている。圭子はずっと長生きするからといって，終身年金に加入したので，現在も元気で受け取っている。
　広司と直子は，それぞれ他に勤務していたときからの厚生年金を現在の年金に繋げてあるし，自分たちの会社であり，元気な間は定年退職ということもないので，個人年金には加入していない。

2　生命保険の性格と基本型

　年金に加入していても，万一の疾病や死亡のときには保障されないので，生命保険も必要となる。それでは，生命保険について考えてみよう。
　(1) 生命保険の性格
　(a) 付従契約性　　生命保険契約とは，契約当事者の一方（保険者）が，相手方（契約者）または第三者（契約者はない被保険者）の生死に関して，一定の金額（保険金・年金）を支払うことを約束し，相手方（契約者）が，これに対しその報酬（保険料）を与えることを約束する契約である（商法673条）。
　生命保険契約は，保険会社と契約者の話合いにより契約が成立する。他の契約と同様，原則的には当事者間の自由な意思に委ねられる（契約自由の原則）。

しかし，生命保険事業は，通常多数の人が，同じ保険に加入しないと安全に運営できない。そこで，保険会社，一定の決まった内容の契約（生命保険約款という）を何種類か定め商品として提示し，人はこれを選択することによって生命保険契約を締結する。このように，契約当事者の一方が，契約の内容を一方的に定型化し，他の一方は事実上これに従うか否かの自由しかもたない契約は付従契約ないし付合契約といわれている。

(b) 有償契約性・双務契約性・諾成契約性　生命保険契約は，付従契約であることに加え，一般契約の基本条件として契約当事者双方について危険負担と保険料負担という給付・反対給付を条件とし（有償契約性），互いに保険金と保険料の支払債務を負い（双務契約性），かつ両者の合意により成立する（諾成契約性）契約である。

(c) 射倖契約性　生命保険契約は，契約者が負担する支払債務が，人の死亡や疾病など偶然の事象，保険事故に依存していることから，賭博などとは異なるが，射倖契約性を有するともいわれる。

近時この保険事故を人為的に仕組んで，保険金の給付を受けるという保険犯罪が発生している。保険契約は，善意契約性が要求されるが，犯罪防止には，告知義務や保険金の支払免責などの規定の厳格な適用が求められている。

(2) 生命保険の基本型

生命保険は，疾病・ケガなど万一の場合の生活保障や，老後の保障のため契約をする。その目的により，次のように分類される。

定 期 保 険	10年間など，定められた保険期間内に死亡したときにのみ保険金が支払われ，満期保険金はない。遺族に対する生活保障や，企業を護るための法人契約がなされる。保険料は安い掛捨てとなる。
養 老 保 険	満期の定めがあり，満期に保険金が支払われる。満期までに死亡した場合は，死亡保険金が支払われる。老後保障か遺族保障かいずれかが果たされる。保険料は積立てとなるので掛捨てより高額となる。
終 身 保 険	保険期間の満了時を被保険者の死亡時とするもので，保障が一生涯続き，死亡したときに死亡保険金が支払われる。保険料は割安である。
定期付養老保険	定期保険と養老保険を組み合わせたもの
定期付終身保険	定期保険と終身保険を組み合わせたもの

3 老後の保障と財産の承継

耕一は、借金があるので、死亡した時に、その返済資金のためと相続税の支払い資金のために終身保険に加入している。相続税を支払うときに、現預金がないと自宅の敷地の一部を売却したり、物納したりしなければならないからだ。

圭子の財産は、耕一が先に死亡した場合の相続財産であるが、配偶者は相続税が軽減されるので（第48講参照）、圭子が死亡した場合の第二次相続の方が問題だが、圭子自身直接収入を得ていなかったこともあり生命保険には加入していない。広司も耕一と同様な理由で生命保険金を掛けているが、コンビニエンスストアを経営していることから、不慮の事故にも備え、定期付終身保険に加入している。相続で受け継ぐ財産のほか、自社株の評価額が高額になるかもしれない。この株は、今後家族に少しずつ譲渡か贈与をしておきたいと思っている。直子は、相続で受け継ぐ財産のほか自分名義の土地があるので、相続税資金程度の終身保険に加入している。

4 年金・生命保険と税金

年金・生命保険に関する所得税、住民税の取扱いは次のとおりである。

(1) 保険料を負担した場合

公的年金	保険料掛金は「社会保険料控除」として全額所得から控除される。
確定拠出型年金	掛け金のうち一定額が所得から控除される。
個人年金	保険料掛金は「生命保険料控除」として、支払保険料に応じて、5万円を限度として所得から控除される。
生命保険金	保険料掛金は「生命保険料控除」として、支払保険料に応じて、5万円を限度として所得から控除される。 住民税の「生命保険料控除」は3万5千円である（個人年金も同じ）。

（所得金額－所得控除額）×税率＝税額

所得控除によってその分税金が軽減される。

(2) 公的年金や401Kを受け取った場合

公的年金等の収入金額－公的年金等控除額＝雑所得の金額

公的年金控除額は、収入金額と受給者の年齢により決められている。

なお401Kを一時金として受給した場合は、退職金となり退職所得控除（非

課税部分）が適用される。

(3) 個人年金を受け取った場合

総収入金額－必要経費＝雑所得の金額

$$必要経費＝年金年額\times\frac{保険料払込合計}{年金支払見込総額（年金年額\times余命年数）}$$

余命年数は，性別，年齢によりたとえば，60歳の男性は19年，女性は23年と定められている。

(4) 満期保険金

満期保険金は，長年保険料を掛け続け，満期となり一時に受け取るので，累進税率が高くならないよう考慮され，一時所得として課税される。

満期保険金－払込保険料－一時所得の特別控除額50万円
＝一時所得の金額

一時所得の金額は，さらにこの2分1が課税の対象とされる。

(5) 死亡保険金　年金受給権（第50講　相続税を参照）

＜ANSWER＞

翼は，20歳になったとき国民年金に加入したが，保険料は学生なので親が支払っている。親の会社も含めて，企業に就職した場合は厚生年金に加入する。その企業でさらに企業年金制度があればそれにも加入する。確定拠出年金の場合は，運用は自己責任になるので，資金運用の知識が不可欠となる。退職後，自営業者や自由業者になる場合は，国民年金に加入する。老齢基礎年金は，25年以上加入していなければ受給できないが，厚生年金や企業年金は，加入していた期間とその間の給与額に応じて受給できる。

さらに，生命保険や個人年金に加入するかどうかは，就職してからじっくり考えたい。保険は年齢が若いほど，保険料は安いがそれだけ掛ける期間は長くなるので，具体的な商品（保険）で試算してみることにした。

＜POINT＞

1　公的年金の制度の概要と企業年金の今後，年金・生命保険の選択
2　年金・生命保険の保険料の支払い時の税金との関係　受給・取得時の税金

第27講　相 続 制 度

\<CASE\>

耕一は，風邪をこじらせて肺炎をおこしてしまい，入院後間もなく死亡した。耕一の残した財産などはどのように相続されるのだろうか。

\<THEME\>

1　相続制度（その歴史，「家」制度時代の家督相続，現行の共同相続・均分相続）
2　相続の根拠
3　法定相続（無遺言相続）と遺言相続

\<ESSENCE\>

1　相続制度

(1)　相続制度の歴史的考察と「家」制度時代の家督相続

　古代から現代にいたるまで，いつの時代にも，社会制度として，何らかの相続制度が常に存在していた。古代の氏族社会においては，氏族の祭祀の承継が重視され，直系家族的な大家族では，家長の死亡によって，その地位や身分および家産や家業の承継が，相続制度として，重要な意味をもっていた。

　わが国において，明治31年に制定・公布され，同年施行された民法第4編親族および第5編相続の規定は，西欧キリスト教社会の法制度を継受する一方，特に伝統的な武家社会の家族制度を存続させ，直系家族的な家父長制を前提にしたものであった。相続制度は，「家」制度の下に，男子優先の一子単独相続を基本とする家督相続と，戸主以外の家族の遺産相続という二本立てのもので

あった。

　第二次世界大戦後，新たに制定された日本国憲法の理念の下に，明治31年施行の民法の第4編と第5編は，全面的に改められ，「家」制度や戸主の地位の承継など，前近代的・半封建的な家族制度は法律上形式的には廃止された。

　昭和23年1月1日から新法が施行された。これが現行の親族法および相続法であり，家族生活における個人の尊厳と両性の本質的平等という新憲法の理念に沿った改正であった。とくに，相続制度上，旧法と異なるのは，一子（長男子）単独相続から諸子均分相続・共同相続へ，という改革である。また，被相続人の配偶者は常に相続人となることが法的に確立された。さらに昭和55年の法改正で，配偶者相続分の引上げが行われたことも注目に値する。

(2)　現行の相続制度

　わが国の現行の相続制度は，いわゆる核家族（夫婦家族）における遺産相続を基本としている。被相続人の配偶者と血縁者が相続人であり，血縁相続人には，相続の優先順位が法定されている。配偶者と同順位の血縁相続人が，被相続人の遺産を共同で相続し，同順位の血縁相続人が数人あるときは，均分相続が原則とされる。

　相続は，財産所有者である被相続人の死亡と同時に，その住所地において開始する（882条・883条）。法律上の人の死亡は，従来，心臓停止・呼吸停止・瞳孔拡大の三兆候によると考えられてきた。しかし，平成9年に制定・施行された臓器の移植に関する法律が適用される場合に限り，脳死（脳波の不可逆的停止）が人の死と認められ，法的には二通りの「人の死亡」が存在することとなった。

　人が死亡した場合，7日以内に届出義務者（同居の親族，その他の親族，家主，地主など）が死亡の届出をする必要があり，これを怠ると過料の罰則が適用される（戸籍法上の報告的届出である）。また，住所地を去り，帰来しない不在者の生死が一定期間不分明であるとき，一定の要件の下に，その者について，家庭裁判所が失踪宣告をした場合，その者は死亡したものとみなされる（31条）。

　家族のうちの数人が同時に死亡し，その死亡の前後が不分明であるときは，同時に死亡したものと推定され，同時死亡者相互間では，相続関係は生じない

(32条ノ2)。また，地震，台風などの災害や航空機事故などで，死亡の蓋然性がきわめて高度な場合，官公署の調査でも遺体が発見されなかったとき，その報告によって，戸籍簿に本人の死亡の記載がなされる扱いが認定死亡である(戸籍法89条)。

被相続人の死亡時期は，相続人の確定，相続財産の確定，相続人の法定相続分や遺留分の確定，遺言の効力発生，などの基準として重要である。また，相続資格(欠格，廃除)，相続人の選択(単純承認，相続放棄，限定承認など)や相続回復請求権，遺留分減殺請求権の行使なども，すべて被相続人の死亡の時を起算点とする。

相続の開始場所は，相続に関する調停，審判，訴訟事件の裁判管轄決定の基準となる。

(3) 相続開始による包括承継

相続が開始すると，相続人に属していたいっさいの権利義務を相続人が包括的に承継するのである。相続人は，被相続人の死亡(相続開始)の知・不知にかかわりなく，その死亡と同時に被相続人の財産上の地位を承継する。しかしながら，いっさいの権利義務といっても，被相続人の一身専属的な権利(扶養請求権，離婚請求権，財産分与請求権など)は，相続の対象にはならない。

2 相続の根拠

(1) 相続の意義

相続は，ある人が死亡したとき，その人の所有していた権利(資産)や負っていた義務(負債)が，その人の家族(配偶者や血縁者)に承継される場合の秩序を定めたものである。権利義務をもっていた人の死亡と同時に，その人の一身に属していたものを除いて，権利義務が，その人の配偶者や血縁者に受け継がれるのである。承継される権利義務を有していた者が被相続人であり，その権利義務を受け継ぐ者が，相続人である。

(2) 相続の根拠

財産の所有者が死亡したとき，その者と一定の身分関係にある者(配偶者や血縁者)にその所有財産が承継されるのを認めるのはなぜかという「相続の根拠」について，さまざまな学説上の議論が展開されてきた。これは，相続制度

の歴史的な変遷によっても，根拠づけは異なる。家父長的な大家族制の下での家督相続を基本とする時代の相続の根拠と，近代の小家族（夫婦家族）の共同生活を基礎に相続を認めるときの根拠とは，当然，違ってくる。また，同じような小家族であっても，被相続人の年齢，職業，家族構成員の人数，心身や生活の状況など，それぞれの家族にそれぞれの相続の根拠が存在するともいえる。

現在，相続の根拠としてあげられる主要なものは，次の①から⑤に絞られる。

① 家族財産の清算　夫婦とその間に生まれた子から構成される，小家族の共同生活のなかで長年にわたって形成された財産のなかには，被相続人以外の家族の持分が潜在していると考えられる。相続の際，それぞれの家族の実質的持分を清算し，家族に分配するのが家族財産の相続の根拠の一つである。

② 家族の生活保障　被相続人によって生活を支えられていた家族が，その死亡後も，遺産によってある程度の生活ができるようにという，残された家族の扶養的な要素として，相続を根拠づける。

③ 私有財産制の下，個人所有の尊重　近代私法のもと，私有財産を認め，財産所有者が死亡しても，無主の財産が生じないように，死亡と同時に相続が開始し，その財産が一定の相続人に承継される。さらに，相続の原則的形態を遺言相続とみれば，相続は，財産の所有者の意思による最終の処分であるともいえる。

④ 取引の安全としての相続　取引の安全は近代私法の重要な理念である。相続開始によって，死亡した者の債権者の立場を危うくすることを避けるという，相続債権者の保護のために相続制度が必要とされる。ただし，現行相続法では，相続開始後，一定の要件の下に，相続放棄や限定承認の制度が認められているので，被相続人の債務が相続人に必ず承継されるとはいえない場合もある。

⑤ 血縁の代償　旧法時代の家督相続のように，血縁共同体における相続の根拠は，先祖から承継した家族財産を，その子孫である血縁者に承継させる意味が大きかった。しかし，現行の法定相続においては，配偶者相続権の確立など「血縁の代償」だけで相続を根拠づけることはできない。

3 法定相続（無遺言相続）と遺言相続

(1) 法定相続

　法律の規定にもとづいて行われる相続を法定相続という。被相続人が生前，遺言を作成し自分の意思で遺産の配分について決定しておかなかった場合であるから，無遺言相続と称される。私有財産制の下では，個人の所有財産はその自由な処分に委ねられる。個人は，生前，その所有する財産を自由に処分することによって，経済活動を営む。そのような個人の最終処分が遺言であり，遺言に定められた処分の効果は，遺言者の死亡の時に生じるのである。被相続人が生前，遺言を作成していれば，遺言者の意思を尊重し，遺言に従って，遺産の承継が行われる。遺言がない場合には，被相続人の意思を推測し，おそらく身近な家族に財産を残したいであろうと，民法は被相続人と一定の身分関係にあった者が，遺産を取得できるように，承継の秩序を定めている。

　また，法定相続においては，私有財産制度における取引の安全を図るという要請から，個人所有の財産（積極財産および消極財産）の帰属主体を，立法政策上決定しなければならない。そこで法定相続の遺産承継秩序とともに，遺言相続に関しても遺言者の処分の自由は，遺留分制度上の制約を受ける。

(2) 遺言相続

　私有財産制の下，個人（被相続人）の最終意思による処分の自由を保障するのが，遺言相続である。財産上の権利義務の承継について，遺言者自身の意思で決定するものが遺言である。遺言が効力を生じるのは，遺言した被相続人の死亡後であるから，遺言の内容が遺言者の真意にもとづくものであるか，死後に確認することはできない。そこで，遺言をするには，一定の厳格な方式によることが，法律によって規定されている。

　民法理論上は，私有財産尊重の原則から，相続法の原則的な形態は遺言相続であって，法定相続は，遺言がない場合の，被相続人の意思の推定であるとの見解が導かれる。しかしながら，わが国では，家族関係が複雑（被相続人の再婚で，前婚の子と後婚の子がいる場合など）で，死後に遺産をめぐる争いが懸念されるとか，子のいない夫婦をはじめ，遺言を作成する事例が増加傾向にあるとはいえ，実情は無遺言相続がほとんどである。遺言があっても，その効力が争われる事例や遺言による処分が遺留分減殺請求の対象になる事例も少なく

はない。法定相続はいわばレディメードのものであるのに対して，遺言は，個々の家族のそれぞれの事情にあわせたオーダーメードの遺産承継秩序である，と解しうるのである。

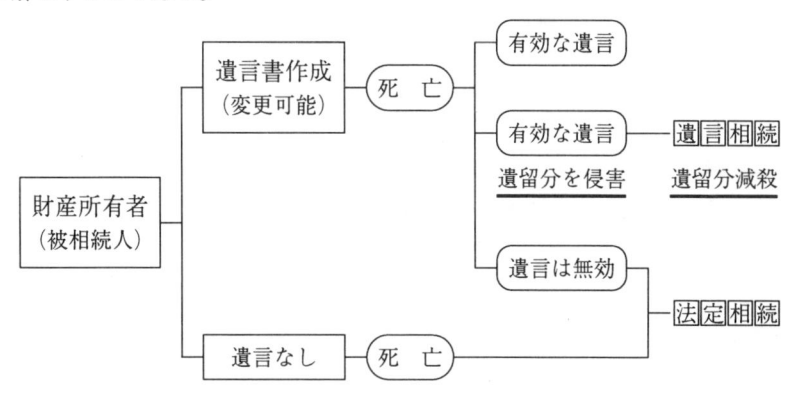

```
財産所有者        遺言書作成 ─ 死 亡 ─┬─ 有効な遺言 ───────── 遺言相続
(被相続人) ─┬─ (変更可能)           │
            │                       ├─ 有効な遺言 ── 遺言相続
            │                       │   遺留分を侵害  遺留分減殺
            │                       │
            │                       └─ 遺言は無効 ──┐
            │                                        ├─ 法定相続
            └─ 遺言なし ── 死 亡 ──────────────────┘
```

<ANSWER>

　耕一の死亡によって，相続が開始する。耕一が，生前，法律上の方式に従って有効な遺言書を作成していた場合は，その遺言にしたがって遺産相続が行われる。しかし，耕一は，風邪をこじらせ，入院後間もなく死亡したもので，遺言はしていなかったので，法律の定めるところに従って遺産の相続が行われる。

<POINT>

1　相続開始原因──法律上の「人の死」
2　相続の根拠
3　遺言がない場合の相続──法定相続
4　遺言書の作成には**厳格な方式が必要**

第28講　相続人

<CASE>
耕一が死亡した場合，百合野家の誰が相続人になるのか。

<THEME>
1　法定相続人の順位
2　相続欠格・相続廃除
3　代襲相続

✧✧✧✧✧✧✧✧✧✧✧✧✧✧✧✧✧✧✧✧✧✧

<ESSENCE>
1　法定相続人の順位
(1)　推定相続人

　法定相続において，相続開始前，被相続人と一定の身分関係にある者は，被相続人の財産上の地位を承継する権利（期待権たる相続権）を有する者であるから「推定相続人」と呼ばれる。

　相続人は，被相続人の遺産である権利義務の承継者であるから，相続開始時に権利能力を有する者（自然人）として存在していなければならない。これを，「同時存在の原則」という。相続開始前に既に死亡している者や相続開始後に生まれた者（1条ノ3）は，被相続人死亡時に同時存在の要件を充たしていないから，相続人にはなれない。しかしながら，遺産が家族財産の清算であったり，残された家族の扶養のため，あるいは血縁者に受け継がれることなどから考えると，相続開始前に死亡した者の子（被相続人の直系卑属にあたる者）が，

代襲相続（887条1項・2項・889条1項・2項）できる。また，相続開始時に胎児であった子にも，特例を設けて相続権を認めている（886条1項，965条で受遺者の準用）。

(2) 推定相続人と相続順位

現行相続法は，近代的な小家族（夫婦家族）を基本的な家族形態とみて，相続人の範囲を規定している。配偶者は常に相続人となる（890条）とされたのは，昭和22年の民法改正の時であった。さらに，昭和55年の法改正では，配偶者の相続分が引き上げられた。

血縁相続人と相続順位は，次のように定められている。

第一順位の血縁相続人は，被相続人の「子」である（昭和22年改正法では「直系卑属」とされていたが，昭和37年の民法改正によって「子」と規定された）。子は，嫡出子と非嫡出子の別がない。

第一順位の血縁相続人がない場合，被相続人の直系尊属が相続人となる。これが，第二順位の相続人であり，被相続人と近い親等の直系尊属が優先される。実親と養親の別はない。

被相続人に第一順位や第二順位の相続人がいない場合，被相続人の兄弟姉妹が第三順位の相続人となる。

2 相続人の資格（相続欠格と推定相続人の廃除）

(1) 相 続 欠 格

一定の反倫理的・反社会的行為（重大な不正や非行）をした者に相続を許すことは，相続の根拠からみても妥当ではない。そこで，民法は一定の事由に該当する者は，法律上当然に相続人の資格を失うと規定している（891条）。欠格事由に該当する者は，受遺者になる資格もない。相続欠格事由に該当する者は，以下の各項目に挙げる。

① 故意に被相続人または相続について先順位もしくは同順位にある者を死亡するに至らせ，または至らせようとしたために，刑に処せられた者。
② 被相続人が殺害されたことを知って，これを告発せず，または告訴しなかった者。ただし，その者に是非の弁別がないとき，または殺害者が自己の配偶者もしくは直系血族であったときは，この限りでない。

③ 詐欺または強迫によって、被相続人に相続に関する遺言をし、これを取り消し、またはこれを変更することを妨げた者。
④ 詐欺または強迫によって、被相続人に相続に関する遺言をさせ、これを取り消させ、またはこれを変更させた者。
⑤ 相続に関する被相続人の遺言書を偽造し、変造し、破棄し、または隠匿した者。

(2) 推定相続人の廃除

　相続欠格のような強度な倫理的・社会的背反による相続的共同関係の破壊ではないが、遺留分を有する推定相続人が、被相続人に対して虐待をし、もしくはこれに重大な侮辱を加えたとき、または推定相続人に著しい非行があったときは、被相続人の意思で相続人の廃除を家庭裁判所に請求できる。廃除により実質的には相続人の遺留分を剝奪する。

　相続人廃除の手続は、生前の申立てか、遺言による。被相続人の意思にもとづく廃除請求があったとき、家庭裁判所は、廃除を正当とする客観的事由の存否を判断し、廃除を認容あるいは却下する。廃除を正当とする事由につき、法文は「相続人の著しい非行」として、被相続人に対する虐待や重大な侮辱などを例示的に挙げていると解される。喧嘩などの一時的な対立か、被相続人が相続人の非行を誘発した場合かなど、具体的に斟酌される。推定相続人廃除の認容事例をいくつかあげてみよう。

① 夫の入院中、妻が夫の印鑑、権利証などを持ち出し、夫の財産を処分し、夫を精神病院に入院させようとした妻の廃除。
② 家業を嫌い家出し、申立人の名を冒用して借金したり、申立人の財産を失わせるなど家庭破壊や生計の危機をもたらした場合。
③ 親の反対を押し切り、暴力団員と婚姻し、父の名で披露宴の招待状を出すなどしたのは、重大な侮辱に該当する。

一方、相続人廃除の申立てが却けられた事例には、次のようなものがある。
④ 親の意に添わない婚姻をしたとしても、それが親に対する虐待にも侮辱にも該当しないとされた。
⑤ 暴力沙汰といっても、いずれが挑発し、いずれが責任をとるべきか明らかでなく、この親にしてこの子ありといった状況の場合。

⑥ 親子間に土地の所有権の帰属をめぐる訴訟があり，子が父を相手に占有使用妨害禁止の仮処分を申請しても，それは正当な手続であって廃除事由にはあたらない。

廃除は，被相続人の意思によるものであるから，被相続人は，生前または遺言によって廃除の取消を請求することができる。廃除の取消の理由は必要とされない。

3 代襲相続

血縁相続人が，被相続人より先に死亡したり，欠格者とされ，あるいは廃除された場合，第一順位の子が相続人であれば，その者の子（被相続人の直系卑属に限る）が代襲して相続する（887条2項）。代襲相続人に代襲原因が生じれば，その者の子が再代襲する（887条3項）。第三順位の相続人である兄弟姉妹が，被相続人より先に死亡したり，相続の資格を失ったときは，その者の子が代襲する（889条2項で887条2項を準用。ただし，兄弟姉妹は遺留分権利者ではないので，廃除は代襲原因ではない）。なお，兄弟姉妹の代襲者は，その子に限定される（昭和55年法改正）。

＜ANSWER＞

耕一の遺言がないとき，法律の規定によって耕一の相続人は，妻の圭子と実子である直子と典子と養子とした広司（直子の夫）である。なお，耕一の死亡後，名のり出た愛子が死後認知によって，耕一との父子関係が認められれば，愛子にも相続権がある。

＜POINT＞

1　法定相続人──配偶者は常に相続人となる。血縁相続人の相続順位
2　相続人の資格の喪失──相続欠格と推定相続人の廃除──
3　代襲相続と代襲原因

第29講 相続財産と相続分

<CASE>

耕一は，売却を免れた土地・建物と株券，さらにコンビニエンスストアの共同経営での借金をかかえたまま死亡した。この場合，相続財産はどのように分配されるだろうか。

<THEME>

1 相続財産の範囲
2 債務の承継
3 相続分

<ESSENCE>

1 相続財産の範囲

(1) 相続の対象となる財産

相続の開始により，被相続人に属していたいっさいの権利義務が相続人に承継される（896条本文）。これは，私有財産制を基本とする私法は，無主の財産が生じないように，死亡と同時に瞬時の空白もなく，財産上の地位が包括的に相続人に受け継がれると規定しているのである。ただし，いっさいの権利義務といっても，性質上その被相続人の一身に帰属するものは，相続の対象にはならない（896条但書）。相続されない一身専属的な権利義務とは，どのようなものか，個別・具体的な検討が必要である。離婚請求権や生活保護請求権などのように，権利義務の主体である被相続人との結合が強く，それ以外の人に帰属しえないものは，主体とともに消滅する。

(2) 相続財産の範囲の問題

　土地・建物などの不動産，預貯金，株式，債券等の金融資産，貴金属，書画・骨董品など，通常何らかの資産とされるものは，当然相続財産として承継される。これらの積極財産のほか，被相続人が負っていた債務や財産上の義務もまた，相続の対象になる。

　特定の権利義務が相続財産の範囲に属するか，問題となるいくつかの事例を，やや具体的に考察してみよう。

(a) 契約上および法律上の地位

① 契約自体が個人的な信頼関係を基礎とする場合は，当事者の死亡によって契約は消滅し，その契約上の地位は承継されない（例；委任契約，組合契約など）。

② 生命侵害による財産的損害賠償請求権は，即死の場合，請求権の権利主体はすでに死亡しているので，相続されない。しかし，即死ではない程度の身体障害の場合，いったん請求すれば金銭債権になり，その後被害者が死亡すれば相続の対象になる。とすれば，均衡を欠くため，人格存続説や人格承継説などによって，相続性を認める見解が一般的である（学説・判例の立場）。

　慰謝料請求権も同様の矛盾が存在する。従来，訴えの提起や書面，言葉等で請求の意思表示をすれば，行使の結果金銭債権となるから，相続されるとされた。これも即死の場合の矛盾があり，判例は，請求の意思表示の有無にかかわりなく相続されるとした（最判昭和42年11月1日）。しかし，学説や下級審の判決には，民法711条の遺族の範囲を拡大解釈したり，類推することで，遺族の救済を図るべきとして，慰謝料請求権の相続性を否定する意見もある。

③ 無権代理人の地位，他人の権利の売主の地位　相続人が，被相続人の氏名を勝手に使用して，被相続人名義の財産を売却したときには，相続開始後，無権代理人たる相続人は，本人の地位を承継する結果，本人と無権代理人の資格が同一人に帰属し，無権代理行為は有効となる。この場合，相続人が，被相続人の地位を承継し，追認を拒絶することは，信義則に反するとされる。

④ 土地・建物の賃借権　土地・建物などの不動産賃借権は，相続財産の範囲に含まれる。ただし，借地・借家上に同居していた，内縁配偶者や事実上の養子など，相続人以外のものが，賃借権を承継できるとするには，固有の居住権や相続人の賃借権の援用を理論的根拠とする。相続人との対立は，権利濫用の禁止の法理によって内縁者の居住を確保する。

⑤ 株主の地位，有限会社の社員権，合資会社の有限責任社員の地位　団体の構成員たる地位などの社員権は，個人的な信頼関係に基礎を置いている場合には，相続の対象とされない。

⑥ ゴルフ会員権　クラブの規約で詳細は規定されている。クラブの運営規則上，会員の死亡による資格喪失の規定があることを理由に，ゴルフ会員権を一身専属権とした事例がある（最判昭和53年6月16日判時897号62頁）。

(b) 生命保険金　被相続人が被保険者であり，被相続人以外の者が保険金の受取人に指定されている保険契約の場合，生命保険金請求権はその受取人固有の権利であって，相続財産ではない。受取人を被相続人の相続人と指定している場合も，相続人固有の権利である。被相続人が自分を受取人にしていたときは，保険金は相続財産である。なお，いずれの場合でも，相続税法は，生命保険金を相続財産とみなして，課税の対象にしている。

(c) 死亡退職金・遺族給付　被相続人の賃金の後払い，功労報酬，遺族の生活保障などの要素が含まれる。法令や個々の労働契約，就業規則で，受給者の範囲や順位が定められている。これらは受給権者固有の権利と解される。

(d) 祭祀財産　家族の系譜，仏壇，神棚などの祭具，墳墓などの祭祀用の財産は，遺産相続とは別個に承継される。相続人が放棄をしても，祭祀財産の承継は可能である。祭祀財産は被相続人が指定した祭祀主宰者が承継する。指定がないときは，慣習によって決定され，指定も慣習もないときは，家庭裁判所が決定する（897条1項・2項）。

逆に，本人（相続人）が無権代理人の地位を承継した場合は，当該無権代理行為の追認を拒絶しても，信義則に反しないと解されている。他人の権利の売主と相続の問題も同様に考えられる。

2 債務の承継

債務は，各共同相続人が，その相続分に応じて分割して相続する。金銭債務やその他の可分債務，連帯債務も分割して，各相続人に承継される。一般に，金銭消費貸借契約上の保証債務も同様である。特別の個人的な信頼関係にもとづく身元保証や包括的信用保証など債務自体不確定で広範な責任を伴う債務は，相続の対象にされない。

売主の瑕疵担保責任や不動産等の売主の登記手続上の義務も，相続人に承継される。

3 相続分

(1) 指定相続分と法定相続分

被相続人が遺言で相続分を指定し，あるいは指定を第三者に委ねた場合，その指定相続分に従って，遺産は分割される。指定がないときは，法定相続分（900条・901条）による。配偶者と血縁相続人が共同相続する場合，それぞれの相続の割合は，以下のとおりである。

配偶者と子	配偶者	2分の1	子	2分の1	注1
配偶者と直系尊属	配偶者	3分の2	直系尊属	3分の1	
配偶者と兄弟姉妹	配偶者	4分の3	兄弟姉妹	4分の1	注2

注1 非嫡出子は嫡出子の2分の1
注2 半血兄弟姉妹は全血兄弟姉妹の2分の1

(2) 具体的相続分

遺産分割の前提となる，各相続人の現実に取得する相続財産の割合が，具体的相続分である。相続財産の前渡しとして，生前贈与や遺贈を受けた者は，その分を持戻して計算する。また，相続財産の維持・形成に貢献した相続人の相続分の割合は，寄与分を評価して，割増して具体的相続分が算定される。

<ANSWER>

耕一の法定相続人は，妻の圭子，直子とその夫広司（耕一の養子），典子のほか死後認知された愛子である。相続分の指定がなければ，圭子は2分の1，直子，広司，典子は各7分の1，非嫡出子の愛子は14分の1になる。

第30講 特別受益と寄与分

<CASE>

典子は，耕一から生前に高額の独立資金の贈与を受けていた。典子は，具体的相続分算定について，贈与された金銭が考慮されるか。また，直子は，長年，高齢で軽い痴呆状態の耕一の世話をしてきた。直子は，療養看護を理由に，寄与分を主張できるか。

<THEME>

1 特別受益の持戻し
2 寄与分

<ESSENCE>

1 特別受益の持戻し

(1) 特別受益者

被相続人は，生前，推定相続人である子に，遺産の前渡し的な贈与をすることがある。子の高等教育のため，結婚や養子縁組のとき，あるいは独立して営業を始めるときなどに，不動産や資金を与える。このような生前贈与を受けた者（特別受益者）が，相続に際し，他の相続人と同じ相続分を主張することは，かえって相続人間の衡平に反する。

(2) 特別受益分

そこで，共同相続人中に特別受益者があるとき，相続財産の価額に，特別受益分を持戻して，具体的相続分算定の基礎となる相続財産の額を決める。しかしながら，被相続人が生前，相続人に分与した財産について，別段の意思（持

戻し免除の意思）を表示している場合は，特別受益分を相続財産に加えない（903条）。

特別受益者が受けた贈与財産の評価は，相続開始時を基準にする。土地の贈与を受けてから長期間経過し，値上がりしたり，下落している場合もあり，金銭も貨幣価値の変動などを考慮して計算される。

2 寄 与 分

(1) 寄与分制度

寄与分に関する規定（904条の2）は，昭和55年の法改正のときに創設された。相続人の一人が，被相続人の生前，その財産の維持・増加，形成に特別の寄与・貢献をした場合，遺産分割において，その者の寄与分を評価して，法定相続分より多く遺産を取得させる制度である。特別受益分を持戻すと同様，被相続人の生前，相続人が提供した財産的利益を，いわばマイナスの特別受益分として，相続人に取得させることによって相続人間の実質的な衡平を図ろうとするものである。

(2) 寄与分の根拠

夫婦間や親子間の協力が多大なものであり，その特別の寄与・貢献の結果，相続財産が維持され，あるいは形成され，増加をもたらした場合，そのような協力者の寄与・貢献を法律上，積極的に評価し，遺産からその分を控除するという考え方である。昭和55年の法改正前は，遺産分割調停や審判において，当事者が寄与分を主張し，それが認められるケースが，しだいに定着しつつあった。とくに，農家や個人商店，家内工業などの家族経営の後継者が，長年無償で家業に従事してきたことから，家族経営に不可欠の資産を後継者に取得させる方向でも，寄与分の理論が支持されてきた。しかし，学説や判例の多くは，寄与分は専ら相続人間の衡平を図るための制度であると解している。寄与分は，他の相続人の遺留分を侵害することはできないのか，問題視される。

(3) 寄与の態様

遺産分割に際して寄与分を主張できるのは，相続人に限定される。現実には，内縁配偶者，事実上の養子あるいは被相続人の嫁にあたる相続人の妻が，寄与者である場合，その寄与・貢献を法的に評価する理論づけが必要である。わが

国では，とくに高齢者の介護を，相続人の妻が長年行ってきたという事例が少なくない。しかし，相続人ではない者は，直接寄与分を主張できない。相続人の履行補助者という形が認められるか，議論がある。相続人ではない者の寄与は，民法上，遺産分割ではなく，別の法理論を構成して，主張するほかない。たとえば，無償労働に感謝した贈与がなされたものとみなすとか，無償労働を不当利得として，返還請求するとか，未払い賃金を請求することも考えられる。それには少なくとも遺言あるいは契約がないと，主張はむずかしい。

また，寄与分が認められるのは，家族間の通常の協力義務を超える「特別の寄与」でなければならない。寄与の具体的な内容は，被相続人の事業に関する労務の提供または財産上の給付であり，これは家業従事型ないし金銭出資型の寄与である。もう一つは，寝たきりの高齢者を世話するなど，被相続人の療養看護型，介護型の寄与である。

遺産分割協議前または遺産分割協議と同時に，寄与分を定める協議を行う。寄与分は，寄与の時期，方法，程度，相続財産の価額その他いっさいの事情を考慮して，算定される。

共同相続人間の協議が成立しないとき，または協議をすることができないときは，家庭裁判所の「寄与分を定める処分」の審判で決定がなされる。調停前置主義の立場から，審判に先立って調停がなされる。

寄与分は，被相続人が相続の開始の時において有した財産の価額から遺贈の価額を控除した額を超えることができない（904条の2）として，遺贈の額を確保する規定はあるが，他の共同相続人の遺留分を侵害しないという限度を定めていない。遺留分の算定の際，寄与分の控除はなされず，寄与分の有無は遺留分額に影響しない。しかし，寄与分は遺留分減殺の対象とされていない（1031条）ので，被相続人が，相続人の一人に寄与分として遺留分侵害にあたる額を与える，意思を表示していた場合，他の共同相続人は遺留分の減殺請求ができないのか。このような問題については，議論の余地がある。

<ANSWER>

耕一の生前，典子が受けた高額な独立資金の贈与は，特別受益分として，具体的相続分の算定のとき，相続開始時点の評価額で，計算に加えられる。ただ

し，耕一が持戻し免除の意思を表示していたときは，算入されない。持戻し計算によって算定された相続財産に，各自の法定相続分の割合（分数）を掛け算して算出された，典子の相続分から特別受益分を差し引いた額が，典子の具体的相続分である。

　直子が耕一の療養看護につとめたことを理由に，寄与分を主張できるか，という点を考えると，直子の寄与は，通常の扶助義務を超えた特別の寄与であり，耕一の妻や典子，広司そして，耕一の死後名のり出た愛子は，そのような寄与をしていないとすれば，衡平の見地から，直子の寄与分は評価されるべきであろう。

<POINT>
1　相続の前渡し分の相続財産への持戻し
2　寄与分は相続人間の実質的な衡平を図る制度
3　寄与分を主張できるのは相続人
4　寄与分は遺産分割の手続によって決定

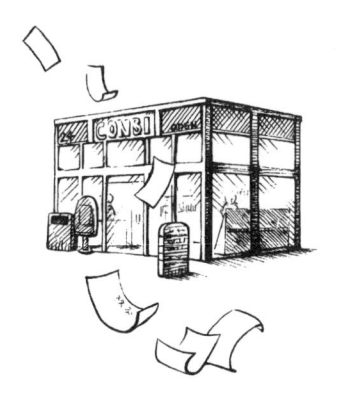

第31講 非嫡出子の相続分

<CASE>
耕一の死亡後，耕一の隠し子と称する愛子が現われ，自ら相続人である旨を主張した。愛子が耕一の実の子供であった場合，各人の相続分はどうなるか。

<THEME>
1 死後認知
2 非嫡出子の相続分
3 非嫡出子相続分と憲法問題

<ESSENCE>
1 死後認知

「子」には，嫡出子と非嫡出子があることは第15講で勉強した。嫡出子は，婚姻関係にある妻が生んだ子であって，夫の子と推定されるが，非嫡出子は，婚姻関係外で女が生んだ子であり，父子関係は認知によって生ずる。

愛子は，耕一の隠し子と称しているところからして，婚姻関係にない女性から生まれたと考えられるから，耕一との父子関係は認知によって発生することになる。ところが耕一はすでに死亡しているのである。このような場合には，死後認知という制度がある。民法787条を見てみよう。「子……は，認知の訴を提起することができる。但し，父……死亡の日から3年を経過したときは，この限りでない」とあるので，死後3年間は認知の訴えを提起することができることになる。

かつて，民法は死後認知制度を認めていなかった。しかし，父死亡後に，子

であることの主張がなされ，その保護の必要があることも少なくなかったため，昭和17年の民法および人事訴訟法の改正によって，父死亡後3年内に検察官を被告として認知の訴えを提起することが認められるようになった。戦死した父に対する認知が必要であったことによる。

ところで，死後認知には，手続上特別な問題がある。つまり，子が，検察官を相手に認知の訴えを提起すると，生きていれば認知を争い，反対事実を主張したかもしれない父本人は，すでに死亡してしまっているということである。検察官は，事実が全くわからないから，反対事実を主張することができない。被告の防御が十分できないということがありうるのである。この問題は，訴訟の現場ではさまざまな態様で矛盾を生じた。たとえば，子が父死亡後認知の訴えを起こしたところ，父の嫡出子に全くこのことが知らされることなく認知の判決がなされたとき，父の嫡出子には，反論の機会が与えられないことになってしまう。そこで，このような父の嫡出子が認知判決に対して再審の訴えを提起したことがあった。これに対し，高等裁判所はその主張をいれ，最高裁は再審を認めなかった（最判平成元年11月10日民集43巻10号1085頁）。そしてこのような事態を防ぐために，人事訴訟手続法が改正されて，死後認知訴訟においては裁判所が相続人等に通知すべきこととされた（人事訴訟手続法33条）。

さて，こういうわけで，愛子は，耕一の子であることを認めてもらうためには，まず，検察官を相手に認知の訴えを提起しなければならないということになる。その構造や証明方法などは通常の認知訴訟と同様である（第15講参照）。

2　非嫡出子の相続分

非嫡出子も「子」であるから相続人となる。900条4号本文によれば同順位の血族相続人が複数あるときはその相続分は平等である。しかし，900条但書前段によって，非嫡出子は，嫡出子の相続分の2分の1と定められている。同じ「子」でありながら，非嫡出子は嫡出子の半分の相続分しかないのである。このようなことが許されるのかどうか大きな問題となっている。

憲法14条は法の下の平等を定めている。非嫡出子の相続分が嫡出子の相続分の2分の1であることは社会的身分による経済的差別であることは間違いない。その差別が合理的であれば憲法に違反するものではなく，合理的理由がなけれ

ば憲法に反することになる。

平成5年6月23日東京高裁は，相続人が，妻と嫡出子，非嫡出子である遺産分割審判事件の決定で，このような差別は憲法14条1項に違反すると判示した（家月45巻6号104頁）。理由は，法律婚を保護するという目的は正当であるが，手段として非嫡出子の相続分を2分の1とすることは，一方では実質的な関連性を有するかどうか疑わしいということである。確かに，非嫡出子の相続分が少ないからといって婚外子の出生が抑制されるという因果関係はあることは証明できない。この決定は社会的に大きな反響を呼び，民法改正要綱試案にも嫡出子と非嫡出子の相続分同一が盛り込まれた。

平成7年7月5日最高裁大法廷は，上記差別は憲法に違反するものではないとの決定を下した（民集49巻7号1789頁）。理由として，相続に関する立法府の裁量を広く認めたうえ，この条項の趣旨を法律婚の尊重と非嫡出子の保護の調整を図ったものと解し，法定相続分が補充的に適用されることを考慮すれば，現行民法が法律婚主義を採用している以上，上記規定は著しく不合理とはいえず，立法府の裁量判断の限界を超えたものとはいえない，と述べている。少数意見がある。

これは古くて新しい困難な問題である。世界的な立法の傾向は，嫡出子と非嫡出子の差別をなくしていく方向であり，日本でも，民法改正要綱では，非嫡出子の相続分を嫡出子の相続分と同等とするとの一項が示されている。いずれは非嫡出子の相続分は嫡出子の相続分と同等となるであろうが，現在のところは嫡出子の相続分の2分の1として計算しなくてはならない。

3　愛子の法定相続分

耕一の相続人は，妻圭子，長女直子，二女典子，養子広司そして愛子となる。法定相続分は，圭子2分の1，直子，典子，広司，愛子の4人全員で2分の1である。これを，愛子を1とし，他を2とし，2+2+2+1=7をその割合ずつ分けることになる。

　　　　　直子，典子，広司……各2/7　法定相続分は1/2×2/7＝2/14
　　　　　愛子　　　　　　　……1/7　法定相続分は1/2×1/7＝1/14

4 愛子が遺産を受け取る方法

　愛子は，死後認知を受ければ，認知判決確定のときに耕一との父子関係が生じ，認知の効力が出生の時に遡ることによって，出生の時から耕一の子であったことになる。

　当然のことながら，遺産分割を申し立てて上記相続分に相当する遺産を取得することができる。死後認知がなされているのに，愛子を除いて行った遺産分割は無効である。

　死後認知がなされる前に愛子を除いて行われた遺産分割は，その時点では，愛子はまだ耕一の子ではないので有効であるが，その後の認知およびその遡及効によって遺産分割時点で愛子は相続人であったことになる。しかし，認知の遡及効の制限（784条但書）によって，直子，典子，広司の取得した財産は害されない，となるかのようである。しかし，それでは，死後認知を受けた意味がない。そこで，民法は910条において価額のみによる支払請求権を認めた。

　つまり，死後認知を受ける前に遺産分割が終了してしまった場合は，愛子は，遺産総額の法定相続分に該当する1／14相当分を，圭子に対し1／28，直子，典子，広司に対し各1／42ずつに相当する金員の支払請求をすることになる。

<ANSWER>

　愛子は，まず死後認知を求める訴えを提起し，認知を得る。その後，遺産分割を求めて遺産を取得することができる。遺産分割が認知を受ける前に終了しているときは，相当する金員の支払いを求める。話し合いがつかないときは，遺産分割を求める場合は家庭裁判所に，価額請求をする場合は地方裁判所に申立てをする。

<POINT>

1　死後認知制度
2　非嫡出子の相続分
3　被認知者の価額請求

第32講 相続の放棄と承認 単純承認・限定承認

\<CASE\>
耕一の死亡に際し，典子は借金だけは相続したくないと言った。この場合の相続関係はどうなるのだろうか。その後，耕一の財産状況を知り，典子が相続放棄をした場合は，相続関係はどうなるか。

\<THEME\>
1 単純承認
2 限定承認
3 相続放棄

❖❖❖❖❖❖❖❖❖❖❖❖❖❖❖❖❖❖❖❖❖

\<ESSENCE\>
1 相続の自由
　耕一の財産は，土地建物と2,000万円の株券，それに多額の借金ということである。第29講で説明したように，これらの財産は，積極財産も消極財産もすべて相続人に承継される。これが896条の定める包括承継の意味である。したがって，財産を選択して相続することはできない。つまり，典子のように借金のみを相続しないということはできないのである。しかし，すべて相続しないということはできるし，プラスの財産の範囲内で借金を負担すればよいという制度もある。
　上記のとおり，相続もまた，何人も自己の意思に反して権利義務を承継することはないという原則にもとづいて，強制されることはないのである。だがこれは，承継するのかしないのかという自由であって，相続する財産を選択する

自由ではない。

　相続を望まないときは，相続放棄をする。相続債務を相続財産によってのみ負担することを望むときは，限定承認する。これらは，相続開始があったことを知ってから3カ月以内に家庭裁判所に対して意思表示をする方法（申述）によって行う。放棄の意思表示も限定承認の意思表示もしなかったときは，相続人は単純承認したものとみなされる。つまり，民法は，単純承認を原則的な相続の仕方と考えているのである。したがって，何もしないでいると，被相続人の権利義務のいっさいが承継されたことになる。

　承認，放棄は撤回できない（919条1項）。無能力，詐欺，強迫，利益相反などによる取消は可能であるが，取消権は，追認できるときから6カ月間行わないとき時効によって消滅し，承認，放棄の時から20年経過すると除斥期間により消滅する（919条2項）。取消の意思表示も家庭裁判所に対する申述によって行う（919条3項）。無効のときは，期限を定めるものはない。錯誤，替え玉など真意ではない放棄，承認などがある。

　民法の順序とは異なるが，わかりやすい相続放棄から説明しよう。

2　相続放棄

　相続放棄は，相続による相続財産の承継をしない旨の意思表示である。家庭裁判所に対する申述によって行う（938条）。各相続人は別々に，相続放棄の申述をすることができる。それぞれ独自の判断で，放棄するかどうかを決定すればよい。典子が，多額の借金を承継することを望まず，他の相続人との関係等から限定承認ができないとき，典子一人で放棄することになる。

　家庭裁判所に対する申述は，受理されて効果が生じる。しかし，申述が受理されても他の有効要件が備わっていることが確定するわけではないから，後に相続放棄が有効であるかどうかを争うことができる。放棄が放棄者の真意にもとづいていないときのほか，法定の熟慮期間不遵守，法定単純承認事由の存在などが無効原因となる。

　受理の審判が裁判かどうか，どの範囲まで審査するのかについては争いがある。もっとも狭い見解は，方式に則っているかどうかのみ，次の見解は方式のほか，放棄が申述者の真意にもとづいているかどうか，次には申述が法定の期

間内に行われているかどうかまで審理しうるとするもの、最も広い見解は法定単純承認事由がないことが明白かどうかまで審理できるというものである。実務的には、裁判であるとの見解にもとづき申述が法定の期間内になされているかどうかまで判断している例が多い。

相続放棄の理由は問わない。債務を負担することをさけるため、人間関係等から相続をしたくないとき、他の相続人の相続分をふやしたいときなどさまざまな理由で放棄することができる。かつて、まだ家制度意識の強かったときは、長男相続を実現する手段として相続放棄が多用されたこともあった。

相続放棄を相続開始前にすることはできない。事実上放棄を強制することがありうるし、放棄の意思は相続開始時に決定するべきであるからである。

相続放棄の申述は相続開始を知った後3カ月以内にしなければならない(915条)。この期間を熟慮期間と呼んでいる。相続人が相続放棄するかどうか調査し決定する期間である。放棄は自由とは言え、期限を定めなければ相続関係が確定しないので、3カ月間の中に放棄することとされた。3カ月以内に調査が困難などの事情のあるときは、家庭裁判所に期間伸長の申立てをすることができる(915条1項但書)。

3カ月は、相続人が自己のために相続が開始したことを知った時から起算する。原則として被相続人の死亡および自己が相続人となったことを知ったときである。たとえば、次順位の相続人は、先順位の相続人が相続放棄したことを知ったときに、「自己が相続人となったことを知ったとき」といえる。

たとえば、被相続人が死亡し、相続財産が全くないと思ってそのままにしておいたところ、6カ月後に相続債権者から相続債務の支払請求があったらどうなるのか。相続人はあわてて放棄するだろう。しかし、3カ月すぎているので放棄できないことになる。すると、債権者は3カ月の経過をまって相続人に請求するということになる。相続債権は基本的に相続財産を引き当てにしているからもともと相続人の財産をあてにはできない筋合いである。とはいっても、長期間相続関係が不確定であるのは好ましいことではない。この問題について最高裁は、「熟慮期間は、原則として、相続人が前記の各事実(被相続人の死亡および自己が相続人となったこと——筆者注——)を知ったときから起算すべきものであるが、相続人が、右各事実を知った場合であっても、右各事実を

知った時から3ヶ月以内に限定承認又は放棄をしなかったのが，被相続人に相続財産が全く存在しないと信じたためであり，かつ，被相続人の生活歴，被相続人と相続人との間の交際状態その他諸般の状況から見て当該相続人に対し相続財産の有無の調査を期待するのが著しく困難な事情があって，相続人において右のように信じるについて相当な理由があると認められるときには，……熟慮期間は相続人が相続財産の全部又は一部の存在を認識したとき又は通常これを認識しうべき時から起算すべき」と判示している。

相続放棄した相続人は相続しないことになるのであるが，その効果ははじめから相続人とならなかったものとみなされることである（939条）。したがって，相続放棄によって代襲相続が生じることはないし，子が全員放棄すると次順位の直系尊属が相続人となるし，子の一人が放棄すると他の子の相続分のみがふえることになる。また，放棄は登記なくして誰に対しても主張することができる。

3　限定承認

限定承認は，相続によって得た財産の限度においてのみ被相続人の債務を弁済すべきことを留保してする承認である（922条）。意思表示である。

たとえば，相続財産が土地3,000万円，建物1,000万円，株式2,000株（1株10,000円），借金9,000万円として，限定承認すると，限定承認も承認であるから全相続財産を承継する。この点では単純承認と同様である。違いは，9,000万円の債務は相続財産の範囲，つまり6,000万円の範囲で弁済すればよいということである。このような結果は相続債権者にとっては不利であるかのように見える。しかし，もともと相続債権者は債務者──被相続人──の財産を引き当てにしていたのであるし，それのみが引き当てなのである。とすれば，相続が発生したからといって相続前の状態よりよくなる必要はない。限定承認は，相続財産による相続債務の弁済という本来の形ともいえる。

この手続を選択するには，相続人全員で家庭裁判所に対し限定承認の申述をしなければならない（923条）。たとえば典子のみが限定承認を希望しても，他の相続人がこれに同意してともに申述しない限り限定承認はできない。熟慮期間およびその伸長は，相続放棄と同様自己のために相続放棄を知ったときから

3カ月以内である。起算点は放棄の場合と同様である。共同相続人によって起算点が異なる場合は、起算点の最も遅いものを基準にすべきであろう。

相続人全員が限定承認すると、相続財産は、相続人自身の財産と区別されて相続債務の弁済にあてられることになる。共同相続人のうちから相続財産管理人が選任される（936条）。管理人は相続財産を調査し、債権者を捜索し、相続財産を換価してその代金を相続債務の弁済にあてる（926条から935条まで）。たとえば、この段階で土地建物が1億2,000万円で換価できて、9,000万円を債務の弁済にあてた残額3,000万円は、各相続人が通常の相続と同様に承継し、遺産分割により取得する。あるいは、換価してもやはり6,000万円であったときは、3,000万円の債務は、自然債務として各相続人に残ることになる。

限定承認は理念的には正しいのであるが、相続人全員で申述しなければならないこと、手続きが相当に面倒であること、百合野家のように土地建物がある場合はそれを結局手放さなければならないなどの事情から、あまり利用されていない。借金の承継を望まないときは、放棄をする人の方が多いのが実情である。

4 単純承認

民法において原則とされているのが単純承認である。とくに限定をすることなく、相続の効果を承認することである。単純承認すると、相続財産すべてが借金も含めて相続人に承継される。

単純承認には方式はない。明示または黙示の意思表示によって可能である。

次のような事実があると、単純承認したものとみなされる。これを法定単純承認という（921条）。

第1は、相続人が相続財産の全部または一部を処分したときである。保存行為と602条に定める期間を超えない賃貸をすることは含まれない。限定承認、放棄前の処分に限られると解するのが通説判例である。相続開始の事実を知ってなしたことが必要である。預金を払い戻して費消したり、家屋を取り壊したり、電話加入権を譲渡したりすることは処分になる。処分ではあっても、価値のないものを形見分けしたり、葬式費用に費やした場合は処分とならないという判例がある。生命保険金は相続財産ではないので、これを請求して受領して

も処分にあたらない。

　第2は，相続人が熟慮期間内に限定承認または放棄をしなかったときである。

　第3は，相続人が，限定承認または放棄をしたときでも，相続財産の全部または一部を隠匿し，私にこれを消費し，または悪意でこれを財産目録中に記載しなかったときである。限定承認または放棄の前にこのような行為をした場合でも単純承認とみなされると解されている。財産目録に記載しなかった財産が，消極財産である場合も含むというのが判例である（最判昭和61年3月20日民集40巻2号450頁）。

<ANSWER>

借金だけを相続しないということはできない。典子が相続放棄すると典子ははじめから相続人でなかったことになるので，耕一の相続人は，圭子，広司，直子，愛子となり，各自の相続分は，圭子2分の1，広司と直子各10分の2，愛子10分の1となる。

<POINT>

1　相続放棄の起算点
2　相続放棄の効果

相続放棄申述書の記載例

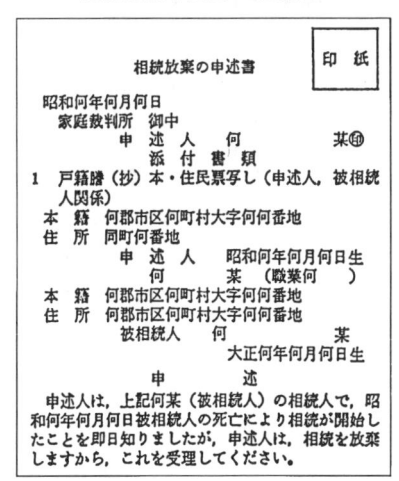

```
　　　　相続放棄の申述書　　　│印　紙│

昭和何年何月何日
　家庭裁判所　御中
　　　　申述人　何　　　　某㊞
　　　　添付書類
1　戸籍謄（抄）本・住民票写し（申述人，被相続
　　人関係）
　本　籍　何郡市区何町村大字何何番地
　住　所　同町何番地
　　　　申述人　昭和何年何月何日生
　　　　　何　　某（職業　　　）
　本　籍　何郡市区何町村大字何何番地
　住　所　何郡市区何町村大字何何番地
　　　　被相続人　何　　　　某
　　　　　　　　大正何年何月何日生
　　　　　　申　述
　申述人は，上記何某（被相続人）の相続人で，昭
和何年何月何日被相続人の死亡により相続が開始し
たことを即日知りましたが，申述人は，相続を放棄
しますから，これを受理してください。
```

第33講 遺産の共有と遺産分割

<CASE>
耕一の相続に関し，結局のところ圭子，広司，直子，典子，愛子が共同相続人となった場合，遺産は誰にどのように帰属するのだろうか。また，愛子が耕一の自宅の土地を自分に分けてほしいと主張し，その話し合いがつかない場合はどうなるか。

<THEME>
1 遺産共有の性質
2 遺産分割協議

<ESSENCE>
1 遺産共有の性質

耕一の相続により，圭子，広司，直子，典子，愛子が相続人になったときの法定相続分は，第31講で説明したとおり，圭子1/2，典子，直子，広司，各2/14，愛子1/14となる。

898条によれば，相続財産は共同相続人の共有に属し，899条によれば，共同相続人は相続分に応じて共有する。

この「共有」とは何か。「相続分」とは何か。これについては，学説が対立している。まず，共同相続の形態について説明しよう。

前講同様に，相続財産は，土地3,000万円，建物1,000万円，株式2,000株（1株10,000円）とする。合有説は，相続財産を一つのまとまりある財産と考えて，その財産のまとまりに対して，各相続人が持分を有するものと考える。理念型としての合有説は，相続財産全体に対する持分であって，各個別の相続

財産（土地，建物など）に対しては持分を有さないことになる。そこで，各相続人は，各相続財産に対する持分を処分することができないのである。相続財産は，遺産分割まで相続したときの状態で保たれ，相続財産全部が遺産分割できることになる。この考え方は，相続したときの状況のまま遺産分割できるので，遺産分割の理想に合致する。しかし，民法は相続財産をひとかたまりにするという制度を採っていないので，上記の理論をそのまま貫くことができず，個々の相続財産上に持分を有するということを否定することができない。また，909条但書があるため，遺産分割前の個々の相続財産上の持分処分を否定することもできない。こうして，理論上の困難と同時に実益も少なくなってきたといわれている。

　共有説は，相続によって生ずる共有は，基本的には物権法上の共有と同じ性質であると考える。相続財産は全体として一つの財産なのではなく単に個々の相続財産が多数あるだけであり，各相続人は各個別の相続財産に対して持分を有する。相続財産である土地について，圭子1/2，広司，直子，典子各2/14，愛子1/14の持分割合による共有となり，建物についても同様の共有になり，株式については1株ごとの準共有となる。したがって，各相続財産に対する共有持分は各相続人が有するから，各相続人は自己の有する個別の相続財産に対する共有持分を当然に処分できる。909条但書は，分割の遡及効を制限するものとしての意味を有することになる。

　判例は，一貫して共有説によっている。学説は当初は共有，次に合有説が勢力を持つようになり，最近はまた共有説がふえたという状況である。近年，共同相続財産の法的性質について，共有か合有かを論じる意味がない，あるいは実益がない，具体的場合に従って考察すればよいという考え方が増加しているように見受けられる。しかし，これを論じる意味は実に大きく必要欠くべからざるものと考える。そして，共同相続の形態は共有であるというべきである。その論拠は，柚木教授の説くように，相続を個人主義的にとらえれば，共有説がその趣旨に最も合致するし，相続人が一人であれば当然処分できるのに複数になると処分できないという合理的根拠はなく，かつ，共有説が取引の安全に合致するといえるのである。現在の民法では，相続は財産取得原因にすぎないのであって，相続人間に何らかの共同体的な紐帯を見いだすことはできない。

さて、このようにして共有説に従うと、その共有持分は相続分に応じることになる。この「相続分」が、法定相続分もしくは指定相続分か、または前述した特別受益や寄与分を考慮した後の具体的相続分なのかは、学説も帰一しない困難な問題である。理論的にも実質的にも一長一短で、なお、検討を要する論点である。

2 遺産分割協議

先にも述べたとおり、相続財産の土地について相続人らの共有、建物についても同様の共有、株式についても1株ごとの準共有となるから、相続財産を使用、収益、処分するのに相当の不便を来す。そこで、だれがどの相続財産を取得するかを決める必要がでてくる。これが遺産分割である。遺産分割は共同相続による共有状態を解消し、相続人が各相続財産を取得することである。

まず、協議によって遺産分割する（907条1項）。遺産分割協議は、相続人全員によって行われなければ無効である（例外は、前述した被認知者の価額請求のみ、第31講参照）。協議でなされるかぎり、内容は自由であり、法定相続分、具体的相続分のいずれにも合致しない遺産分割も可能である。圭子が全部取得することとしてもよいし、広司が全部取得することとしてもよい。もちろん土地建物を圭子が取得し、株を広司が取得し、直子、典子、愛子が代償金をもらうこととしてももちろんよい。

遺産分割協議は契約であるので、要素の錯誤ある場合は無効となりうるし、詐欺・強迫ある場合は取り消すことができる。この理屈でいけば債務不履行あるときは解除できるはずであるが、権利関係の安定のため解除できないという最高裁の判例がある（最判平成元年2月9日民集43巻2号1頁）。たしかに、解消した共有関係が再び復活するのは避けた方がよいが、常に解除できないというのも理論上・実際上の問題がある。債務不履行解除と異なり、相続人全員による合意解除は可能であることは争いない（最判平成2年9月27日民集44巻6号995頁）。

3 遺産分割審判

協議ができないときは、家庭裁判所に対して遺産分割の審判を求めることが

できる。まず，調停で話合いをし，なお調停が成立しないときは審判がなされる（907条2項）。遺産分割審判は，具体的相続分に従って行われる。順序に従って，問題点を述べてみよう。

(1) 遺産分割の対象財産の確定

相続財産であるかどうか争いになることがある。遺産であるかどうかを，遺産分割審判のなかでその前提として審理することができるし，これを訴訟によって確定することもできる。訴訟は，共有持分確認請求でもよいし，共同相続人全員を相手に相続財産の範囲確定訴訟を提起してもよい。

遺産分割の対象であるかどうか争いのある財産がある。金銭債権，金銭債務，代償財産，果実，管理費用などである。

いずれも，共有関係が解消していたり，相続財産ではないという理由で，分割の対象ではないといわれている。

しかし，金銭債権，代償財産などは本来遺産であって，これを遺産分割の対象としないとすると，公平な分割ができない。計数上分割の対象とすべきであるとか，二重の共有に服するから対象となしうるというような主張がなされている。

なお，当事者に異議がなければ遺産分割の対象とすることができると考えられている。

(2) 特別受益財産の確定

第30講で述べた特別受益財産の確定をする。たとえば広司名義の財産が，広司のお金で買ったものか，耕一が買ってやったものか争いある場合にこれを訴訟で確定する方法は今のところ認められていない。

(3) 寄与分の確定

同様に，第30講で述べた寄与分の確定をする。協議ができないときは審判で確定する。

(4) 具体的相続分の算定

相続開始時の相続財産，特別受益財産および寄与分の額を確定する。903条，904条，904条の2に従って具体的相続分を算定する。

相続財産である土地の相続開始時の時価3,000万円，建物1,000万円，株式2,000株（1株10,000円）とする。広司に500万円の特別受益が，典子に200万

円の寄与分があるとする。

　　みなし相続財産の額
　　3000万円＋1000万円＋2000万円＋500万円－200万円＝6300万円
　　各相続人の取得する額

　　圭子　　　6300万円×$\frac{1}{2}$＝3150万円

　　広司　　　6300万円×$\frac{2}{14}$－500万円＝400万円

　　直子　　　6300万円×$\frac{2}{14}$＝900万円

　　典子　　　6300万円×$\frac{2}{14}$＋200万円＝1100万円

　　愛子　　　6300万円×$\frac{1}{14}$＝450万円

　　各相続人の具体的相続分

　　圭子　　$\frac{3150}{3150+400+900+1100+450}=\frac{315}{600}$

　　広司　　$\frac{400}{3150+400+900+1100+450}=\frac{40}{600}$

　　直子　　$\frac{900}{3150+400+900+1100+450}=\frac{80}{600}$

　　典子　　$\frac{1100}{3150+400+900+1100+450}=\frac{110}{600}$

　　愛子　　$\frac{450}{3150+400+900+1100+450}=\frac{45}{600}$

(5) 分割すべき財産の分割時の価額の確定

現存する相続財産を分割時で評価しなおす。

　　土地4000万円，建物1000万円，株2000万円とすると全体の額は，4000万円＋1000万円＋2000万円＝7000万円となる。

(6) 各相続人が取得すべき財産の額

　　圭子　　　7000万円×$\frac{315}{600}$＝3675万円

　　広司　　　7000万円×$\frac{40}{600}$＝約467万円

直子　　　7000万円×$\frac{90}{600}$＝1050万円

典子　　　7000万円×$\frac{110}{600}$＝約1283万円

愛子　　　7000万円×$\frac{45}{600}$＝525万円

(7) 分割方法の決定

　遺産分割は，遺産に属する物または権利の性質，各相続人の年齢，職業，心身の状況その他いっさいの事情を考慮して定める（906条）。原則は現物分割であるが，債務負担による分割もできる。今回は，土地建物は，たぶん居住しているであろう圭子に取得させ，株は寄与のあった典子に相続させよう。そうすると，圭子は4,000万円＋1,000万円で5,000万円を取得してしまうので取得すべき額3,675万円より1,325万円超過する。典子は2,000万円取得するので，取得すべき額1,283万円より717万円超過する。そこで，圭子から直子に1,050万円，圭子から広司に275万円，典子から広司に192万円，典子から愛子に525万円を代償金として支払わせれば，全相続人が取得すべき額を取得することできる。

　このとき，代償金を支払わせる相続人には代償金支払い能力がなければならない。

　愛子が，耕一の自宅の土地を取得したいと希望しているようだが，協議でまとまればともかく，審判になった場合は，愛子が現在居住しているなどのように，愛子の希望が合理的なものでなければ，その希望はかなえられないということになる。以上のようにして遺産分割が終了する。

<ANSWER>

　遺産は各共同相続人の共有になる。これを解消するには相続人全員の協議を行い，話合いがつかないときは，家庭裁判所に遺産分割の調停または審判を申し立てる。

<POINT>

1　具体的相続分の算定方法
2　遺産分割の方法

第34講 相続財産と第三者の関係

<CASE>
愛子は，常日頃から浪費癖があって多くの店から多額の借金をしていた。愛子の債権者は愛子が財産を相続するこの際にと思い，相続財産に対して権利を主張した。この権利の主張は認められるか。

<THEME>
1 遺産持分の処分
2 遺産分割と詐害行為取消権

✧✧✧✧✧✧✧✧✧✧✧✧✧✧✧✧✧✧✧✧✧

<ESSENCE>
1 遺産持分の処分
　遺産分割前に，相続人が相続財産の処分をすることは可能であろうか。可能であるとしても，遺産持分を処分するには，共同相続人による共同行為を必要とするのか，あるいは共同相続人の同意が必要なのか。
(1) 処分肯定説（遺産合有説より）
　相続人間の共同所有の形態を合有であると解したときは，共同相続人全員が共同して処分行為をするのが原則であるが，合有説にたっても，各共同相続人は相続財産について，持分を単独で譲渡することができるとするものが，多数である。第三者に個別にその持分を譲渡したときでも，その第三者は，相続財産の持分を有効に取得することになる。
(2) 処分肯定説（遺産共有説より）
　共同所有の法的性質を共有と理解したときも持分の譲渡は可能である。もっ

とも，共有と解した場合に，251条との関係が問題となる。同条は，共有物の変更には，他の共有者の全員の同意を要すると定めているからである。多くの学説は，共同相続財産の処分には，他の共同相続人全員の同意を要すると解しているようである。共同相続人の１人のする持分の処分は他の共同相続人が同意するときにかぎって，相続財産に属する物または権利について有効になされる。しかし，251条の変更は物理的変更に限り，法律的変更は，各共有者が有している固有の権利（持分権）の処分であるから，持分の性質上当然に各共有者が各自でなすことができるとする立場が正当であると考える。相続人全員が共同してする必要はない。おのおの個別に持分の処分がなされたときでも，譲受人は，持分の譲受人となる。

処分に反対する相続人がある場合，共同相続人に属する特定の財産を全部，第三者に譲渡するには，共同相続人の全員が処分をしなければならない。よって共同相続人中に反対する者があるときは，遺産分割を請求するほかない。

　　＊　相続人が遺産の持分が譲渡できるのと同様に，遺産分割前の遺産につき，相続人の債権者は，その持分に対して差押えをなすことができる（おそらく債権者が各相続人の法定相続分に従った持分の相続登記について代位登記を行うことになろう。不動産登記法27条）。

２　遺産分割と詐害行為取消権

遺産の持分は，ときとして，相続人の債権者の引き当てになる。しかし，その後相続放棄がなされたり，遺産分割協議によって実質上財産の取得がなくなり，債権者があてにしていた，相続人による相続持分の取得がなくなった場合，それらの行為は債権者による詐害行為取消権の行使の対象となるのであろうか。

(1) 遺産分割協議について（肯定説）

最高裁第二小法廷判決（平成11年6月11日）では，共同相続人の間で成立した遺産分割協議は，詐害行為取消権行使の対象となるとした。

事件の内容はおおむね以下のとおりである。Xが死亡し，その妻Aと子である被告BらがX所有の借地権付き建物を相続した。その後，分割協議がなされることなくAが住み続け，14年が経過した。AはCと300万円の債務の連帯保証契約を締結し，Cから保証債務の履行を請求された。A・Bらは遺産分割協

議をなし、子供Bらに建物の所有権移転登記をした。その約3カ月後、Aは自己破産の申立てをした。債権者Cは遺産分割協議は詐害行為取消権の対象となるべきであると主張した。ことに本件分割協議については、相続開始後17年経過後に移転登記されたもので、実質的にも他の相続人への贈与というべきであるとし、遺産分割協議の無効およびBらへの所有権移転登記一部抹消（Aの法定相続分の回復）を求めた。これに対してA・Bらは、遺産分割協議は身分関係に付随するものであり、詐害行為取消権の対象にならないと主張したが、A・Bの主張は排斥された。

詐害行為取消権は、債務者の一般財産から逸脱した財産に関する法律行為を取り消して、債務者の一般財産に回復させる制度である。その対象となる法律行為は、債権者を害する行為であることを要し（424条1項）、財産権を目的としないものは、取消の対象から除外される（424条2項）。しかし、遺産分割協議は、相続の承認により遺産共有の状態となった財産の帰属を相続人間において確定する行為であり、相続の承認により当該財産は相続人の一般財産に組み入れられたものというべきであり、分割方法につき一般の共有物分割と異なる手続により、分割の効果は相続開始時に遡るとされているが、相続人の一般財産への組入れを肯定するか否かの行為である承認、放棄とは性質を異にするというべきである。

(2) 相続の放棄について（否定説）

一見詐害行為取消の対象となるような法律行為でも、財産権を目的としないものは、取消の対象から除外される。婚姻、縁組または相続の承認、放棄が例としてあげられ（我妻説）、婚姻、縁組、扶養により財産状態の悪化が想定されるとしても、それ自体は財産の移転、処分を目的とするものではない。放棄は、相続財産に関する行為であるが、相続財産から相続人の財産の移転を生じさせない行為であるし、固有財産の観点からも一般財産の減少行為ではない（最判昭和49年9月20日民集28巻6号1202頁）。

<ANSWER>

愛子は耕一の遺産に関しての自己の相続持分を譲渡できるし、また、遺産分割前の遺産につき、相続人愛子の債権者は、債権者代位登記をしたうえ、愛子

の持分に対して差押えをなすことができる（不動産登記法27条）。

しかし，愛子が相続を放棄した場合は，結局債権者は放棄の遡及効により，権利を取得できない（第36講参照）。

愛子が相続を承認した後，遺産分割で，持分を取得しなかった場合，遺産分割は債権者取消権の対象となる。

<POINT>
1 遺産分割前でも，相続人は自分の相続持分については，他人に譲渡可能
2 相続人の債権者も，相続人の持分については，差押可能

土地登記簿謄本例
（コンピューター化済）

東京都小平市仲町19-14　　　　　　　　　　全部事項証明書　　（土地）

【表題部】（土地の表示）				調製　平成3年2月7日	地図番号　余白
【所在】	小平市仲町			余白	
【①地番】	【②地目】	【③地積】	㎡	【原因及びその日付】	【登記の日付】
19番14	山林		161	19番2から分筆	昭和48年7月6日
余白	余白		152	①錯誤	昭和48年8月24日
余白	宅地	152	51	②③昭和28年10月15日地目変更	昭和53年2月17日
余白	余白	87	03	③19番14、同番18に分筆	昭和59年2月28日
余白	余白	余白		余白	昭和63年法務省令第37号附則第2条第2項の規定により移記　平成3年2月7日

【甲区】（所有権に関する事項）					
【順位番号】	【登記の目的】	【受付年月日・受付番号】		【原因】	【権利者その他の事項】
1	所有権移転	昭和59年7月4日　第29575号		昭和59年6月29日相続	所有者　東村山市萩山町一丁目　3番地3　田島三郎　順位7番の登記を移記
	余白	余白		余白	昭和63年法務省令第37号附則第2条第2項の規定により移記　平成3年2月7日

● 下線のあるものは抹消事項であることを示す。　　　　整理番号 D15564　（2/2）　　1/3（乙区略）

第35講 共同相続と登記

<CASE>
耕一の死亡直後に，直子が勝手に自己の単独名義に家屋の登記を移転して第三者Aに転売してしまった。Aは自己名義の登記を取得している。共同相続人である広司，愛子，圭子は，Aに対して権利を主張することができるだろうか。

<THEME>
1 相続登記とは
2 共同相続と登記
3 遺産分割と登記

<ESSENCE>
1 相続登記とは
戦後の民法改正により，相続は共同相続が原則となった。遺産分割協議が終了したのち，各共同相続人が相続した不動産の所有権移転登記を行うことになる。これを一般に相続登記という（不動産登記法78条）。したがって遺産分割の結果に従った相続登記をなすには，各共同相続人の実印・印鑑証明などが必要である。だから，共同相続人一人が，勝手に相続財産に属する不動産につき単独所有権移転の登記をすることは，してはならないことであり，なすこともできないはずである。しかし，共同相続人が，実印・印鑑証明の交付を他の相続人に，安易に行っている場合，相続登記の際にも，登記官は形式審査しか行わないので，上記の書類の交付をうけた相続人によって，勝手に単独名義の登記がなされることもありうる。

ただし、共同相続人は保存行為として、法定相続分を持分とする全員の共有名義の所有権移転登記を単独で行うこともできる。これも相続登記である（不動産登記法39条）ことに注意していただきたい。

前者の相続登記

　　　　　　　　　　　　　分割協議後
　被相続人X┬─甲不動産─────→ 相続人A名義　　Aが申請
　　　　　　└─乙不動産─────→ 相続人B名義　　Bが申請

後者の相続登記

　　　　　　　　　　　　　分割協議前
　被相続人X┬─甲不動産─────→ 相続人A・B共同名義　AまたはBが申請
　　　　　　└─乙不動産─────→ 相続人A・B共同名義　AまたはBが申請

2　共同相続と登記

　ここに、共同相続人A・Bがいる。Aが相続不動産について単独所有権移転の登記をなした。Aからその不動産を譲り受け、さらに移転登記をうけた第三取得者Cに対し、他の共同相続人Bは自己の不動産持分を登記なくして対抗しうるものと解すべきであろうか。この問題が共同相続と登記の問題である。

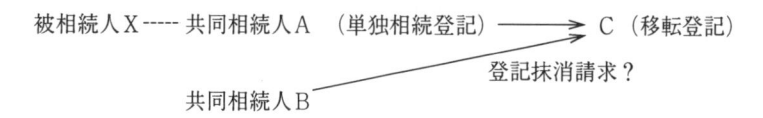

　被相続人X┄┄共同相続人A　（単独相続登記）────→ C（移転登記）
　　　　　　　共同相続人B　　　　　　　　　　　　登記抹消請求？

(1)　判例・通説──登記不要説

　Aのした登記はBの持分に関するかぎり無権利の登記である。登記には公信力がない結果、第三者であるCは、Bの持分に関する限りその権利を取得できない。そして、この場合にBが、その共有権に対する妨害排除として登記抹消を実体的権利に合致させるためA・Cに対し請求できるのは、所有権取得登記の全部抹消登記ではなくして、Aの持分率についてのみの一部抹消（更正）登記手続でなければならない。なぜならば移転登記はAの持分に関する限り実体関係に一致しており、Bは自分の持分についてのみ権利をもち、排除の請求権をもつのである（大判大正8年11月3日民録25輯1944頁、大判大正10年10月27日民

録27輯2040頁, 最判昭和38年2月22日民集17巻1号235頁)。

判例は昭和38年判決以来, 登記不要説をとることを明確にしている。学説の多くも, 同様の見解にたっており, いまや登記不要説は通説となっている。その理由は, 判例の立場と同様に, 各共有者は自己の持分以上の権利を有しないから, その一人である者が単独所有権の登記をしても, 自己の持分以外については無権利であり, したがってその者から譲り受けた第三取得者も登記に公信力がないので, 無権利であるから, たとえ登記をしてもそれは無効であるとする。判例・通説は, 共同相続と登記の問題を対抗問題としない。

登記不要説の実質的な理由として, 第一に共同相続人の本来の相続分を保護する必要性が高いこと——生計にも関連する, 第二に家族間で印鑑証明などが濫用され, 単独相続登記がなされる危険も十分にあり, 交付に帰責性が少ない場合に共同相続人に相続分喪失の責任を負わせるのは不公平であること, 第三に取引安全については他の法理 (94条2項の類推適用など) で個別に救済を図ることができるなどである。

今日, 登記不要説をとる立場でも, 共同相続人BがAの単独登記を阻止しなかったときや, 単独登記がなされていることを了知していても適当な排除措置をとらないで放置しておいたときは, 善意のCには対抗できないとする (94条2項類推適用説)。表見代理規定の類推を, Aが不動産管理を行っていたとき肯定する立場もある。

取引安全の法理を部分的に適用するとなると, 共同相続と登記の問題では, 登記不要か必要かという二者択一の結論は出なくなる。最終的には取引安全と, 相続人固有の相続権の保護との利益衡量となる。①共同相続人間の緊密性　②第三者の有償取得と相続人の無償取得との利益比較　③遺産分割前の状況が衡量の対象となる。

(2) 少数説——登記必要説

この問題を第三取得者Cと他の共同相続人Bとの対抗問題と解し, Bは登記がなければ第三者Cに対抗できないと解する少数説がある。

登記必要説の考えによれば, 遺産の共有は内部的には共有であるが, 外部的には各共同相続人は完全独立の権利義務主体であるから, あるいは, 共有の弾力性により, 第三者Cは完全な所有権を取得して, 共同相続にも対抗できる。

つまり，共同相続人Bは登記なくして，第三者にその権利を対抗できない（中川，舟橋，我妻説）。

共有の弾力性の考え方は複雑すぎるし，戦後の均分相続制度の意図からも離れるものであるといえよう。ただし，取引安全の考慮は評価ができる。

3 遺産分割と登記

遺産分割によって，法定相続分より多い持分を取得した共同相続人は登記なくして，その持分の取得を第三者に対抗できるであろうか。これが遺産分割と登記の問題である。

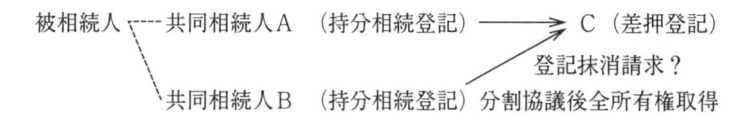

```
被相続人 ┬─ 共同相続人A　（持分相続登記）────→ C（差押登記）
         │                                        登記抹消請求？
         └─ 共同相続人B　（持分相続登記）分割協議後全所有権取得
```

(1) 判例・通説——登記必要説

最高裁昭和46年1月26日判決（民集25巻1号90頁）は，未登記不動産について共同相続人の間で法定相続分と異なる持分による遺産分割の調停が成立したのち，相続人に対する債権者が，仮差押の嘱託登記および代位登記によって法定相続分の登記を経由した事案につき，次のように判示した。「遺産の分割は，相続開始の時にさかのぼってその効力を生ずるものではあるが，第三者に対する関係においては，相続人が相続によりいったん取得した権利につき分割時に新たな変更を生ずるのと実質上異ならないものであるから，不動産に対する相続人の共有持分の遺産分割による得喪変更については，民法177条の適用があり，分割後の第三者に対する関係においては，分割により新たな物権変動を生じたものと同視して，分割につき対抗要件を必要とするものと解する」。

通説も，放棄も遺産分割も遡及効を有するが，後者にあっては民法909条但書によって宣言主義は重大な制約を受けていることからして，分割後の第三者をより保護すべきである。分割の存否は第三者の知るところではないので，第三者の利益はより考慮されるべきであるとする。

したがって，BはCに対してCの差押登記抹消を請求できない。

(2) 少数説——登記不要説

学説も，判例を支持するのが大勢であるが，放棄については登記不要とする判例の態度との比較から，これを批判するものも存在する。第三者保護・取引安全のためには，94条2項を類推適用する。

したがって逆に，原則としてBはCに対して，登記抹消を請求できる。

<ANSWER>

直子名義の単独相続の登記がなされた場合でも，共同相続人である広司，愛子，圭子の持分に関する限り直子の登記は無権利の登記であり，登記に公信力なき結果，第三者であるAは，彼らの持分に関する限りその権利を取得しない。そして，この場合に広司らはその共有権に対する妨害排除として，登記を実体的権利に合致させるためAに対し，所有権移転登記の全部抹消登記ではなくして，広司らの持分率についてのみの一部抹消（更正）登記を請求することができる（判例・通説の立場）。

<POINT>

1 共同相続と登記の問題
2 遺産分割と登記の問題
　 2つを区分すること

遺産分割協議書の例

遺産分割協議書

被相続人の表示
本籍　　　　　東京都文京区小石川２４丁目１番
最後の住所　　東京都文京区小石川２４丁目１番７号
被相続人　　　田島　太郎
相続開始の日　平成１０年４月２８日
相続人の表示　後記相続人記名欄記載の通り

遺産分割協議事項

被相続人田島太郎の遺産について、相続人全員の同意をもって分割協議を行った結果本日下記の通り各相続人が遺産を分割し、取得することに決定した。

一　相続人田島花子が取得する財産
遺産目録記載（１）の土地を取得する。
遺産目録記載（２）の建物を取得する。

二　相続人田島次郎が取得する財産
遺産目録記載（３）の土地を取得する。

　上記の通り相続人全員による遺産分割協議が成立したので、相続人全員は全員末尾に記名押印する。なお本協議書は、原本１通を田島花子　他の相続人は写しを保管する。

平成１０年８月１３日

相続人記名欄
本籍　　東京都文京区小石川２４丁目１番
住所　　東京都文京区小石川２４丁目１番７号
配偶者　田島　花子　印

本籍　　東京都文京区小石川２４丁目１番
住所　　東京都文京区小石川２４丁目１番７号
長男　　田島　次郎　印

遺産目録

（１）　所在　東京都文京区小石川４丁目
　　　　地番　　５８番２７
　　　　地目　　宅地
　　　　地積　　166.34㎡

（２）所在　同所同番地
　　　家屋番号　　５８番
　　　種類　　居宅
　　　構造　　木造瓦葺二階建
　　　床面積　　67.76㎡

（３）　所在　千葉県柏市呼塚
　　　　地番　　1741番21
　　　　地目　　宅地
　　　　地積　　165.31㎡

第36講　相続放棄と登記

<CASE>

耕一の死亡後，共同相続人の一人である典子は，相続を放棄した。ところが，その旨の登記をする前に，典子の債権者D氏が全員の共同相続があったものとして，典子の持分について仮差押の登記をしてしまった。他の相続人らは，Dによる仮差押の執行を防ごうと思っているが，その主張は認められるだろうか。

<THEME>

1　相続放棄
2　相続放棄の遡及効
3　相続放棄と登記

<ESSENCE>

1　相続放棄

相続放棄とは，相続開始後，熟慮期間以内（原則3カ月）に，相続人とならない旨の意思表示である。家庭裁判所で受理されることが要件である（938条）。相続するということは被相続人の財産的地位を包括的に承継するものであるので，思わぬ債務を相続人が負担することがある。債務が超過していることが予想される場合，その拘束を相続放棄によって逃れることができる（第32講参照）。

2　相続放棄の遡及効

939条により，相続の放棄をした者はその相続に関しては，初めから相続人とならなかったものとみなされる。939条の趣旨は，相続の放棄の効果を徹底

して認めるものである。放棄の場合，被相続人より先にまたは同時に死亡した相続人や，相続欠格者および相続を廃除された者と異なり，放棄者の子が放棄者を代襲相続することも認めないものである。任意の放棄により相続分を子等に相続させることは，子等に対する贈与と同じであるので，代襲相続を認めないことは正当である。放棄者が現われた場合，その者は初めから相続人でないとみなされるので，相続人の順位が変わることもある。妻と子が相続人であるとき，子が相続放棄すると，子がいない配偶者が残ったことになり，父母または兄弟姉妹が相続人に上昇する。相続順位が変わらないときも，放棄した者を相続人の数に入れないで，相続分を算定することになる。

このように，民法の条文は放棄の遡及効を認めるものであるが，相続財産をめぐって，第三者が登場した場合，相続放棄の効果を徹底して第三者に対抗できるのであろうか。第34講および第35講にも，関連する問題が発生する。

3 相続放棄と登記

相続放棄と第三者の問題は，相続放棄により法定相続分以上に相続不動産を得ることになるとき，他の共同相続人は，登記なくしてこの結果を第三者に主張できるかというかたちで現われる。

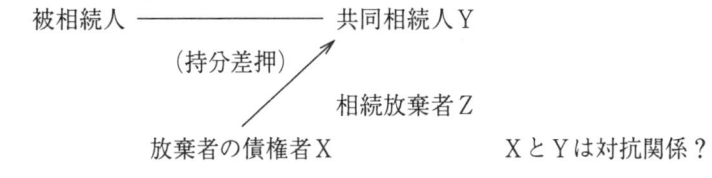

```
被相続人 ──────── 共同相続人Y
        (持分差押)  ╱
                    相続放棄者Z
放棄者の債権者X              XとYは対抗関係？
```

(1) 登記不要説

共同相続人は放棄の登記なくして，第三者に対抗できるとの考え方である。上記の図でいえば，YはXに対して登記なしに全部の所有権を対抗できる（判例・通説）。

理論的構成は次のとおりである。相続放棄者は939条の遡及効により，当初から無権利者だったことになるため，第三者は，放棄者からの譲受人もその差押債権者も，権利を取得できるはずはない。したがって，そもそも物権変動がないのだから，登記の先後で優劣を決定する──対抗問題の余地はない。177

条を適用する余地はないことになる（最判昭和42年1月20日民集21巻1号16頁）。

遡及効が認められているのは相続放棄だけではない。そのほか，取消や解除，遺産分割などについても遡及効を定めた規定がある。これらの諸制度に関して177条の適用可能性がさかんに論じられ，しかも判例は一般にその適用を肯定しているのである（第35講参照）。同じように遡及効が定められた制度なのに，どうして放棄では登記を不要とし，遺産分割では登記を必要とするのであろうか。

次の三点が挙げられる。第1は，遺産分割に関しては909条但書によってその遡及効が制限されている。遡及効の絶対性を制限する意図がある。一方，放棄には制限規定がない。ということは放棄の遡及効が尊重されるべきことである。第2は，分割前と放棄前において第三者が出現する可能性の差である。遺産分割の場合は，相続開始後・分割前に第三者が登場することが多く，その保護が必要であるのに，相続放棄は，相続開始後短期間（3カ月）にのみ可能であり，法定単純承認の制度もあるため，第三者の出現の可能性が低いのである。第3は，分割後と放棄後においても，第三者が出現する可能性の差である。遺産分割後に分割前の状態の外形を信頼した第三者が登場することは放棄の場合よりも多く予想されるため保護の要請が大きいとされている。

遺産分割後において，法定相続分より過分な持分を取得した相続人は，持分が確定しているので，即時自分の努力で登記をすることができる。その努力を怠った場合，第三者に登記なくして，権利取得を主張することは過保護になる。一方，放棄の場合，共同相続人はいまだ遺産分割が行われない状態では，持分が確定せず，登記が実質上できない。放棄によって得た過分な相続分を登記なくして対抗できることを認めても過保護とはいえないのである（星野説）。

(2) 無権利の法理

放棄の場合も，遺産分割の場合も遡及効を原則として認める考え方である。個々の状況において，保護すべき第三者が出現した場合，94条2項の類推適用で，妥当な解決を図るとの考え方もある（広中・鎌田説）。この考え方によれば共同相続人と放棄者であまりに長期間の共同所有の外観（相続登記をまったくしないなど）があれば，善意・無過失の差押債権者が保護される。

<ANSWER>

　登記不要説（判例・通説）によれば，圭子・直子・広司ら共同相続人は，典子の相続を放棄する旨の登記なくして第三者である典子の債権者D氏に対抗できる。

　相続放棄をした典子は939条の相続放棄の遡及効により，当初から無権利者だったことになるため，第三者＝放棄者からの差押債権者Dも，権利を取得できるはずはない。したがって，登記の先後で優劣を決定する177条を適用する余地はないことになる。圭子・直子・広司らの，共同相続人はD氏の仮差押の登記の抹消を請求でき，執行を排除できる。

　無権利の法理にたっても，圭子・直子・広司らが現在の状況で虚偽の外観を作出したとはいえず，94条2項は適用できない。結論は同じであろう。

<POINT>

相続放棄と遺産分割

1　相続放棄をすると，相続人として全く存在しなかったことになる。

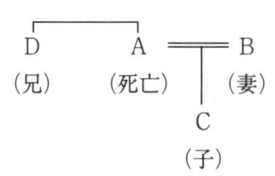

```
　D　　　　A ═══ B
（兄）　（死亡）│（妻）
　　　　　　　C
　　　　　　（子）
```

　　子が放棄すると，BとDが相続する。

2　遺産分割でCの持分を0円とすると，相続人としては存在したことになる。
　　Cは0円を相続し，Bは全財産を相続する。

第37講 無権代理人と相続

<CASE>

圭子は，生前耕一の不動産について代理権がないまま，第三者Bに譲渡し移転登記もすませた。その後，耕一が死亡し相続が開始した。圭子他共同相続人らは，第三者Bに移転登記の抹消を求めることができるだろうか。

<THEME>

1 無権代理人の本人相続
2 単独相続の場合
3 共同相続の場合
4 本人の無権代理人相続

✽✽✽✽✽✽✽✽✽✽✽✽✽✽✽✽✽✽✽✽

<ESSENCE>

1 無権代理人の本人相続

代理行為が有効に成立するには代理権の授与が必要である。代理権のない者＝無権代理人がした契約は，無権代理による契約で，無効となり，本来本人に効力は発生しない。代理のルールに従った場合，無権代理行為の相手方の対策としては，本人に対して①追認の催告（114条）をし，追認を請求できる（追認するかしないかは本人の自由である）。②相手方自ら契約を取り消すことも可能である（115条）。③表見代理の成立を証明できる場合，本人の履行責任を請求できる（109条・110条・112条）。無権代理人に対しては，④履行の請求，⑤履行が不可能な場合，または相手方の選択に従い，損害賠償請求が可能である（117条）。ただし，④，⑤の対策においては，相手方は無権代理行為について

善意・無過失でなければならない。相手方は本人ないし無権代理人に対する責任追及のためには、要件上自身の善意・無過失が要求され、その道は一般に容易ではない。以上が無権代理行為がなされた場合の、相手方の対応手段のあらましである。

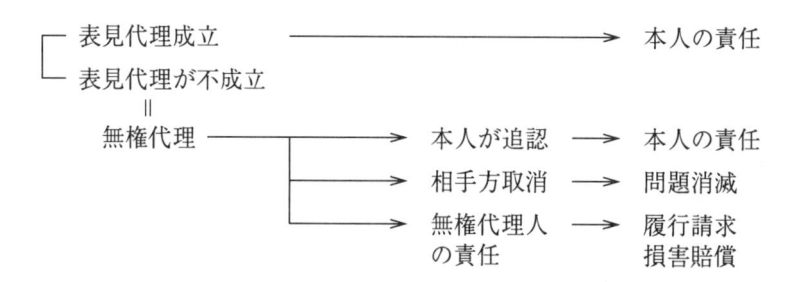

```
┌─ 表見代理成立 ─────────────────→ 本人の責任
└─ 表見代理が不成立
    ‖
   無権代理 ─┬─→ 本人が追認 ─→ 本人の責任
            ├─→ 相手方取消 ─→ 問題消滅
            └─→ 無権代理人 ─→ 履行請求
                 の責任         損害賠償
```

①の方法である追認が、本人よりなされたのと似た状況が生じる場合がある。それは、無権代理人が本人を相続する場合である。民法は、「相続人は、相続開始の時から、被相続人の財産に属した一切の権利義務を承継する。ただし、被相続人の一身に専属したものは、この限りではない」と定めている（896条）。本人であった被相続人と無権代理人である相続人の地位が融合し、渾然一体となり、自動的に追認が起きたとする——追認に等しい効果を認めることができるのだろうか（地位融合説）。それとも、本人としての追認拒絶権を相続し、その行使の結果として、無権代理人としての損害賠償義務を負担する内容の、無権代理人であった相続人の選択権が認められるのであろうか（地位併存説）。

2　単独相続の場合

無権代理人が単独で本人を相続した場合、常識的に考えれば、追認拒絶の地位も相続されるとの主張はいささか、調子のよすぎるものに思われる。たとえば、未亡人Aの一人っ子のXが、勝手にAの所有地をYに売却した（無権代理行為である）。その後、Aが死亡し、Xが単独相続をした。YはXに登記の移転と引渡を請求できるであろうか。

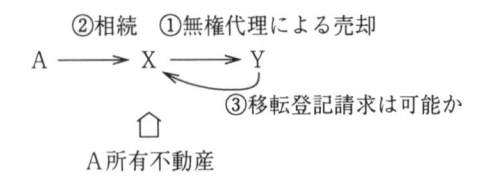

```
          ②相続   ①無権代理による売却
    A ─────→ X ─────→ Y
              ⇖
              ③移転登記請求は可能か
              ⇧
           A所有不動産
```

この点について,判例・学説の対立がある。
(1) 地位融合説(追認拒絶否定)
　無権代理人が本人を相続し,本人と代理人との資格が同一に帰するにいたった場合は,本人自らが法律行為をしたのと同様な法律上の地位を生じたと解するのが相当であるとする考え方である。追認拒絶は否定され無権代理人は履行責任を負う(最判昭和40年6月18日民集19巻4号986頁)。

　もし,Aが死亡せず生きていて,Yが土地を占有している場合でAが,土地を返せという請求をしたらどうなるであろうか。表見代理が成立する場合は請求は棄却される。そうでない場合は,Yとしては請求に応じるしかない。Yとしては,無権代理人Xの責任を追及し,損害賠償請求をするほかない。しかし,このとき,もしXが問題の土地を売買あるいは贈与でAから取得したらどうなるか。Xの置かれる立場は,他人Bの土地を売買契約を結び,その後当該土地を手に入れた売主と類似する。したがって,XがAから土地を取得した時点で履行が可能となって土地の所有権がYに移る(最判昭和41年4月26日民集20巻4号826頁参照)。この結論から比較しても追認拒絶権の否定は妥当のように考えられる。しかし相続により地位が渾然一体化するとの考え方——地位融合説は,家督相続制度下の解釈としては納得のできるものであるが,戦後民法の個人の財産を各個人が相続するとの考え方からは合わない。

(2) 地位併存信義則説(追認拒絶否定)
　無権代理人が本人を相続し,本人と代理人との資格が同一に帰するにいたった場合は,自らがした無権代理行為につき,本人の資格において追認を拒絶する余地を認めるのは信義則に反するから,無権代理行為は相続とともに当然有効となるとする考え方である。①と同じく,追認は否定され無権代理人は履行責任を負う(最判昭和37年4月20日民集16巻4号955頁)(四宮説)。相続により追認拒絶権などの権利は個別に承継される——地位併存の前提に立ちながら信義

則をとおして，妥当な結論を導いたものといえよう。

(3) 地位併存説（追認拒絶肯定）

無権代理人が本人を相続し，本人と代理人との資格が同一に帰するにいたった場合においては，自らがした無権代理行為につき，本人の資格において追認を拒絶する余地を認める。相手方は追認の拒絶があった場合，履行請求ができないので，無権代理人に対する損害賠償の請求（117条）をする。その場合，相手方には無権代理人と契約したことに無過失であることが必要で，相手方としては救済されない場合がある。単独相続の場合の結論としては公平を欠くものである。

3 共同相続の場合

地位融合説と地位併存説の対立が意味を持ち，問題が複雑になるのは，共同相続人がいる場合である。

無権代理人が本人を共同相続した場合，たとえば，未亡人Aが死亡し，子のXとZが相続をし，死亡前に長男であるXが勝手にAの所有地をYに売却していたとき，YはXにその持分2分の1の登記の移転を請求できるであろうか。

Aの相続人はXとZであり，相続分は各2分の1であったとする。Yは無権代理人Xの相続分である土地持分2分の1の割合で，Yへの売買が有効になったとして，2分の1の共有持分登記を求めることが，単独相続における地位融合説や信義則説からは認められるように，一見みうけられるが，各説の帰結はどうであろうか。

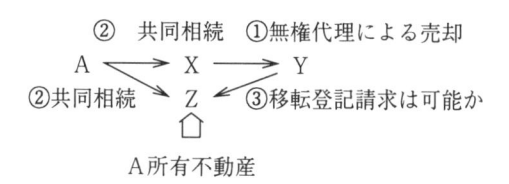

```
                ②　共同相続　①無権代理による売却
            A ──→ X ──→ Y
       ②共同相続 ↘ Z  ③移転登記請求は可能か
                  ⇧
               A所有不動産
```

(1) 地位融合説（追認可分説）

XはAと同一人格であるから，YとZは共同相続人同様の地位になる。Yが土地の持分移転登記を請求する主張は認められる。

(2) 地位併存説（追認不可分説）

共同相続の場合，本人を相続した無権代理人側は，追認するかどうかを選択できる。Aの追認拒絶権はXのほかZにも相続されるから，Zなどの他の共同相続人全員が，同意しない限り，無権代理行為の全体を追認することはできない。したがって，相続とともに，持分は移転するという単純な融合説を維持するのが不可能なのは明らかであろう（最判平成5年1月21日判タ815号121頁）（内田）。当該土地がYとZの共有になることは将来問題が起きる可能性が高く，他の共同相続人の追認が得られない限り，無権代理人に賠償責任を負担させるにとどまるほうが解決としては単純明快である。

(3) 地位併存説（追認可分説）

共同相続の場合，本人を相続した無権代理人は，自分の相続した持分については追認するかどうかを選択できるのが，地位併存説の理論的帰結である。しかし，本人の資格において追認を拒絶する余地を認めるのは信義則に反するから，無権代理行為は持分については，相続とともに当然有効となる考え方である。当該土地がYとZの共有になることは将来問題が起きる可能性が高い。

しかし金銭債務の相続（例／相続人の一人により，無権代理行為によって，被相続人のために，保証債務が負担された）の場合，可分的な追認を認めるのは合理的である（反対，最判平成5年1月21日民集47巻1号265頁）。

4 本人の無権代理人相続

今までの事例とは全く反対に，本人が無権代理人を相続した場合，追認の義務があるのだろうか。①地位融合説からは追認拒絶はできないことになる。②地位併存説からは，本人は無権代理人の責任は承継するにしても，本人としての追認拒絶権も行使できる。追認拒絶は信義則に反しない（最判昭和37年4月20日民集16巻4号955頁，最判昭和48年7月3日民集27巻7号751頁）。地位併存説——追認拒絶可能とする立場が判例・通説である。

<ANSWER>

無権代理人である圭子が本人である耕一を相続した場合，しかも耕一の子である直子たちと共同相続した場合の問題である。

地位融合説から考えると，圭子は耕一と同一の地位に立つので，耕一が契約

したことになり，追認拒絶はできない。Bは圭子の持分については確定的に権利を取得したといえる。圭子たちは，圭子の相続持分については移転登記の抹消を請求できないことになる。圭子以外の相続人直子たちと，Bとの共有状態が発生することになり，問題が将来に潜在化する。

　地位併存説から考えると，圭子たちは追認拒絶権を行使できることになる。しかし無権代理人が相続したにもかかわらず，追認拒絶をするのは，一般に地位併存説からも，信義則に反し許されない。単独で圭子が相続した場合はこの結論に問題はない。しかし，本問は共同相続で，不可分的に追認をする必要がある。直子たちが追認を拒絶したときは，圭子の無権代理行為は有効にならないことになる。圭子・直子たちはBの登記抹消を請求できる。

<POINT>

1　無権代理で土地を売却した子が，たまたま親の財産を相続した場合，土地は譲渡
2　勝手に親の土地を売却した息子が，たまたま死亡し，親が息子を相続した場合は，土地の留保可能

第38講 相続人の不存在・特別縁故者・国庫帰属

<CASE>

相続人のいない隣家の老人が死亡した。その老人の土地・建物の所有権はどうなるのか。また，長年，老人の介護に尽くした人がいたときはどうなるか。

<THEME>

1 特別縁故者
2 国庫帰属
3 手続上の問題

<ESSENCE>

1 手　続

すでに述べたところでは，被相続人の財産は，相続開始と同時に相続人の共有になるということになる。ところが，相続人がない場合には，被相続人の財産は，承継すべき者がなく宙に浮いてしまう。民法によれば，このケースのように相続人がないと思われる場合には，相続財産を法人とすることになっている（951条）。「亡隣家の老人相続財産法人」である。相続財産はこの相続財産法人に属する。そして相続財産の清算手続をし，特別縁故者への相続財産の分与をした後，残余の相続財産は国庫に帰属する。

観念的には，被相続人が死亡して相続人がないときは死亡と同時に相続財産法人が存在することになる。相続人が存在しないと思われる場合は，利害関係人などが財産管理人選任の申立てを行う。通常は，相続債権者，相続人でない親族，不動産の管理人などである（952条1項）。

第38講　相続人の不存在・特別縁故者・国庫帰属　197

　裁判所は，相続人の存在が明らかでないときは相続財産管理人を選任しなければならない（952条1項）。裁判所は，その旨を官報に公告する（952条2項）。2カ月後に今度は相続財産管理人が，2カ月以上の期間内に，相続債権者および受遺者に対し請求の申し出をするよう催告する旨を官報に公告する（957条）。それでもなお相続人が現われないときは，財産管理人等の申立てによって裁判所は相続人捜索の公告をする（958条）。6カ月以上の期間を定めて，相続人は届け出るよう公告する。それでも現われないときは相続人不存在が確定する。仮に真実は相続人があっても，相続できないこととなる（958条の2）。財産管理人は，その間に積極財産をもって相続債務を弁済する。必要な場合は不動産等について競売をして債務を弁済する。弁済は優先権ある債権を優先し，その後に債権額の割合に応じた平等弁済をし，最後に遺贈を弁済する（以上は957条2項）。

　期間中に相続人が現われた場合は相続財産法人は成立しなかったものとみなし（955条），相続人が相続財産を取得する。しかし，その間にした相続財産管理人の行為の効力は有効である（955条但書）。

2　特別縁故者

　隣家の老人には長年老人の介護に尽くした人がいた。このように，被相続人と特別の縁故があった人は6カ月の公告期間終了し，相続人不存在が確定した後3カ月以内に裁判所に対し特別縁故者に対する相続財産分与の申立てをすることができる（958条の3）。これは，昭和37年の改正によって新しくできた制度である。このケースのように介護に尽くしたような人がいるのに，相続財産全部が国庫に帰属するのは不当であるとの批判をうけたものである。

　申立てがあると財産管理人は意見を述べる。裁判所も調査や審尋などをしたうえ，特別縁故者といえるかどうかを認定する。特別縁故者ではない場合は申立てを却下する。特別縁故者であるときは相続財産を分与するかどうか，分与するとしたら何をいくら分与するかを定める。これは裁判所の裁量である。

　特別縁故者として，条文には，被相続人と生計を同じくしていた者，被相続人の療養監護に努めた者が例に挙げられている。これに類するような具体的，実質的な縁故関係を要し，単に身内であるとか，幼なじみであるとか菩提寺で

あるというだけでは足りない。

いままでに，特別縁故者と認められた代表的な例をいくつか挙げておこう。

内縁の配偶者，事実上の養子，事実上の養親，同居する継親子，財産管理や身上監護を長期間行った遠縁の者，仕送り・経済的援助を相当に行った者，などである。

被相続人の死後葬儀をし，財産管理をしたなどの死後縁故があった場合も同様に考えるのが判例である。

3 相続財産が共有持分である場合

共有持分権者が死亡し，その共有持分権者に相続人がないとき，その持分は他の共有持分権者に属することになるという規定がある（255条）。相続財産が共有持分であるとき，この規定が優先されると，相続財産である共有持分は相続人死亡と同時に他の共有持分権者に属することになり，特別縁故者は財産の分与を受けることができない。255条と958条の3とはどちらが優先して適用されるのだろうか。

最高裁は平成元年11月24日に，958条の3が優先的に適用されるとの判断を示した（最判平成元年11月24日民集43巻10号1220頁）。理論的に共有持分のみを特別に扱う根拠がないばかりか，現在は共同相続や，マンション等，共有持分が相続財産として存在している例は数多くあり，単独所有と共有とを平等に扱わなければ不公平が生じる。誠に妥当な結論と考えられる。

4 国庫帰属

以上の結果，残余財産がある場合はその財産は国庫に帰属する（959条）。

国庫に帰属する財産の国庫帰属の時期は相続財産管理人が国に財産を引き渡したときである（最判昭和50年10月24日民集29巻9号1483頁）。

相続人不存在の手続は以上のとおりである。相続人がないという場合は，相続人となる親族が存在しない場合のほか，相続人全員が相続放棄する場合がある。債務が多い場合がほとんどである。まず第一順位の相続人が相続放棄し，次に第二順位の相続人が放棄し，さらに第三順位の相続人も放棄して結局相続人がなくなるのである。この場合には，相続財産法人の多くが債務超過に陥っ

ている。相続財産の破産を申し立てることになっているが，破産によらず，相続財産法人の清算手続によることもできると解され，事実その場合の方が多い。債務超過の場合は，積極財産を売却等して弁済し，残余の積極財産はなくなり，債務のみが残るが，これは国庫帰属することなく，観念的には相続財産法人が負担したまま財産管理業務を終了することになる。相続債務は事実上弁済不能の債務となるしかない。

<ANSWER>

相続財産は相続財産法人となり，これに属する。清算手続をし，財産があるときには申立てにより特別縁故者に分与されることがある。長年老人の介護に尽くしたことは，特別縁故ありと判断される可能性が高く，特別縁故者として相続財産の分与を得ることができるだろう。

ただし，その額，方法は裁判所の定めるところによる。

<POINT>

1　特別縁故者の要件
2　共有者の死亡と特別縁故者

第39講　遺　言

＜CASE＞

圭子は，夫である耕一の死後も元気に生活を送っていたが，交通事故によって不幸にも死亡した。圭子の遺産は相続人に相続されると思われていたが，圭子は，耕一の相続問題をめぐる苦い経験からか，遺言を残していた。遺言による相続とはどのようなものだろうか。

＜THEME＞

1　遺言の意義
2　遺言の特質
3　遺言事項
4　遺言を必要とする具体的な場合

❖❖❖❖❖❖❖❖❖❖❖❖❖❖❖❖❖❖❖❖

＜ESSENCE＞

1　遺言の意義

遺言とは，人がその死後に効力を生ずべきことを条件として一定の要件の下でする単独の法律行為であって，いつでもこれを撤回しあるいは変更しうるものである。遺言制度を認めることによって，私的自治の原則は人の死後までも延長されることになり，その結果，人は，生前のみならず死後までも自己の財産を自由に処分することができることになる（遺言自由の原則）。

2　遺言の特質

遺言について考える場合，遺言の次のような特質に留意すべきであろう。

(1) 法律行為であること
　遺言は，遺言者の真意（最終意思）に法的効果を与える制度であるから，意思表示を要素とする法律行為の一種として構成される。したがって，遺言の性質が許す限り，総則編中の意思表示に関する規定が遺言に対して適用されることになる。また，遺言に必要な意思能力（遺言能力）が遺言者に要求されることにもなる（963条——第42講参照）。

(2) 相手方のない単独行為であること
　贈与のごとき契約においてはそれが効力を生じるには相手方（贈与であれば受贈者）の承諾を必要とするが，遺言においては当該の遺言の利害関係人（遺贈であれば受遺者）の承諾を必要としない。しかも，自筆証書遺言の場合には，遺言者は，遺言の存在や内容を利害関係人に知られることなく遺言を作成することすらできる（968条——第40講参照）。

(3) 死因行為であること
　遺言は遺言者の死亡時に効力を生じる（985条）。したがって，遺言者が死亡するまでは，遺言からなんらの権利義務は生じない。

(4) いつでも遺言を撤回しうること
　遺言者は，死亡するまで，いつでも遺言を撤回することができる（1022条以下——第41講参照）。

(5) 真意（最終意思）を尊重する制度
　遺言は，相手方のない単独行為で死因行為と構成され，しかも，遺言者による任意の撤回が認められているが，このことは，遺言が遺言者の真意（最終意思）を尊重する制度であるからである。

(6) 要式行為であること
　遺言が死因行為であるから，本人の死後に遺言の真否と内容を確定しなければならない。したがって，遺言者に遺言を慎重ならしめ，遺言の偽造・変造・隠匿・破毀を防ぐために，遺言者は法定の方式の履践を要求される（960条——第40講参照）。方式に違反した遺言は効力を生じない（法律行為自由の原則の例外）。

3　遺言事項

　遺言が遺言者の真意（最終意思）を尊重する制度であるとしても死因行為であることから，遺言者は，その欲するすべての事項でなく，法定の事項に関してのみ遺言を用いることができる（通説）。遺言事項は次のとおり。

　(1)　身分に関する事項

　認知（781条2項），後見人の指定（839条1項），後見監督人の指定（848条）。

　(2)　狭義の相続に関する事項

　推定相続人の排除または排除の取消（893条・894条2項），相続分の指定または指定の委託（902条），特別受益者の持戻しまたは免除（903条3項），遺言分割方法の指定または指定の委託（908条），遺産分割の禁止（908条），共同相続人相互の担保責任の指定（914条），遺留分減殺方法の指定（1034条但書）。

　(3)　狭義の相続以外の遺産処分に関する事項

　寄附行為（41条2項），遺贈（964条），信託の設定（信託法2条）。

　(4)　遺言執行に関する事項

　遺言執行者の指定または指定の委託（1006条1項）。

　(5)　その他の事項

　民法の規定にはないが，祖先祭祀主宰者の指定（897条但書），生命保険金受取人の指定（商法675条2項）をも遺言事項に含める学説がある。

4　遺言を必要とする具体的な場合

　被相続人が遺言を残さないで死亡した場合，被相続人の相続財産（遺産）は民法の規定に従った相続分に応じて配偶者と特定の血族に相続される（法定相続）。しかし，被相続人は，遺言を用いて，法定相続分と異なる割合を相続人に相続させたり，相続人以外の者に財産を承継させることもできる。具体的には，①家業の後継者を指定したい場合，②遺産を公益事業などに寄付したい場合，③特定の子に法定相続分以上を相続させたい場合，④相続財産を相続させたくない相続人がいる場合，⑤夫婦の間に子供がいない場合，⑥内縁の妻や未認知の子供がいる場合，⑦未婚者が一人で生活している場合，などが考えられる。

<ANSWER>

　直子と典子と広司の3人が相続人だとすると，圭子の遺産は，法定相続のルールによれば，直子と典子と広司に3分の1ずつ相続される。そこで，圭子は，法定相続とは異なる相続にしたい場合，遺言を用いて自由に相続分を指定したり相続人を排除することができる。また，直子と典子と広司以外の者に財産を承継させることもできる。ただし，直子と典子と広司には遺留分が認められているので（第45講参照），その限りで遺言自由の原則は制限を受けることに留意すべきである。

<POINT>
1　遺言は，遺言者の真意（最終意思）を尊重する制度
2　遺言には法定相続を修正する機能あり

自筆証書遺言の封筒の例

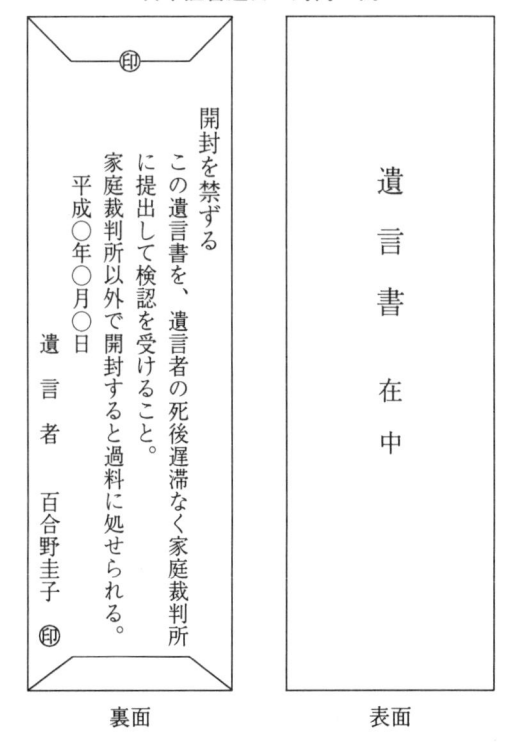

裏面：開封を禁ずる　この遺言書を、遺言者の死後遅滞なく家庭裁判所に提出して検認を受けること。家庭裁判所以外で開封すると過料に処せられる。　平成○年○月○日　遺言者　百合野圭子㊞

表面：遺言書在中

第40講 遺言の方式

<CASE>

〔その1〕 圭子の死亡後，直子が圭子のサイドボードを整理していたところ，サイドボードの中から圭子の遺言書が発見された。しかし，この自筆証書遺言には日付が記載されていなかった。この遺言は有効だろうか。

〔その2〕 また，圭子の遺言書には封印がなされていたが，直子がこの遺言書をその場で開封したとすると，この遺言の効力はどうなるか。

<THEME>

1 遺言の方式
2 遺言書の検認・開封

<ESSENCE>

1 遺言の方式

　民法は，遺言の方式について，普通方式の遺言（967条〜970条）と特別方式の遺言（976条〜979条）とを定めている。普通方式の遺言として，(1)自筆証書遺言，(2)公正証書遺言，(3)秘密証書遺言の3種の方式がある。これに対して，特別方式の遺言は普通方式の遺言を利用できない特別の状況下にある場合にのみ許され，(4)死亡危急者（一般危急時）遺言，(5)船舶遭難者（難船危急時）遺言，(6)伝染病隔絶地遺言，(7)船舶隔絶地遺言の4種の方式に分かれる。ただし，特別方式で遺言をなした遺言者が普通方式の遺言をなしうるようになってから6カ月間生存する場合，特別方式の遺言は失効するから（983条），あらためて普通方式で遺言をしなおさなければならない。なお，(4)と(5)とをあわせて危急

時遺言，(6)と(7)とをあわせて隔絶地遺言，とそれぞれ総称している。
(1) 自筆証書遺言
　自筆証書遺言は，遺言書の全文・日付・氏名を自書してこれに押印する，という方式の遺言である（968条1項）。また，遺言者は，自筆証中の加除その他の変更をなす場合には，その場所を指示してこれを変更した旨を附記して，とくにこれに署名し，かつ，その変更の場所に印をおさなければならない（同条2項）。自書を要件としているため，外国語・略字・速記文字でも差し支えないが，他人の代筆，タイプライター，録音テープ等によって作成された場合には効力を生じない。日付は，作成時の遺言能力の有無や内容の抵触する遺言の先後を決定するためである。したがって，日付のない自筆証書遺言は効力を生じない。ただし，「私の米寿の日」というように，遺言の作成日を特定できればよい，と解されている。氏名は，遺言者を特定するために要求されているのだから，通称やペンネームであってもよい，と解されている。押印は，氏名の自書と同様，遺言者本人の意思にもとづいて作成されたことを明らかにする役割を有している。したがって，いわゆる実印はいうまでもないが，認印や花印でも足りる，と解されている。指印については，判例（最判平成元年2月16日民集43巻2号45頁）は，「遺言者が印章に代えて拇印その指頭に墨，朱肉等をつけて押捺すること……をもって足りる」と判示して指印を肯定した。
　自筆証書遺言は，公証人や立会人を全く要せず，字を書くことができればいつでもできるから簡便であり，費用もかからない，という点にメリットがある。他方，遺言書の紛失・偽造・変造・隠匿・破毀のおそれが遺言者の死亡後にあり，しかも，遺言者に自筆証書遺言に必要な要件に関する法律知識が要求される，という点にデメリットがある。
(2) 公正証書遺言
　公正証書遺言は，①2人以上の証人の立会いがあること，②遺言者本人が遺言の趣旨を公証人に口授すること，③公証人が遺言者の口述を筆記して，これを遺言者および証人に読み聞かせること，④遺言者および証人が筆記の正確なことを承認した後，各自これに署名・押印すること（ただし，遺言者が障害や病気などで署名することができないときは，公証人がその事由を付記して遺言者の署名に代えることができる），⑤方式に従って作成された旨を公証人が付

記して署名押印すること，を要件とする（969条）。遺言書の原本は公証人役場に保管され（公証人法25条），遺言者には正本が交付されるが（公証人法47条），利害関係人は原本の閲覧（公証人法44条）や謄本の交付（公証人法51条）を請求することができる。したがって，遺言書の紛失・偽造・変造・隠匿・破毀のおそれはないが，遺言をしたことや遺言の内容が第三者に知られうること，費用と手間がかかる，というデメリットがある。

　以上のとおり，公正証書遺言の方式に関しては，「口授」，「口述」，「読み聞かせ」が要件となっているため，言語や聴覚の機能に障害のある者は，手話通訳や筆談で公正証書遺言をすることができない。しかし，手話の発達や普及，公正証書遺言のメリットなどを考慮して，2000年1月8日から，言語・聴覚機能障害者でも公正証書遺言を利用することが可能となった。これにより，言語機能障害者は，「口授」に代えて「通訳人の通訳（手話通訳等）による申述」または「自書」（筆談）により，遺言の趣旨を公証人に伝えることが可能となった（969条の2――なお，口頭主義を原則とする秘密証書遺言・死亡危急者遺言・船舶遭難者遺言（後述）についても同様）。また，遺言者が聴覚障害である場合，公証人は，「読み聞かせ」に代えて「通訳人の通訳」または「閲覧」（聴覚障害者に限定されない）により，筆記した内容の正確さを遺言者に確認させることが可能となった（969条3号）。

　(3)　秘密証書遺言

　秘密証書遺言は，①遺言者がその証書に署名・押印すること（本文は自筆でなくてもよい），②遺言者がその証書を封じ，証書に用いた印章で封印すること，③遺言が公証人および証人2人以上の前に封書を提出して，それが自己の遺言書である旨ならびにその遺言書を書いた者の氏名と住所を申述すること，④公証人がその証書を提出した日付および遺言書の申述を封紙に記載した後，遺言書および証人とともにこれに署名・押印すること，を要件とする（970条）。

　(4)　死亡危急者（一般危急時）遺言

　死亡危急者（一般危急時）遺言は，①遺言者が疾病その他の理由で死亡の危急が迫っていること，②3人以上の証人の立会いがあること，③遺言者が証人の1人に遺言の趣旨を口授すること，④口授を受けた者がこれを筆記して遺言者および他の証人に読み聞かせること，⑤各証人がその筆記が正確であること

を承認したうえでこれに署名・押印すること，を要件とする（976条1項）。そして，遺言の日から20日以内に証人の1人または利害関係人から家庭裁判所に請求してその確認を得なければ，遺言は効力を生じない（同条2項・3項，家事審判法9条1項甲類33号）。

(5) 船舶遭難者（難船危急時）遺言

船舶遭難者（難船危急時）遺言は，遭難船舶中にあって死亡の危急が迫った者に認められる遺言である。死亡の危急と船舶遭難とが重なっているため，一般危急時遺言における手続よりも簡素化され，証人は2人以上とし，また，口授の筆記を読み聞かせなくてもよい（979条1項）。証人に署名することのできない者があるとき，他の証人がその事由を付記しておけばよい（981条）。確認の請求は「遅滞なく」なされなければならない（979条2項）。

(6) 伝染病隔絶地遺言

伝染病隔絶地遺言は，伝染病のため行政処分によって交通を絶たれた場所にある者が警察官1人および証人1人以上の立会いの下でなす遺言である（977条）。伝染病による隔離された者に限定せず，広く隔絶地にある者にまで拡張されるべきであるから（通説），一般隔絶地遺言とでも呼ばれるべきである。隔絶地にあるために公証人の関与が困難であるから，特別の立会人として警察官が要求されている。遺言書は自筆でなくてもよいが，口頭遺言は許されない。

立会人，証人（証書が遺言者の自筆でない場合には遺言を代筆した者も含まれる）は，各自遺言書に署名・押印しなければならない（980条）。

(7) 船舶隔絶地遺言

船舶隔絶地遺言（在船者遺言）は，船舶中にある者が船長または事務員1人および証人2人以上の立会いの下でなす遺言である（978条）。特別の立会人として船長または事務員が要求されている。立会以外については，伝染病隔絶地遺言と同様である。

2　遺言書の検認・開封

遺言書の存在と内容は，利害関係人に大きく影響するところがあり，とくに相続財産の帰属に決定的影響を及ぼすことが多い。そこで，遺言の執行を公正ならしめるため，封印のある遺言書は，相続人または代理人立会いの上，家庭

裁判所においてでなければ，開封しえないものと定められた（1004条3項）。秘密証書遺言は封印を要件としているので，必ず開封手続をとるべきことになる。なお，家庭裁判所外において開封した者は5万円以下の過料に処せられる（1005条）。

　封印のない遺言書または適法に開封された遺言書は，事後の加除変更等を防ぐために，これを家庭裁判所に提出しなければならない。この証拠保全の手続が検認と呼ばれている。遺言書を提出して検認を請求しなければならない者は，まず，遺言書の保管者であり，保管者がいない場合には，遺言書を発見した相続人である。これらの者は，相続の開始を知った後，遅滞なく，検認を受けるために，遺言書を家庭裁判所に提出しなければならない（1004条1項）。ただし，公正証書遺言は，公証人役場にすでに保管され，したがって，偽造変造の可能性がないので，検認の必要がない（1004条2項）。

　これらの義務者が遺言書の提出を怠り，検認を経ないで遺言を執行した場合には，5万円以下の過料に処せられる（1005条）。さらに，故意に遺言書を隠匿していた場合には，相続人であれば相続人および受遺者としての資格を失い（891条5号・965条），相続人以外の者であれば受遺者としての資格を失う（965条）。しかし，検認は証拠保全手続にすぎず，したがって，検認を経たからといって，無効な遺言書が有効になることはなく，また，検認を経ないでも，遺言の効力自体に影響を及ぼすこともない。

<ANSWER>

　〔その1〕　圭子が残した遺言は自筆証書遺言であり，この遺言には遺言作成の日付をなすことが要求されているが，日付の特定は作成時の遺言能力の有無や内容の抵触する遺言の先後を決定するためであるから，遺言の作成日を特定できない遺言は無効と解されることとなる。

　〔その2〕　封印のある遺言書が開封手続をとらなかったとしても，このことが遺言の効力に影響を及ぼすことはない。ただし，直子は，封印のある遺言書を開封したのだから，過料に処せられる。

<POINT>

1 日付のない自筆証書遺言は無効
2 検認・開封手続を経たか否かは，遺言の有効無効の問題と無関係

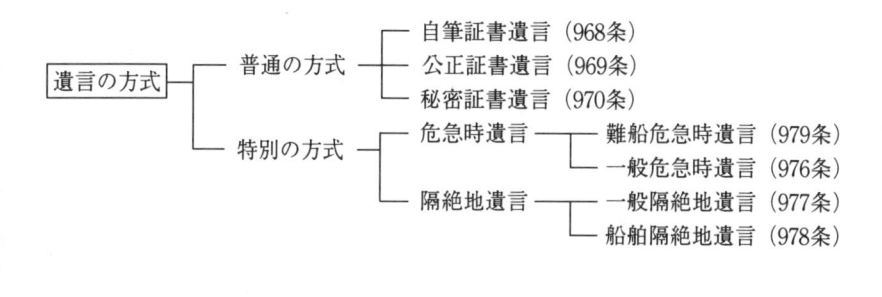

```
遺言の方式 ─┬─ 普通の方式 ─┬─ 自筆証書遺言（968条）
           │              ├─ 公正証書遺言（969条）
           │              └─ 秘密証書遺言（970条）
           └─ 特別の方式 ─┬─ 危急時遺言 ─┬─ 難船危急時遺言（979条）
                          │              └─ 一般危急時遺言（976条）
                          └─ 隔絶地遺言 ─┬─ 一般隔絶地遺言（977条）
                                         └─ 船舶隔絶地遺言（978条）
```

第41講　遺言の撤回

<CASE>
〔その1〕　圭子の死後,「全財産をT大学に遺贈する」旨の圭子の自筆証書遺言（以下,甲遺言とする）が圭子の机の引き出しの中から発見された。その2週間後,圭子のタンスの中から,「全財産を動物鳥類愛護センターに遺贈する」旨の圭子の自筆証書遺言（以下,乙遺言とする）が発見された。いずれの遺言が有効か。

〔その2〕　さらに,「乙遺言を無効として甲遺言を有効とする」旨の圭子の自筆証書遺言が発見されたとすると,甲遺言の効力は復活するか。

<THEME>
1　遺言の撤回の意義
2　撤回の方法
3　撤回の効力

❖❖❖❖❖❖❖❖❖❖❖❖❖❖❖❖❖

<ESSENCE>
1　撤回の意義
　遺言が遺言者の最終意思を尊重するものであることから,民法は,「遺言者は,何時でも,遺言の方式に従つて,その遺言の全部又は一部を取り消すことができる」（1022条）と規定し,遺言撤回の自由を宣言するとともに,「遺言者は,その遺言の取消権を放棄することができない」（1026条）と規定して撤回権の放棄を禁止した。なお,1022条・1026条は「取消」と規定しているが（1022条）,取消（120条以下）は効力の発生した法律行為を法定の原因にもとづいて効力を生じないのと同様にするものである。これに対して,1022条・1026条に

いわゆる「取消」は，遺言がまだ効力を生じていない遺言者死亡以前において，その効力を生じないようにするものであるから，120条以下にいわゆる「取消」とは区別されて「撤回」と呼ばれるべきである。

2　撤回の方法

撤回の方法には5つの方法がある。
(1)　遺言の方式による撤回（1022条）。
遺言の効力は法定の方式に適った遺言書にもとづくものであるから，遺言の方式によってその効力を廃止することができる。
(2)　遺言者が前の遺言に抵触する内容の遺言をした場合（1023条1項）。
(3)　遺言者が前の遺言に抵触する内容の生前処分その他の法律行為をした場合（1023条2項）。
(4)　遺言者が故意に遺言書を破棄した場合（1024条前段）。
(5)　遺言者が故意に遺贈の目的物を破棄した場合（1024条後段）。

このうち，(1)は，遺言撤回と呼ばれ，(2)ないし(5)は，後の行為が前の行為と抵触する場合に，抵触した部分が撤回されたものとみなされることから，法定撤回と呼ばれている。また，遺言撤回の場合には前の遺言の全部が撤回されるが，法定撤回の場合には抵触した部分あるいは破棄した部分のみが撤回されたものとみなされることになる。

3　撤回の撤回

遺言を撤回した後にその撤回を撤回しても，前の遺言の効力は原則として復活しない（非復活主義——1025条本文）。前の遺言を復活させる意思が遺言者にあるか否かが明確でないからである。したがって，遺言の撤回が詐欺または強迫によってなされ，後にその撤回が取り消された場合には（120条），遺言を復活する意思が遺言者において明白であるから，前の遺言は復活することになる（同条但書）。

以上のごとく，非復活主義が原則だとして，第一遺言を撤回する旨の第二遺言がなされ，さらに第二遺言を撤回する旨の第三遺言がなされた場合に，第一遺言の効力は復活するか，という問題がある。この問題に関して，学説上は争

いがあるものの，最近，最高裁（最判平成9年11月13日民集51巻10号4144頁）は，「遺言書の記載に照らし，遺言者の意思が原遺言〔第一遺言〕の復活を希望するものであることが明らかなときは，民法1025条ただし書の法意にかんがみ，遺言者の真意を尊重して原遺言の効力の復活を認めるのが相当と解される」として，第一遺言の効力の復活を認めた。

<ANSWER>

〔その1〕 圭子が内容の抵触する遺言を2通作成しているので，結局，遺言の効力は日付の先後によって決せられる（1023条1項）。したがって，乙遺言の日付の方が甲遺言の日付よりも後だとすると，甲遺言は撤回したものとみなされ，乙遺言が効力を有することになる。

〔その2〕 設問では，遺言者が乙遺言をもって甲遺言を撤回し，さらに丙遺言をもって乙遺言を撤回し，しかも，丙遺言の記載によれば，遺言者の意思が甲遺言の復活を希望するものであることが明らかであるから，判例によれば，甲遺言の効力は復活することになる。

<POINT>

1 遺言の撤回はいつでも可能
2 遺言の撤回の撤回は原則として不可能

遺言公正証書の例

平成八年　第五六七号
遺言公正証書正本

本職は遺言者○○○○の嘱託により証人○○○○、証人○○○○の立会をもって左の遺言の趣旨の口授を筆記しこの証書を作成する。

壱、遺言者は、昭和六拾参年九月弐拾五日山口法務局所属公証人○○○○作成同年第五六七号遺言公正証書記載の遺言を全部取り消す。

弐、遺言者は、○○○（昭和弐拾八年拾弐月参拾日生）に遺産全部を相続させる。

参、遺言者は、○○○○を遺言執行者に指定する。

本旨外要件

山口県美祢市大嶺町曽根壱千番地壱号
遺言者
　　大正壱拾弐年壱拾壱月六日生
　　　　　　　　　○○○○

山口県美祢市大嶺町荒川弐拾参番地六号
証人
　　大正壱拾壱年五月六日生
　　　　　　　　　○○○○

右は印鑑証明書の提出により人違いでないことを証明させた。

山口県光市室積新開壱丁目壱拾七番地
証人
　　昭和弐拾壱年壱月拾五日生
　　　　　　　　　○○○○

右遺言者及び証人に読聞かせたところ各自筆記の正確なことを承認し左に署名押印する。

　　　　　　　　　○○○○　押印
　　　　　　　　　○○○○　押印
　　　　　　　　　○○○○　押印

この証書は民法第九六九条第壱号ないし第四号の方式に従い作成し同条第五号に基づき左に押印する。

平成八年拾月九日本職役場において
山口法務局所属
宇部市寿町参番地八号二一
公証人
　　　　　　　　　○○○○　押印

この正本は遺言者○○○○請求により平成八年拾月九日本職役場で原本にもとづき作成した。
山口県宇部市寿町参番地八号二一
山口法務局所属
公証人
　　　　　　　　　○○○○　押印

第Ⅱ編　相　続　法

第42講　遺　言　能　力

<CASE>

　広司の実父，子門岩男は，高齢になってから時として痴呆の症状がでるようになった。ある時，岩男は，ある本に「禍根を残さない財産の残し方」という特集があったのを思い出し，さっそく自筆証書遺言を作成した。
　〔その1〕　岩男はその数年後死亡したが，この遺言は有効であろうか。
　〔その2〕　遺言作成当時，岩男が後見開始の審判を受けていた場合はどうか。

<THEME>

1　遺言能力
2　成年被後見人による遺言

<ESSENCE>

1　遺言能力とは

　遺言は，法律行為であり，遺言時に，遺言の効力を認めるに足る精神的能力が遺言者に存しなければ，この者は有効な遺言をなしえない。この場合の精神的能力とは，遺言の内容を理解し，遺言の結果を弁識しうるに足る能力（意思能力）を意味する。
　意思能力を欠く場合には，遺言は無効である。法律行為一般においては，これに加えて，行為能力（未成年者・成年被後見人・被保佐人・被補助人でないこと）が必要であり，これがなければ，確定的に有効な法律行為を単独で行うことはできない。しかし，遺言にあっては，遺言者の真意を尊重すべきであるという観点，遺言においては法的効果を受けるのは遺言者自身でなく，不利な

法的効果を帰属させられぬよう保護する必要がないことから、満15歳以上であれば遺言を行うことができ（961条）、かつ総則の行為無能力に関する規定（4条・9条・12条・16条）の適用はない（962条）。

　すなわち、15歳未満の者は遺言を行うことはできず、これに反してなされた遺言は無効である。満15歳以上であれば、たとえ、その者が制限能力者（未成年者・成年被後見人・被保佐人・被補助人）であったとしても、遺言を行うことができる。ここでいう満15歳の意味は、有力な見解によると、意思能力がありさえすればいいという意味を年齢の上で明示したものである、と解されている。すなわち、満15歳以上であれば、一般的に遺言をなすことができ、そしてこれらの者による遺言が有効であるためには、意思能力が必要である、ということである。

　なお、このような有効な遺言をなしうる能力、すなわち遺言能力は、遺言を作成するときに存しなければならない（963条）。

2　成年被後見人の遺言

　成年被後見人とは、精神上の障害により事理を弁識する能力を欠く常況にある者に対して、家庭裁判所により、成年被後見開始の宣告がなされた者である（7条）。

　成年被後見人は意思能力を通常有しておらず、そのため遺言も無効である可能性が高い。しかし、遺言者の最終意思をできるかぎり尊重するという観点から、この者が事理弁識能力を一時回復したときは、医師2人以上が立会い、この医師によって、遺言時に「精神上の障害により事理を弁識する能力を欠く状態になかった」旨を遺言書へ付記し、署名し、印を押すこと、を要件として、成年被後見人は、有効に、遺言をなすことができる（973条・982条）。その趣旨は、遺言時における遺言者の意思能力の存在を証明することにある。

3　遺言能力認定基準

　高齢化社会の到来とともに、遺言をめぐる争いが顕在化している。とりわけ、高齢者の遺言能力が争われる事例が、数多く報告されている。その争いの原因は、高齢者自身が不合理な遺言を行ったため生じたものから、周囲の一部が遺

言者の財産を得るため自己に有利な遺言をさせたために生じたものまで，多様である。制度的には，遺言能力を確認する制度（公正証書遺言）が十全に機能していないことや，遺言能力の程度は，通常の財産取引におけるより，低くても足りるという理解にあるとも指摘されている。

このような現状において，どのような基準によって，遺言能力の存在が判定されるべきかが議論されている。

学説・裁判例とも，遺言能力の認定基準に関しては，画一的な基準をたてるのでなく，個別，具体的に能力の判定を行う傾向にある。学説により指摘されている，意思能力の有無を判定する際に意味を持つ事情としては，次のような点がある。遺言の方式，遺言内容（複雑か簡単か），遺言作成に他人がどのような形で関わったかなどの遺言作成の経緯，能力の存在を推測させる日常的言動，医学的知見などをあげうる。これらの事情を総合的に評価することにより遺言能力の存否が判断されている。

＜ANSWER＞

〔その1〕 まず，遺言作成時に，岩男に痴呆の症状があったか，すなわち意思能力を欠いていたか，が問題である。痴呆といっても，その症状は，必ずしも一定しているわけでなく，いつ発症しているかはわからないからである。満15歳以上であり，遺言の時に意思能力が存すれば，この遺言は有効である。意思無能力であることの証明は，必ずしも容易ではないが，遺言内容，日常の言動，医学的知見等を総合的に判断して，これを決すべきことになろう。また遺言がどの方式で行われたかによっても，要求される能力の内容・程度は異なる。本ケースは自筆証書遺言によるものであるから，遺言の内容と効果を理解したうえで，真に意欲したこと，日付および氏名を自書するために必要な精神的能力が求められよう。

〔その2〕 岩男が成年後見開始の審判を受けていた場合であっても，遺言作成時に，意思能力（事理弁識能力）を一時回復しているときは，後見人の同意を要することなく，遺言を行うことが可能である。遺言にあっては，遺言者の行為能力は必要でなく，意思能力があれば足りるからである。ただし，有効な遺言を行うには，その意思能力を証するため，医師2人以上の立会いを必要と

し，これらの者により，遺言書に，岩男が事理弁識能力を欠く状況になかった旨の付記，署名および押印を遺言書になすという手続が必要である。したがって，岩男がこのような手続に従って遺言書を作成していない場合には，この遺言は無効である。

<POINT>
1　意思能力を欠く遺言は無効
2　成年被後見人が遺言をなすことは可能

第43講　遺言の執行

<CASE>
圭子は，実は最新の日付のある公正証書遺言を残していた。そこには，遺言執行者を弁護士小田真理とする旨の指定があった。小田弁護士は，この遺言を執行するにあたり，何に注意し，どのような仕事をしなければならないか。

<THEME>
1　遺言執行の意義
2　遺言執行の手続
3　遺言執行者の権利義務（法的地位）

<ESSENCE>
1　遺言の執行とその必要性

遺言のなかには，遺言の効力発生と同時にその内容が実現され，遺言内容を法的に実現するための手段，すなわち「遺言の執行」をとくに必要としないものがある。後見人または後見監督人の指定（839条・848条），相続分の指定またはその委託（902条）などがこれにあたる。

しかし，遺言の執行を必要とするものも多くあり，これには次のようなものがある。遺言による認知の届出（781条2項，戸籍法64条），相続人の廃除およびその取消における家庭裁判所への申立て（893条・894条2項），特定遺贈における，目的物の保管，引渡しまたは登記など，がそれである。

2 誰が遺言を執行するのか

遺言の執行は、原則として、相続人により行われるが、相続人にこれを期待できない場合には、「遺言執行者」により行われる。法律上、遺言執行者により、その執行がなされる旨が規定されている場合として、相続人の廃除およびその取消（893条・894条2項）、遺言による認知（戸籍法64条）がある。こうした規定がない場合であっても、利害関係人は遺言執行者の選任を家庭裁判所に対して請求できる（1010条）。

このほか、遺言者が、その遺言の中で、遺言執行者を定めることがある。これを遺言執行者の指定というが、その形態には、遺言による、直接の指定と、遺言により指定の委託を受けた者による指定、とがある（1006条1項）。

3 遺言執行者の就職・解任

遺言執行者として指定を受けた者であっても、その就職を承諾する義務はない。相続人その他の利害関係人は、相当の期間を定めて、承諾するかどうかを指定を受けた者に対して催告することができ、その期間内に確答がない場合には、就職を承諾したものとみなされる（1008条）。指定を受けた者は、その就職の承諾を行った時点で直ちにその任務を行う必要がある（1007条）。遺言執行者は、1人または数人でもよいが（1006条1項）、未成年者と破産者は遺言執行者となることはできない（1009条）。

遺言執行者が職務を懈怠するなど、正当な事由がある場合には、利害関係人は家庭裁判所に対して解任の請求ができ、逆に、遺言執行者も、正当な事由があるときは、家庭裁判所の許可を得て、その任務を辞することができる（1019条）。

4 遺言執行者の権利義務と法的地位

遺言執行者は、就職後遅滞なく、相続財産の目録を調製し、これを相続人に交付する義務を負う（1011条）。特定財産に関するものである場合には、その特定財産の目録を作ればよい（1014条）。この財産目録にもとづいて、遺言執行者は、「相続財産の管理、その他遺言の執行に必要な一切の行為をする権利義務」を負う。その範囲は、遺言において、いかなる事項の執行が、遺言執行

者に委ねられているか，によって定まる。
　遺言執行者が行った行為の効果は，直接，相続人に帰属する。遺言執行者は相続人の代理人とみなす（1015条），との規定の適用から導かれる効果である。しかしながら，遺言執行者の行為は，必ずしも相続人の利益のために行われるのではなく，相続人の利益に反するものも少なくない（たとえば，相続人廃除の申立て・相続人の遺産処分禁止の仮処分など）。そのため，1015条の理解について，学説上，議論がある。
　わが民法は死者（遺言者）に人格を認めていないこと（したがって，遺言執行者を遺言者の代理人と構成することはむずかしい），相続財産を独立の存在としては認めず，相続の開始とともに相続人に帰属すると構成されていること（したがって，遺言執行者を相続財産の代表者と観念することもむずかしい）から，遺言執行者の行為の効果が相続人に直接帰属することの説明が困難である。このため，あえて民法は遺言執行者を相続人の代理人であると「擬制」しているにすぎない，と解するのが通説である。
　すなわち，遺言執行者は，受遺者・相続人の利益の，いずれに偏することなく，中立的な立場でその職務を遂行すること（遺言の公正な実現）が予定されている。訴訟追行においても，遺言執行者が，法定訴訟担当の立場で，訴訟を追行すべき地位（当事者適格，原告適格・被告適格）が認められている。特定遺贈の目的物である特定不動産の移転登記請求については，受遺者は，相続人でなく，遺言執行者に対して訴えを提起しなければならない。
　1012条2項は，委任の規定である，644条ないし647条，および650条の規定を遺言執行者に準用する。たとえば無効な遺言を執行することで相続人に損害を与え，それが遺言執行者の善管注意義務の懈怠にもとづく場合には，遺言執行者は債務不履行にもとづく損害を賠償する責任を負う（644条）。
　遺言執行者の報酬は，原則として，無報酬である。遺言中に報酬についての特段の定めがある場合には，これに従う。その定めがない場合には，家庭裁判所は相当な報酬を定めることができる（1018条1項，家事審判規則9条1項甲36号）。

5 相続人の処分権制限

 遺言執行者は，委ねられた遺言事項の実現に必要な範囲で相続財産の管理・処分権を有するが，その反面，相続人の相続財産に対する処分権は制限されることになる。すなわち，相続人は，遺言執行者がある場合，相続財産の処分，その他遺言の執行を妨げる行為をしてはならない（1013条）。

 たとえば，受遺者に対して相続人が有している債権でもって受遺者に遺贈された債権とは相殺できないし，これに反する行為は無効である。また，相続人が遺贈の目的物に，第三者のために抵当権を設定（処分行為）したという事案において，かかる相続人の行為は無効であり，「受遺者は，遺贈による目的不動産の所有権の取得を登記なくして右処分行為の相手方たる第三者に対抗することができる」とした最高裁判例がある（最判昭和62年4月23日民集41巻3号474頁）。同判決では，遺言執行者がある場合とは，遺言執行者として指定された者が就職を承諾する前をも含む，と解されている。

<ANSWER>

 本ケースの場合，遺言による遺言執行者の指定であり，小田真理弁護士は，就職を承諾したときは，直ちに，善良なる管理者の注意をもって（644条），その任務を行わなければならない。そこで，同弁護士がまずしなければならないことは，遅滞なく財産目録の調製を行い，これを相続人に交付することである。その上で，遺言の執行に必要ないっさいの行為を行わなければならない。たとえば，遺贈の目的となった特定の不動産が賃貸されている場合には，その賃料を取り立てなければならないし，相続人が勝手に当該不動産に相続登記を行っているような場合には，相続人に対して，この登記の抹消を請求しなければならない。

<POINT>

相続人の代理人とされる遺言執行者の法的地位の特殊性

第44講 遺贈および死因贈与

<CASE>

圭子は，近所の幼なじみである知人Aに日常生活の面倒をみてもらっていた。そして，この恩に報いるため，圭子は生前，Aに対して，遺言書と題して「私が死んだら自己所有の柿右衛門作の壺をAに与える」との書面を交付していた。Aは壺をもらうことができるのだろうか。

<THEME>

1 遺贈の意義と効力
2 死因贈与の意義と効力

<ESSENCE>

1 遺 贈

すでに説明されているように，遺言とは，人がその死後に効力を生ずべきことを条件として，一定の方式のもとでする単独行為である（第39講参照）。人は自己の死後のことを考え，一定の措置を講じておきたいとする意思を有するのが常であり，この遺言制度により生前の最終意思の実現が保障されることになる。遺言の内容で中心をなすのが遺産の処分としての遺贈である。遺贈とは，遺言により財産を無償で譲与することである（遺贈により利益を受ける者を受遺者という）。遺贈は他人に財産的利益を与える行為であり，権利の供与のみならず義務の免除もまたこれに含まれる。

遺贈の形式は包括遺贈と特定遺贈とに区分できる（964条本文）。包括遺贈とは，「全部」または「二分の一」というように，遺贈の対象を特定せず，遺産

部分を割合により譲与することであり，特定遺贈とは，「甲動産をＡに」というように，対象を具体的に特定してなす譲与である。

包括遺贈と特定遺贈との，主たる相違は，前者が積極財産のみならず消極財産をも承継するのに対して，後者はそうでない，という点にある。包括遺贈は，これが相続人以外の者に対してなされた場合には，あたかも相続人が指定されたかのような機能を営む，すなわち包括受遺者は相続人と同じ地位を有する（990条）。もっとも，相続人とすべての点で同一に扱われるわけでなく，包括遺贈には代襲制度（887条・889条）の適用はないこと，共同相続人が相続放棄をなした場合であっても，受遺分は固定され，増加しない等の点が異なる。相続人に対してなされた場合には，相続分の指定と同様の意義を有する。

(1) 遺贈の成立・有効要件

遺贈は，遺言の方式に従い行われる，単独行為である。遺言者の最終意思を尊重し，その真意を正しく確保・実現するため，法定の厳格な方式に従わなければ，これをなすことはできない（960条。第40講参照）。また意思表示であるから，法律行為一般に関する有効要件（公序良俗に反しないことや，意思表示の効力に関する規定）を満たしていることが必要である。もっとも，遺言の特性（第39講参照）から，総則編の規定は修正されて適用され（たとえば961条の遺言能力など〔第42講参照〕）が存在し，さらに一般の法律行為理論が修正される場合もある。

遺贈固有の無効原因としては，以下の三つが規定されている。

① 遺言者の死亡以前に，受遺者が死亡した場合には，その効力は生じない（994条1項）。遺言者の死亡時に受遺者が受遺能力（適格）を有していなければならない，とするものである（同時存在の原則）。受遺能力とは，遺贈を受けうる資格であり，権利能力を有する者は原則としてこの能力を有している。胎児に関しては，すでに生まれたものとみなされ（965条による886条の準用），受遺能力が肯定される。設立中の会社については，胎児に関する規定の準用により，かかる遺贈は有効である，と解釈されている。

② 停止条件付遺贈において，その条件の成就以前に受遺者が死亡したときは，その効力は生じない（994条2項本文）。受遺者の死亡により停止条件付権利が相続されると解しうる余地はあるが，本条はこのような考えを否定してい

る。もっとも遺言者がその遺言に別段の意思表示をした場合，たとえば受遺者の相続人に対しても遺贈するという意思が表示されている場合には，その意思に従う（994条2項但書）。解除条件付遺贈については，本条の反対解釈により，遺贈の効力には影響がない，とするのが通説である。

③ 遺贈の目的物たる権利が遺言者死亡の時点で遺言者に帰属していない場合には，その効力は生じない（996条）。ただし，権利が相続財産に帰属するとしないとにかかわらず，遺贈の目的としたと認むべき場合には，この限りでない（996条但書）。

(2) 遺贈の効力

遺贈の効力は，遺言の効力の発生時，すなわち遺言者の死亡時に生じる（985条）。もっとも，遺贈による権利移転は，効力発生と同時に当然生じるのか（物権的効力），遺贈された権利移転を遺贈義務者に対して請求できる権利を取得するにすぎないのか（債権的効力），については，学説上争いがある。

包括遺贈の場合，判例は，包括受遺者は相続人と同一の権利義務を有する（990条）から，その効力には相続と同様に物権的効力が生じ，個々の遺産の上に持分権を取得する，と解している。ただし，対抗要件（177条・178条）は必要であり，不動産に関しては個々の遺産に対する持分権の登記がなければ，第三者に対抗できない（東京高判昭和34年10月27日高民集12巻9号421頁）。この点において，相続の場合には，戸籍によって相続開始の事実ならびに相続人の範囲が確定できることから，自己の相続分に関しては，登記なくして第三者に対抗できると，解されているのとは異なる。

特定遺贈の場合にも，判例（大判大正5年1月8日民録22輯2078頁）は物権的効力説に立つ。もっとも，遺贈の目的物が不特定物のときには，特定を経ないと所有権は移転しないから，受遺者は目的物を特定し所有権を移転することを要求する権利を取得するにすぎない（債権的効力），と解されている。したがって，目的物が特定された時点で所有権が移転することになる。たとえば「甲土地100坪の内50坪」を譲与する旨の遺贈の場合には，遺贈の対象たる50坪の土地が甲土地のどの部分にあたるかを特定する必要があり，この特定によって，受遺者に権利が移転する。特定遺贈も包括遺贈と同様に，取得した権利について対抗要件が必要である。

(3) 遺贈の承認・放棄

　受遺者は，遺言者の死亡後いつでも，遺贈を放棄するか承認するかの自由を有する（986条）。放棄は遺言者の死亡時に遡ってその効力を生じる（986条2項）。受遺者に対して，利益といえども押し付けることはできないこと，負担付遺贈の場合には負担が過重な場合があることなど，がその理由である。承認・放棄の方法に関しては特段の要式は定められていない。放棄の意思表示が遺贈義務者（遺贈に伴う手続を実行する者。たとえば，相続人または遺言執行者など）に到達することによって，その効力が生じる。

　放棄するか否かの決定を受遺者が長期にわたり遷延する場合には，遺贈義務者の地位は不安定になる。このため，遺贈義務者その他の利害関係人には，受遺者に対して相当の期間を定め，その期間内に遺贈の承認または放棄をすべき旨を催告する権利が認められている（987条）。期間内に意思表示をしなかった場合には，遺贈は承認されたものとみなされる（987条）。受遺者が遺贈の承認・放棄をせずに死亡した場合には，遺言に別段の意思表示がないかぎり，受遺者の相続人は，自己の相続権の範囲で，承認・放棄をすることができる（988条）。

　上の承認・放棄に関する諸規定は，その規定の体裁上，遺贈一般を対象としている。しかし，近時の通説は，包括遺贈の場合には，包括受遺者は相続人と同一の権利義務を有する（990条）から，相続の承認・放棄の規定が適用される（915条以下。第32講参照），と解している。すなわち，986条ないし989条の諸規定は包括遺贈の場合に適用はなく，これらは，もっぱら特定遺贈のみに適用されるということになる。したがって，包括遺贈の場合には，自己のために「包括遺贈」の開始があったことを知ったときから3カ月以内に承認または放棄がなされなければならない（915条。なお限定承認と放棄には，家庭裁判所に対してその旨の申述が必要，924条・938条）。

2 死因贈与——遺贈と類似の機能を有する制度
(1) 死因贈与

　遺贈と類似の機能を有する制度として，死因贈与がある。死因贈与とは，贈与者の死亡によってその効力が発生する，贈与である。死因贈与は，契約である点で単独行為である遺贈とは異なり，死因行為（死後その効力が発生する）

である点では遺贈と共通する。

　すなわち，死因贈与は契約であり，贈与の申込に対する受贈者の承諾が必要である（549条）。効力の発生までは一定の期待権（権利義務）が発生する（不動産については仮登記が可能）。また，その方式は書面によることを必ずしも要しない。無償契約であることから，書面によらない贈与の場合は，契約成立後，履行が終わらないかぎりいつでも撤回できるとされるものの（550条），原則として自由に撤回できない。これに対して，遺贈は遺言者の死亡時にはじめてその効力が生じ，それまではなんらの権利をも発生せしめない単独行為である。最終意思確保のため，一定の厳格な方式に従わなければこれをなすことはできず，最終意思の尊重の観点からその効力が発生するまでは（すなわち遺言者存命中は），いつでも撤回が可能である（遺言の撤回については，第41講参照）。

(2) 死因贈与と遺贈との関係

　書面により財産の無償譲与の意思表示がなされた場合，これが遺贈であるのか，死因贈与であるのか，を決する必要がある。遺贈と死因贈与を分けるメルクマールは相手方（受贈者，受遺者）の承諾の有無にある。承諾が認められるときは，遺贈の効力と死因贈与のいずれに効力をもたせるのか，が問題となる。この場合，具体的遺贈として処理されるのか，死因贈与として処理されるかは，かなり微妙であるが，当該意思の解釈によって決まるといわれている。裁判例においては，遺贈としてなされた行為が遺贈要件を欠く場合に，死因贈与としての効力を認める場合が多い（「無効な遺贈の死因贈与への転換」）。

　もっとも，死因贈与を目的として意思表示がなされたが，遺贈の有効要件も満たしているという場合に，これを遺贈として取り扱うべきか，それとも死因贈与として取り扱うべきか，あるいは両者併存しており選択的に主張できるとするのか，は問題であろう。法形式の差にかかわらず，その効力の点で両者を同様の処理に服せしめるべきと考えるならば，格別，当事者の意思，その法的効果の点でも，両者は少なからぬ差異があり，これに応じた処理がなされるべきであると考えられる。

(3) 死因贈与に対する遺贈規定の準用

　遺贈，死因贈与ともに遺言者・贈与者の死後その効力を生ずるため，民法は遺贈の規定を死因贈与に準用する規定をおいている（554条）。もっとも，どの

規定が，どの範囲で死因贈与に対して準用されるのかに関しては，議論がある。死因贈与の撤回（取消）について，判例は，遺贈と同様に，贈与者の最終意思を尊重すべきとの観点から，遺贈の撤回の規定が死因贈与にも準用される（554条・1022条）と解し，撤回を認めている。反面，負担付死因贈与が問題となり，受贈者が負担を履行していた事案においては，「契約の全部又は一部を取り消すことがやむ得ないと認められる特段の事情」がないかぎり，撤回の規定は準用されないと判示しており，必ずしも撤回自由という考えが貫徹されているわけではない。死因贈与の方式については，判例・通説とも遺贈規定の準用を認めていない。このほか，遺贈債務と相続債務の取扱いが区別されているような事項については（たとえば，931条など），被相続人の生前に契約によって成立した死因贈与の実質（とりわけ受贈者の期待）に応じて判断がなされるべきである。

<ANSWER>

「私が死んだら自己所有の柿右衛門作の壺をAに与える」との圭子の書面の交付が，どのような法的意味を有するか。遺言書との表記があることから，まず遺贈として壺の譲与が認められるかが問題である。民法所定の要件を満たすものであるかぎり，遺贈としての効力が認められる。

方式に違反するなど，遺言が無効な場合，なお死因贈与の要件を満たすかどうかが次に問題となるが，生前に，本書面が交付されていることからも，譲与の意思表示に対する承諾がなされていることは，比較的容易に，認定しうるであろうから，書面による死因贈与が成立しているとみることが許されよう。また知人が日常，圭子の面倒をみていたということもAが壺の譲与を期待してしかるべき事情である。なお，本ケースのように，遺言書との表記があっても，死因贈与であることを妨げない。

<POINT>

遺贈（単独行為）と死因贈与（契約）の類似性・異質性

第45講 遺留分および遺留分減殺請求権の性質

<CASE>

圭子がした,「めぐみに全財産を与えるとする」旨の最終の遺言に対して,直子はひどくショックを受けた。その後,直子は友達から遺留分という権利があることを知らされたが意味がわからない。いったい,遺留分とは何のことだろうか。共同相続人の一人,広司は遺留分を放棄した。この放棄は有効だろうか。

<THEME>

1 遺留分とは
2 遺留分の放棄
3 遺留分減殺請求権の性質

<ESSENCE>

1 遺留分とは

遺留分制度とは,相続財産の一定の割合に対する権利を一定の相続人に保障して(遺留分),生前贈与,遺言による相続分の指定や遺贈などによって,この遺留分を侵害することを被相続人に禁じ,これらの行為によって遺留分が侵害された相続人には,受遺者や受贈者に対して遺留分の減殺を請求する権利を認めた制度である。この制度の趣旨は,相続における被相続人の財産処分の自由と相続人の生活保障あるいは相続財産の公平な分配との調整にある。すなわち,個人の私的所有物である財産の所有者は,その財産を生存中にいつでも自由に処分できるのが原則である。したがって所有者は生存中に,死後の財産の帰属を自由に決定できるはずである。ところが,夫婦の共同生活における経済

活動は多くの場合，夫婦の一方である夫によって支えられ，その結果，財産の蓄積も夫名義で行われる。このため夫生存中は，夫名義の財産に対して妻は潜在的な共有者に留まるが，夫の死亡によってそれが表面に現われてくるという実情がある。くわえて，夫婦親子間ではお互いに扶養の義務を負う。したがって，夫あるいは親の財産に依存して生活していた者のために，遺産のうちの一定のものを保留しておくことが必要になる。そこでわが民法は，私的所有財産の処分の自由と以上のような実情との調和をはかった制度として，遺留分制度を設けたのである。その際，わが民法は，特定の財産または一定額の財産ではなく，相続財産の一定の割合を一定の者に留保するという方法を採用した。

わが民法における遺留分制度の主な特徴をあげるとおおよそ，次の二点になる。

第1点：遺留分は遺産に占める一定の割合であるから，本来は遺贈による相続財産の範囲の縮減を制限すればよい。しかし，それでは被相続人による死亡の直前の贈与によって，遺留分制度は簡単に潜脱されてしまい，遺留分制度の趣旨がいかされない。そこで民法は，一定の範囲で生前贈与にも制限を設けることにしている。すなわち，遺留分の算定の基礎となる相続財産に，生前に行われた贈与のうちで一定のものが算入される（1029条）。

第2点：被相続人の行った生前贈与や遺贈などによって遺留分が侵害されたとしても，その侵害は当然に無効となるのではない。被相続人が全財産を全くの他人に贈与し，相続人には何も残さなくても，その行為が公序良俗に反して無効となるわけではない（最判昭和25年4月28日民集152頁）。相続人には，遺留分を確保できる限度まで，被相続人の行った贈与の効力を消滅させる権利（遺留分減殺請求権）が与えられ，それを行使できる，という方法がとられている。したがって，相続人がこの権利を行使しなければ，遺留分侵害の結果が有効に通用することになる。

2　遺留分の放棄

(1)　遺留分権者（誰が遺留分を主張できるか）

遺留分を有する者が遺留分権者である。1028条は兄弟姉妹以外の相続人と定めているから，法定相続人のうち，兄弟姉妹とその子が排除される。具体的に

は次のとおりである。

① 被相続人の子とその代襲相続者 ─┐
② 配偶者 ─────────────┼─ これらの者で相続欠格・廃除・放棄によって相続権を失っていない者
③ 被相続人の直系尊属 ──────┘

なお，胎児も886条によって，すでに生まれたものと見なされるから，相続権者であるので，遺留分権者である。

(2) 遺留分の割合

遺留分の割合は，相続人が誰かによってその割合が定められている。その算出の方法は法定相続分の割合にもとづいて算定される。たとえば遺産（遺留分算定の基礎となる財産）が3000万円だとする。

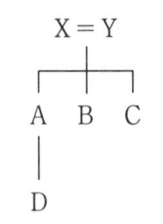

① 配偶者だけが相続人の場合……2分の1

　Yは→ $3000 \times \frac{1}{2} = 1500$ 万円

② 子またはその代襲相続人だけが相続人の場合……2分の1

　A・B・C→ $3000 \times \frac{1}{2} \times \frac{1}{3} = 500$ 万円（各自）

③ 配偶者と直系卑属が相続人である場合……2分の1

　Y→ $3000 \times \frac{1}{2} \times \frac{1}{2} = 750$ 万円

　ABC→ $3000 \times \frac{1}{2} \times \frac{1}{3} = 500$ 万円（各自）

④ 直系尊属だけが相続人である場合……3分の1

　E・F→ $3000 \times \frac{1}{3} \times \frac{1}{2} = 500$ 万円（各自）

⑤ 直系尊属と配偶者が相続人である場合……2分の1

　配偶者→ $3000 \times \frac{1}{2} \times \frac{2}{3} = 1000$ 万円

　直系尊属→ $3000 \times \frac{1}{2} \times \frac{1}{3} = 500$ 万円（一人）

⑥ 配偶者と兄弟姉妹が相続人である場合…配偶者→2分の1，兄弟姉妹

→遺留分ナシ

配偶者→$3000 \times \dfrac{1}{2} = 1500$万円

兄弟姉妹→遺留分ゼロ

　⑦　兄弟姉妹だけが相続人である場合……遺留分ナシ
(3)　遺留分の放棄

(a)　相続開始前の放棄　　相続開始前の遺留分の放棄とは，将来，相続が開始した場合に，被相続人の遺贈などによって相続人が自己の遺留分を侵害されたとしても，当該相続人はその減殺（げんさい）を主張しない，という意味である。遺留分の放棄は，放棄した者の相続分には何も影響を及ぼさない。たとえば，妻と子（一人）が法定相続人で，妻が遺留分を放棄しても，妻の法定相続分2分の1に変動はない。ただし妻は相続分が5分の1になっても，遺留分である4分の1の限度までの相続財産の回復を請求できないだけである。相続開始前に放棄するためには，家庭裁判所の許可が必要である（1043条）。その理由は，相続人が心ならずも放棄させられることがないようにするためと，放棄が民法の理念に反する遺産分配の手段に利用されることを防止するためでもある。したがって，裁判所は放棄が真に自由意思にもとづくものであるか否かはもちろん，当事者間の具体的事情を考慮して放棄の理由が合理的かつ相当といえるかを慎重に検討して判断しなければならない。

　遺留分放棄の許可を得た後，申立ての前提となった事情に変化が生じ，遺留分放棄の状態を存続させることが客観的にみて不合理，不相当と認められるときには，放棄審判の取消・変更が許される。

　遺留分は各相続人それぞれについて定められるものであるから，遺留分を有する共同相続人の一人が遺留分を放棄しても，他の相続人の遺留分が増加するわけではない（1043条2項）。

(b)　相続開始後の放棄　　相続開始後の放棄については明文の規定はない。1043条の反対解釈として，当然認められる。裁判所の許可も不要である。相続開始後の遺留分放棄は，放棄者の遺留分が侵害されてもその減殺請求をしないというだけであるから，実際のところは，遺留分減殺請求権の不行使あるいは放棄を意味する。したがって，放棄の意思表示は減殺請求の相手方に対してな

すべきである。

3　遺留分減殺請求権の性質
(1) 遺留分減殺請求権の法的性質
法的性質については，説が分かれている。
(a) 形成権＝物権的効果説（判例・多数説）　減殺請求という意思表示によって遺留分侵害行為の効力は消滅するから，法的性質は形成権である。侵害行為の効力消滅の結果，目的物の上の権利は当然に遺留分権利者に復帰する（物権的効果）から，それにもとづいて遺留分権利者は目的物の引渡しを請求できる。（最判昭和57年3月4日民集36巻3号241頁，最判昭和51年8月30日民集30巻7号768頁）
(b) 形成権＝債権的効果説　減殺の効力は遺留分侵害行為の取消であるから，その法的性質は形成権であるが，目的物上の権利は当然には遺留分権利者に復帰せず，受遺者や受贈者に返還義務を負わせるに過ぎない（債権的効果）。
(c) 請求権説　減殺請求は受遺者や受贈者に対する財産引渡請求・未履行贈与・履行拒絶権であるとする。

(2) 減殺請求権者
遺留分の減殺請求権者は，遺留分権利者である相続人とその承継人である（1031条）。相続開始後に行使される具体的な減殺請求権は一つの財産権であり，帰属上の一身専属権ではない。

(3) 減殺請求権の行使
(a) 方法　意思表示による。裁判所に訴えて行使する必要はない。家庭裁判所に遺産分割の申立てをすることは，その申立ての中に減殺請求の意思表示が含まれていると判断できる場合がある。
(b) 減殺請求の相手方　減殺請求の相手方は，受遺者，受贈者ならびにその包括承継人である。悪意の特定承継人や権利設定者も当然含まれる。

(4) 遺留分減殺請求権の消滅時効
遺留分減殺請求権は，遺留分権利者が相続の開始および減殺すべき贈与または遺贈があったことを知ったときから，1年間これを行わなかったときは，時効によって消滅する（1042条）。相続開始時から10年を経過したときも同様に消

滅する（1042条後段）。多数説は，この1年という期間を消滅時効期間，10年を除斥期間としている。

<ANSWER>

　設問において法定相続人は実子の直子，典子そして養子の広司である。したがって直子，典子，広司は遺留分権利者である。相続人が子だけの場合の遺留分は2分の1であるから，各自の遺留分はその3分の1となり，相続財産全体の6分の1となる。相続財産がすべて，めぐみに遺贈されてしまうと，典子の相続分はゼロになり，遺留分が侵害されることになる。したがって，典子はめぐみに対し相続財産の6分の1の限度で遺留分の減殺を請求できる。一方，広司の遺留分放棄は，相続開始前であれば裁判所の許可が必要になる。広司が放棄したからといって，典子の遺留分がふえるわけではない。相続開始後に遺留分が放棄されたのであれば，広司はめぐみに減殺請求をしないというにすぎない。

<POINT>

1　遺留分制度の意義
2　遺留分の算出
3　遺留分減殺請求権の性質
4　相続開始前の遺留分放棄の可否

第46講 慰謝料の相続

<CASE>

交通事故で死亡した圭子の示談で，加害者は老女の逸失利益などというのは聞いたこともないし，そんな余計な金は払わないと意気込んでいるが，家族は逸失利益を請求できるのだろうか。また，慰謝料は相続できるのだろうか。

<THEME>

1 老女の逸失利益
2 慰謝料請求権の相続

<ESSENCE>

1 生命侵害による損害賠償請求権の相続性の問題点

生命侵害による損害には，財産上の損害（逸失利益）と非財産上の損害（慰謝料）とが考えられている。これらの損害についての賠償請求権が被害者に発生するかどうかが，まず問題となる。なぜなら被害者は，死亡によってすでに権利の主体性を失っているので，生きていたら得られたであろう将来の収入（消極的損害）に対する損害賠償請求権を取得できるはずがない，と考えられるからである。その場合には，この損害賠償請求権が相続されることもない。しかし，この考え方を推し進めると，重傷を負った被害者は損害賠償請求権を取得し，その後この負傷が原因で死亡すれば，その損害賠償請求権は相続されるのに対して，被害者が即死した場合には損害賠償請求権は発生せず，相続人はその相続ができないことになる。そうなると加害者は被害者を即死させれば

賠償責任を免れ，被害者に重傷を負わせた場合よりも得をするという不合理な結果が生じる。そこで，この不合理な結果をどのように回避するかが問題になるのである。

2　老女の逸失利益

　逸失利益について当初，判例は傷害と死亡との間に時間の存する限りは，時間の長短にかかわらず，まず被害者に損害賠償請求権が発生し，その死亡によって相続人が権利を承継する，という見解（当然承継説）を示した（大判大正15年2月16日民集5巻150頁）。しかし，これは死者に損害賠償請求権を認めるものであり，そのためには「死ぬ前に死があるかまたは死後に死があるという前提」が必要になる。このため判例は相続否定説を採った（大判昭和3年3月10日民集7巻152頁）。しかしその後，学説・判例ともにこの矛盾の解決に苦慮しつつ，即死の場合を重傷→死亡という形の極限形態であるという概念（極限概念説）で説明を試みたり，相続を人格の承継である（人格承継説）と説明して，損害賠償請求権の相続性を一貫して肯定する。

　逸失利益とは，生きていたら得られたであろう将来の収入である。実務で採用されている死者の逸失利益算定方式では，被害者の給与体系表または賃金センサスにもとづいて加害行為後の稼働可能期間とその期間内の各年齢ごとの年収額を定め，被害者本人の生活費を減じて各年齢ごとの純利益を算出する。ここから現在までの中間利息を控除して現在価格を算定する。これらを合算した額が請求可能な逸失利益である。中間利息の控除方式として，ホフマン式，カルプツォウ式，ライプニッツ式が利用されている。現在の算定方式では，被害者が無収入で勤労意欲に乏しければ逸失利益が認められない場合もありうる（最判昭和44年12月23日判時584号69頁）。判例は，幼児や年少者，主婦についても逸失利益の賠償を肯定している。

3　慰謝料請求権の相続──「笑う相続人」──

　精神的損害である慰謝料請求は，被害者の受けた精神的苦痛の程度がはっきりしないだけでなく，それを請求する意思の確認にも困難が伴う。このため慰謝料請求権の相続性については問題が生じる。かつて判例は，慰謝料請求権は

一身専属権であるから，原則として相続の対象にはならないが，被害者が生前に請求の意思表示をしたときには通常の金銭債権となり，遺族に相続される，とした（大判明治43年10月3日民録16輯621頁）。このため判例は被害者救済の観点から，慰謝料請求権を「行使上の一身専属権」と捉え，被害者による「請求の意思表示」の認定にさまざまな工夫を凝らしてきた。たとえば被害者が「残念」と叫んだ場合（大判昭和2年5月30日新聞2702号5頁）や「向こうが悪い」といって死んだ場合（大判昭和18年8月6日判決全集4輯15号10頁）には，判例は被害者の請求の意思表示を肯定した。しかし，これでは，被害が甚大で即死に近づけば近づくほど，慰謝料請求の意思表示はできなくなる，という矛盾が生じる。この矛盾から生じる遺族間の不公平を是正し，より遺族の保護を厚くするために，判例はその後，被害者が生前に慰謝料請求の意思表示をしたか否かを問わず，被害者本人の慰謝料請求権は当然に相続人に承継される，という立場（当然承継説）を採用した（最大判昭和42年11月1日民集21巻9号2249頁）。

　これに対して，近時の多くの学説は，財産上の損害か慰謝料かを問わず，被害者の損害賠償請求権の相続性を否定する。その論拠は次のとおりである。すなわち，相続否定説は慰謝料請求権を「帰属上の一身専属権」であると考えるから，即死の場合には被害者に慰謝料請求権が帰属できないはずであるとし，その結果，生命侵害による損害賠償請求は残された遺族が蒙った固有の損害の賠償である，と主張する。そして，この遺族の蒙った固有の損害をどのように理解するかによって，さらに見解が分かれる。扶養請求権侵害説はこの損害を扶養を求める権利の喪失とみる。また相続期待侵害説は，遺産として取得すべかりし利益の喪失であると主張する。そして相続否定説は揃って，711条にもとづき相続人が固有の慰謝料を請求すべきであるとする。

　被害者の慰謝料請求権の相続を肯定する学説・判例（相続肯定説）に対する実質的な最大の批判は，いわゆる「笑う相続人」の問題である。なぜなら相続肯定説では，被害者と長期間にわたって生活を共にしていたわけでもない相続人や，被害者との間に扶養，被扶養の問題がほとんど生じない兄弟姉妹も相続人である以上，彼らに被害者である死者の慰謝料請求を認めることになるからである。この結果，場合によってはそれらの相続人は多額の金銭を手にするという不都合が生じる。一方，相続否定説においても，死者と相続人との間の扶

養関係の希薄さを理由に，慰謝料請求権の相続性を否定するならば，加害者は死者である被害者に対する賠償責任を免れるという不都合が生じる。

\<ANSWER\>

　圭子が老齢であるという理由からだけでは，圭子には逸失利益がないとはいえない。専業主婦であっても家事労働に対する賃金センサスをもとに計算ができるからである。ただし，稼働可能年数については余命年数の2分の1とするか，一定年齢で打ち切られるかの問題はある。いずれにしても逸失利益が全くないとはいえない。また慰謝料請求についてもその相続が認められるので，相続人である遺族は，逸失利益と慰謝料とを合わせて請求できることになる。

\<POINT\>

1　生命侵害の損害賠償請求権の法的性質
2　逸失利益の内容と相続性
3　慰謝料請求権の相続性

第Ⅱ編 相続法

第47講 家庭裁判所

<CASE>
　圭子の相続問題で共同相続人がもめた場合，どのような裁判所に解決をもとめたらいいのだろうか。分割できない家屋があった場合はどのような解決方法が求められるだろうか。

<THEME>
1　家庭裁判所の役割
2　家庭裁判所の調停，審判事項とは
3　家庭裁判所の手続

✿✿✿✿✿✿✿✿✿✿✿✿✿✿✿✿✿✿✿✿✿✿✿✿

<ESSENCE>
1　家庭裁判所の役割――家庭に平和を　少年に希望を――
(1)　家庭裁判所の意義
　家庭裁判所は，離婚や相続などに関する家庭内のもめ事の解決と非行を犯した少年の事件を専門に扱う裁判所として，1949年1月1日に戦後の司法改革の中で最も特色ある制度として誕生した。家庭裁判所の理念は，法律的に白黒をつけて決着を図るのではなく，紛争や非行の背景にある原因を探り，それによって家庭内あるいは親族間のトラブルの円満な解決を図り，また少年事件では，非行を犯した少年の健全な更正のために適切妥当な措置を講じて解決を図ることにある。
　家庭内の事件である夫婦や親子間の争いはその性質上，必ずしも公開の法廷で扱うのは適切妥当ではない。むしろ，通常の訴訟手続によらないで，家庭事

件・少年事件にふさわしい非公開の手続で条理を踏まえた解決を目指すことが家庭裁判所の理念とも合致する。

当初,「家庭に光を,少年に愛を」という標語をもって出発した家庭裁判所の制度は,現在は「家庭に平和を,少年に希望を」という標語を掲げてその役割を果たそうとしている。

(2) 家庭裁判所の機構と組織

広い意味での裁判所としては,最高裁判所を頂点に,下級裁判所として高等裁判所,地方裁判所,家庭裁判所,簡易裁判所が設けられている（憲法76条1項,裁判所法1条・2条）。このうち家庭裁判所は,民事事件に関しては,非訟事件としての家庭事件の審判と調停を行い,訴訟事件を処理する権限をもたない（裁判所法31条の3第1号）ので,民事訴訟の裁判所ではない。

家庭裁判所は,各都道府県庁所在地と函館,旭川,釧路の合計50カ所に配置されている。この他に,支部は主要都市203箇所,出張所は77カ所に設けられている。

家庭裁判所の構成員は,裁判官,裁判所書記官,裁判所事務官の他に,家庭裁判所特有のものとして,家庭裁判所調査官と医務室に医師と看護婦がいる。調査官は,心理学,社会学,教育学,法律学を専攻した者から採用され,事実の調査や人間関係の調整などを行う。また,精神科や内科の医師によって,必要に応じて家事事件の当事者や少年の心身の状況についての診断が行われる。さらに,調停事件のために調停委員,家事審判についての参与員が民間から登用されている。

2　家事事件の概要

(1) 家事事件の意義

家事事件は,人の身分に関係のある事件の審判と家庭に関する紛争の調停を内容とするもので,個人の尊厳と両性の本質的平等を基本として,家庭の平和と健全な親族共同生活の維持を図ることを目的としている（家事審判法1条）。家事事件の法的性質は非訟事件であり,職権主義を基本とし簡易・迅速・秘密性を特色とする。家事事件は次のように大別できる。

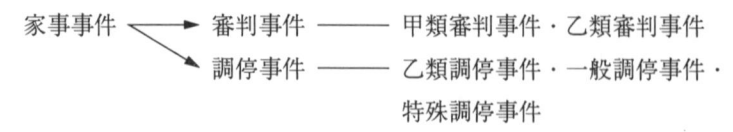

```
家事事件 ─┬→ 審判事件 ──── 甲類審判事件・乙類審判事件
          └→ 調停事件 ──── 乙類調停事件・一般調停事件・
                            特殊調停事件
```

(2) 審判事件

　審判事件とは，家事審判法その他の法律で定める，人の身分関係の創設・変更・消滅とそれに伴う法律関係について，家庭裁判所が関与する手続をいう。審判事件とされる法律関係はいずれも，私人の自由に委ねておくと，社会的強者の恣意によって家庭の平和や社会秩序が乱され，その結果，未成年者や経済的弱者の人権が侵害されるおそれがあるものである。審判事件は，家庭裁判所の専属管轄事件であり，訴訟によって処理されない。

　(a) 甲類審判事件　　家事審判法9条1項甲類に規定されている事項以外に，他の法律によって甲類審判事項とされているものである。子の氏の変更の許可，相続放棄，名の変更，後見人の選任，養子縁組の許可などの公益性が強く，裁判所が後見的な立場から関与する必要があると考えられている事項である。これらの事項は，一般に当事者が対立して争う性質の事件ではないので，当事者の合意による解決も考えられないため，もっぱら審判で処理される。訴訟や調停で処理されることもない（家事審判法17条但書）。

　(b) 乙類審判事件　　親権者の指定や変更，遺産分割，養育料の請求などの子の監護に関する処分，婚姻費用の分担などの親族間の紛争を前提とする事件である。これらは当事者が争う性質の事件であることから，第1次的には当事者間の協議による自主的な解決が期待され，審判によるほか，調停によっても処理される（家事審判法11条・17条）。しかし，乙類事件は終局的には審判事項であるから，調停が不成立の場合には審判手続に移行して，家庭裁判所の審判によって解決される。

(3) 調停事件

　家庭裁判所は，人事に関する訴訟事件，その他一般に家庭に関する事件について調停を行う（家事審判法17条）。一般調停事件の対象は当事者の任意処分が許される事項である。夫婦，親子，兄弟親族間の紛争のすべてを対象とする。親族関係を前提にしているかぎり，民事訴訟事項に属しているものでもよい。これに対して，特殊調停事件は人事訴訟の簡易手続ともいわれるもので，当事

者の任意処分を許さない婚姻無効・取消，認知，嫡出否認などを処理する（家事審判法23条）。

　特殊調停事件は，調停手続で一定の合意が成立すると，裁判所は職権で必要事項を調査し，調停委員の意見を聞き，正当と認める場合にのみ合意に相当する審判をする。この審判には異議が認められる。

3　家事事件の家庭裁判所での手続

家事事件は概略，次のような手続の流れで進む。

```
家庭・親族間での紛争………親子関係・婚姻・相続などに関する紛争

家　庭　裁　判　所………家事相談：紛争が家庭裁判所で扱う事件
                              か否か・申立手続
          ┌ 審判手続 → 調査官の調査 → 審判 ┬ 終了
  申立て ─┤                                └ 不服 → 異議
          └ 調停手続 ┬ 成　立 → 履行勧告・地方裁判所で強制執行
                    └ 不成立 → 審判・通常の訴訟手続へ移行
```

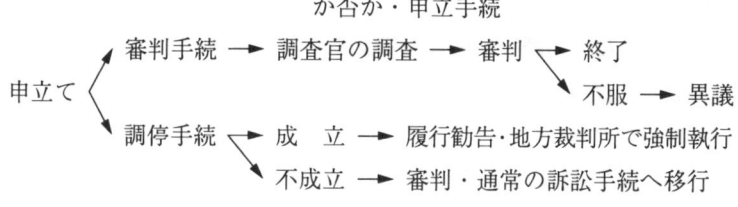

審判事件の不服申立期間は2週間である。不服は高等裁判所に申し立てる。

\<ANSWER\>

　遺産分割は乙類事件（家事審判法9条乙類審判事件）であるから，審判，調停のいずれの申立ても許される。しかし，家庭裁判所はこの事件についてはいつでも調停に付することができるから（家事審判法11条），まず調停の申立てがなされるのが一般的である。調停が不成立の場合は，家庭裁判所の審判で解決がなされる。

\<POINT\>

家庭裁判所の管轄と機能

第48講　相 続 税

＜CASE＞
　百合野家の親戚である山田家は，都市近郊農家で，バブル時代に農地を売却したことから，当主であった一郎の遺産は8億円に上るという。この場合，相続税はどのような根拠で課税されるのだろうか。また，相続税がどのくらいかかるか，それはどのようにして計算するのか。

＜THEME＞
1　相続税とは　相続税の正当性の根拠
2　相続税の仕組み
3　相続税の計算

＜ESSENCE＞
1　相続税とは
　相続税は，遺産を取得した人にかかる税金である。課税の主体から，国が課する国税であり，課税の仕方から，税金を負担する人に直接課する直接税であり，また，課税の対象を財産とする財産税である。
(1)　相続税の課税方式
　相続税の課税には，次のような方式が考えられている。
　(a)　遺産税方式　　この方式は，死亡した人（被相続人）の遺産にかける方式で，被相続人の遺産をどのように分割して取得したかにかかわらず，被相続人の遺産の価額を，課税標準として相続税を課す方式である。
　この方式では，遺産額が多くなる部分に従って税率が高くなる超過累進税率

により課税され，遺産分割を仮装して税負担の軽減を図るようなことはされない。分割不可能な財産があっても支障がないなどの長所がある。

短所として，遺産分割に関係がないので，相続人の担税力に促した課税ができないし，また，富の再分配の効果が薄れるなどがある。

(b) 遺産取得税方式　この方式は，被相続人の遺産総額に関係なく，財産を取得した人ごとにその取得した財産の価額を課税標準として課税する方式である。

長所としては，相続人の相続権が確保され，担税力に即した課税ができる。また，分割を促進させ，富の集中の抑制，再分配の効果が期待できる。

短所としては，遺産分割を仮装して税負担の軽減を図ったり，分割困難な財産の税負担が重くなるなどがあげられる。

(c) 法定相続分課税方式による遺産取得税方式　上記(a)，(b)の方式は，それぞれに長所と短所があるところから，国際的にもどちらかの方法に統一されているわけではない。

わが国の相続税は，日露戦争の戦費調達のため明治38年に創設され，遺産税方式であった。1950（昭和25）年にシャウプ勧告により，遺産が分割されることを前提とし，一生累積課税による遺産取得課税に改められた。そして，相続税の補完税としての贈与税（昭和21年創設）は，相続税に吸収された。

しかし，一生累積課税は，税務執行面の困難から，1953（昭和28）年に廃止され，再び，贈与税と相続税の二本建てとなった。そして，1958（昭和33）年に，当時，遺産分割が徹底しているとはいえなかったこと，遺産分割をすることが困難な農業用資産や中小企業用資産を相続した相続人の税負担は相対的に重いものになっているなどの理由から，両者の長所を取り入れ，現行の「法定相続分課税方式による遺産取得税方式」と呼ばれる折衷的な方式に改正された。

(2) 相続税の根拠

(a) 遺産に課税する根拠

ⓐ　相続の開始により被相続人から，相続人に対して財産が移転する際に被相続人の遺産の一部は，当然社会に返還されるべきであると考える。そこで，被相続人の遺産に対して，その額に応じて累進税率で課することにより，富の集中を抑制するという社会政策的な意味を有する。

ⓑ　相続の発生は，被相続人が生前に受けた税制上の特典や課税漏れ等により蓄積した財産を把握し課税する最もよい機会であり，所得税あるいは財産税の後払いとしての課税は，遺産額を課税標準とすることが当然の帰結と考える。

　(b)　取得財産に課税する根拠

　ⓐ　遺産取得に対する課税は，遺産の偶然の帰属による不労所得に対する特殊の形態の所得税であると考える。

　ⓑ　大資産の取得に重い税を課すことは，社会政策的な観点から重要な意義があるものとして位置づけられる。すべての個人は経済的に機会均等であることが望ましく，個人が財産を相続等により無償取得した場合に，その取得財産の一部を課徴するのが適当と考える。

2　相続税の仕組み

(1)　相続税の対象となる財産の範囲

　(a)　本来の相続財産　　相続財産には，土地，家屋，有価証券などいっさいの財産，プラスの財産のみならずマイナスの財産（債務など）も含められる。これらを民法上の相続財産という（第29講参照）。

　(b)　みなし相続財産　　みなし相続財産とは，民法上は相続または遺贈によって取得した財産とはいえないが，相続税法上は，相続税負担の回避を防ぎ，実質的な負担の公平を図るため，課税の対象としているものである。

　みなし相続財産とされているものには，生命保険金，退職手当金等，生命保険契約に関する権利，特別縁故者への財産分与，信託受益権，低額譲受けによる利益，債務免除等による利益などがある。

　みなし相続財産は，民法上の相続財産ではないので，遺留分の減殺請求，特別受益の持戻しの規定は一般的には適用されない。

　(c)　相続開始前3年以内の贈与財産　　相続または遺贈により財産を取得した者が，相続開始前3年以内にその相続に係る被相続人から贈与により財産を取得していた場合には，その贈与により取得していた財産の価額を相続財産の価格に加算する。負担していた贈与税額は，相続税額から控除する。これは，相続税負担の軽減を図るための贈与を防止し，また，相続税の補完税としての役割を担う贈与税を相続発生時点で清算する必要があるからである。

ただし，贈与税の配偶者控除（配偶者間贈与税2,000万円まで非課税の制度）により取得した財産については，その制度の趣旨を配慮して除かれる。

(d) 相続税のかからない財産（非課税財産）　相続税の対象となる財産は，被相続人の所有したいっさいの財産であるが，なかには，そこまで，課税しなくてもよいのではないか，あるいは社会政策的な観点から課税の対象とするのは適当ではないと考えられるものがあり，下表のものを非課税財産としている。

霊魂祭物	墓地，墓石，仏壇，香典など
公益事業用	宗教，慈善，学術など公益を目的とする事業者が相続や贈与によって取得した財産　たとえば神社やお寺などの財産
国等に寄付	申告期限までに，国，地方公共団体，公益法人等に寄付をした財産
身心障害者共済給付金の受給権	
生命保険金	「500万円×法定相続人の人数」の額まで
死亡退職金	「500万円×法定相続人の人数」の額まで
弔慰金	業務上の死亡——給料の3年分，その他の死亡——給料の6カ月分

(e) 相続財産から控除される債務等　相続開始時に有していた，借入金などの債務のほか，未払税金，通夜・葬式費用などは控除できる。

(2) 相続財産の評価

相続財産の価額は，相続した時の価額，すなわち時価により算定する。このことを評価するといい，これによる価額が相続税評価額である。

財産の種類ごとに，相続税評価額の算出方法が定められている。

居住用や事業用の小規模宅地は，その評価額が減額される特別な制度がある。

(3) 税額の軽減・控除制度

(a) 配偶者の税額軽減　残された配偶者の生活保障や遺産形成に対する内助の功に配慮して配偶者の税額が軽減される。

(b) 未成年者控除・障害者控除　相続人が，20歳未満のときは成年に達するまで未成年者控除，障害者のときは，70歳に達するまで障害者控除がある。

3　相続税の計算

一郎の相続財産は，不動産や現預金等が8億円，保険金が1億5,000万円，

公益事業への寄付金や生命保険金の非課税部分などが5,000万円，銀行からの借入金残高が1億円である。相続人は次の人たちで，遺産分割は，法定相続分により分割することにした。相続税額を計算してみよう。

[相続人と法定相続分]

　　　妻，養子，嫡出子①・嫡出子②，非嫡出子

　　　法定相続分　　妻1/2　　子1/2　　非嫡出子は嫡出子の1/2

　嫡出子②は，10年前結婚に際しマンションの贈与を受けているので今回は放棄した。非嫡出子は乙の死後認知されているが遺産分割前である。

　相続を放棄した人がいる場合も，相続税の計算上，基礎控除の人数および相続税の総額には関係させない。

[正味遺産額（課税価格の合計額）]　　（単位：万円）

　　　相続財産　80,000＋みなし相続財産　15,000－非課税財産　5,000
　　　－債務　10,000＋3年以内の贈与財産　0＝課税価格の合計額　80,000

[課税遺産額]　　（遺産にかかる基礎控除）

　　　80,000－（5,000＋1,000×法定相続人の数5人）＝70,000

[相続税の総額]

　相続税の総額は，実際の分割にかかわらず常に法定相続分により計算する。

　子の配分は，2：2：2：1，すなわち2/7，2/7，2/7，1/7の割合になる。

　　　各相続人のa×b－c＝d　　税率，控除額は速算表による（248頁参照）。

相続人	課税価格（a）	税率（b）	控除額（c）	税額（d）
妻	70,000×1/2	50%	3520	13980
養子	70,000×1/2×2/7	30%	520	2480
嫡出子①	70,000×1/2×2/7	30%	520	2480
〃　②	70,000×1/2×2/7	30%	520	2480
非嫡出子	70,000×1/2×1/7	25%	270	980
			相続税の総額合計額	22,400

各人の取得価格に応じた相続税額

相続人	妻	養子	嫡出子	非嫡出子	合計
各人の相続分	1/2	2/10	2/10	1/10	1
各人の取得価格（B）	40,000	16,000	16,000	8,000	80,000（A）
取得割合（B/A）	0.5	0.2	0.2	0.1	1
各人の税額（C×B/A）	11,200	4,480	4,480	2,240	22,400（C）

取得割合

　各人の取得割合B/Aは，$\dfrac{各人の取得価格}{課税価格の合計額^{*}}$　となり，

　＊各人の取得価格の合計額と同じ

　妻の場合は，$\dfrac{40,000}{80,000}=0.5$　となる。

各人の税額

　各人の税額C×B/Aは，　相続税の総額×取得割合　となり，妻の場合は，
22,400×0.5＝11,200　となる

配偶者の税額軽減

　$22,400 \times \dfrac{注\ 40,000^{**}}{正味遺産額\ 80,000} = 11,200$

　　＊＊　配偶者の法定相続分相当額40,000と定額16,000のいずれか大きい金額 40,000

　　　　配偶者の法定相続分40,000と実際の取得価格40,000といずれか少ない金額 40,000

納付すべき税額

　妻は，　11,200－11,200＝0　となり，配偶者の税額軽減により，相続税はかからない。

　養子・嫡出子①は，それぞれ4,480万円

　非嫡出子は1/2の2,240万円になる。

<ANSWER>

相続税は,相続人が遺産を無償で取得するので,この時に一部を相続税として納税し社会に還元することは,妥当なことである。

また,「法定相続分課税方式による遺産取得税方式」は,申告期限までに遺産分割が整わなくても,相続税の総額は変わらないので,とりあえず法定相続分にしたがって申告納付できる。正式に分割できれば,各人の間で相続税額の過不足を調整する。ただし,配偶者の税額軽減の適用は,その制度の趣旨から配偶者に分割されていることが前提である。

配偶者相続権は,戦後の民法改正で認められたが,従来の慣習から,長子に相続の重点がおかれていた。しかし,相続税法で配偶者の税額軽減の制度が創設されてから,配偶者への遺産分割が促進した。

<POINT>

1 民法上の相続財産の範囲と,税法上の相続財産との違いと,その理由
2 相続税の課税が遺産分割等に与える影響

相続税の速算表　　a×b－c＝税額

課税価格 (a)		税率 (b)	控除額 (c)
	800万円以下	10%	―
800万円超	1600万円 〃	15%	40万円
1600万円 〃	3000万円 〃	20%	120万円
3000万円 〃	5000万円 〃	25%	270万円
5000万円 〃	1億円 〃	30%	520万円
1億円 〃	2億円 〃	40%	1520万円
2億円 〃	4億円 〃	50%	3520万円
4億円 〃	20億円 〃	60%	7520万円
20億円 〃		70%	2億7520万円

資 料 編

【資料目次】

民法の一部を改正する法律案要綱　251

〈書式〉

離婚届　46
不受理申出　53
離婚調停申立書の記載例　59
親権者変更の申立書の記載例　70
子の氏の変更許可の申立書の記載例　120
補助開始申立書の記載例　135
相続放棄申述書の記載例　169
土地登記簿謄本例　179
遺産分割協議書の例　185
自筆証書遺言の封筒の例　203
遺言公正証書の例　213
出生届　256
死亡届　257
養子縁組届　258
養子離縁届　259
特別養子縁組届　260
認知届　261
姻族関係終了届　262
推定相続人廃除届　263
戸籍の記載例　264
保護者選任および順位の変更の申立書の記載例　265

〈グラフ〉

甲類審判事件新受件数の推移　123
乙類審判事件受件数の推移　124
調停事件新受件数の推移　124

民法の一部を改正する法律案要綱

1996年2月16日法制審議会答申

第一 婚姻の成立

一 婚姻適齢
　婚姻は，満18歳にならなければ，これをすることができないものとする。

二 再婚禁止期間
　1　女は，前婚の解消又は取消しの日から起算して100日を経過した後でなければ，再婚をすることができないものとする。
　2　女が前婚の解消又は取消しの日以後に出産したときは，その出産の日から，1を適用しないものとする。

第二 婚姻の取消し

一 再婚禁止期間違反の婚姻の取消し
　第一，二に違反した婚姻は，前婚の解消若しくは取消しの日から起算して100日を経過し，又は女が再婚後に懐胎したときは，その取消しを請求することができないものとする。

第三 夫婦の氏

一　夫婦は，婚姻の際に定めるところに従い，夫若しくは妻の氏を称し，又は各自の婚姻前の氏を称するものとする。
二　夫婦が各自の婚姻前の氏を称する旨の定めをするときは，夫婦は，婚姻の際に，夫又は妻の氏を子が称する氏として定めなければならないものとする。

第四 子の氏

一 嫡出である子の氏
　嫡出である子は，父母の氏（子の出生前に父母が離婚したときは，離婚の際における父母の氏）又は父母が第三，二により子が称する氏として定めた父若しくは母の氏

を称するものとする。

二　養子の氏

1　養子は，養親の氏（氏を異にする夫婦が共に養子をするときは，養親が第三，二により子が称する氏として定めた氏）を称するものとする。

2　氏を異にする夫婦の一方が配偶者の嫡出である子を養子とするときは，養子は，1にかかわらず，養親とその配偶者が第三，二により子が称する氏として定めた氏を称するものとする。

3　養子が婚姻によって氏を改めた者であるときは，婚姻の際に定めた氏を称すべき間は，1，2を適用しないものとする。

三　子の氏の変更

1　子が父又は母と氏を異にする場合には，子は，家庭裁判所の許可を得て，戸籍法の定めるところにより届け出ることによって，その父又は母の氏を称することができるものとする。ただし，子の父母が氏を異にする夫婦であって子が未成年であるときは，父母の婚姻中は，特別の事情があるときでなければ，これをすることができないものとする。

2　父又は母が氏を改めたことにより子が父母と氏を異にする場合には，子は，父母の婚姻中に限り，1にかかわらず，戸籍法の定めるところにより届け出ることによって，その父母の氏又はその父若しくは母の氏を称することができるものとする。

3　子の出生後に婚姻をした父母が氏を異にする夫婦である場合において，子が第三，二によって子が称する氏として定められた父又は母の氏と異なる氏を称するときは，子は，父母の婚姻中に限り，1にかかわらず，戸籍法の定めるところにより届け出ることによって，その父又は母の氏を称することができるものとする。ただし，父母の婚姻後に子がその氏を改めたときは，この限りでないものとする。

4　子が15歳未満であるときは，その法定代理人が，これに代わって，1から3までの行為をすることができるものとする。

5　1から4までによって氏を改めた未成年の子は，成年に達した時から1年以内に戸籍法の定めるところにより届け出ることによって，従前の氏に復することができるものとする。

第五　夫婦間の契約取消権

第754条の規定は，削除するものとする。

第六　協議上の離婚

一　子の監護に必要な事項の定め

1　父母が協議上の離婚をするときは，子の監護をすべき者，父又は母と子との面会及び交流，子の監護に要する費用の分担その他の監護について必要な事項は，その協議でこれを定めるものとする。この場合においては，子の利益を最も優先して考慮しなければならないものとする。

2　1の協議が調わないとき，又は協議をすることができないときは，家庭裁判所が，1の事項を定めるものとする。

3　家庭裁判所は，必要があると認めるときは，1又は2による定めを変更し，その他の監護について相当な処分を命ずることができるものとする。

4　1から3までは，監護の範囲外では，父母の権利義務に変更を生ずることがないものとする。

二　離婚後の財産分与

1　協議上の離婚をした者の一方は，相手方に対して財産の分与を請求することができるものとする。

2　1による財産の分与について，当事者間に協議が調わないとき，又は協議をすることができないときは，当事者は，家庭裁判所に対して協議に代わる処分を請求することができるものとする。ただし，離婚の時から2年を経過したときは，この限りでないものとする。

3　2の場合には，家庭裁判所は，離婚後の当事者間の財産上の衡平を図るため，当事者双方がその協力によって取得し，又は維持した財産の額及びその取得又は維持についての各当事者の寄与の程度，婚姻の期間，婚姻中の生活水準，婚姻中の協力及び扶助の状況，各当事者の年齢，心身の状況，職業及び収入その他一切の事情を考慮し，分与させるべきかどうか並びに分与の額及び方法を定めるものとする。この場合において，当事者双方がその協力により財産を取得し，又は維持するについての各当事者の寄与の程度は，その異なることが明らかでないときは，相等しいものとする。

第七　裁判上の離婚

一　夫婦の一方は，次に掲げる場合に限り，離婚の訴えを提起することができるものとする。ただし，①又は②に掲げる場合については，婚姻関係が回復の見込みのな

い破綻(たん)に至っていないときは，この限りでないものとする。
① 配偶者に不貞な行為があったとき。
② 配偶者から悪意で遺棄されたとき。
③ 配偶者の生死が3年以上明らかでないとき。
④ 夫婦が5年以上継続して婚姻の本旨に反する別居をしているとき。
⑤ ③，④のほか，婚姻関係が破綻して回復の見込みがないとき。

二　裁判所は，一の場合であっても，離婚が配偶者又は子に著しい生活の困窮又は耐え難い苦痛をもたらすときは，離婚の請求を棄却することができるものとする。④又は⑤の場合において，離婚の請求をしている者が配偶者に対する協力及び扶助を著しく怠っていることによりその請求が信義に反すると認められるときも同様とするものとする。

三　第770条第2項を準用する第814条第2項（裁判上の離縁における裁量棄却条項）は，現行第770条第2項の規定に沿って書き下ろすものとする。

第八　失踪宣告による婚姻の解消

一　夫婦の一方が失踪の宣告を受けた後他の一方が再婚をしたときは，再婚後にされた失踪の宣告の取消しは，失踪の宣告による前婚の解消の効力に影響を及ぼさないものとする。

二　一の場合には，前婚による姻族関係は，失踪の宣告の取消しによって終了するものとする。ただし，失踪の宣告後その取消し前にされた第728条第2項（姻族関係の終了）の意思表示の効力を妨げないものとする。

三　第751条（生存配偶者の復氏等）の規定は，一の場合にも，適用するものとする。

四　第六，一及び二は一の場合について，第769条（祭具等の承継）の規定は二本文の場合について準用するものとする。

第九　失踪宣告の取消しと親権

一　父母の婚姻中にその一方が失踪の宣告を受けた後他の一方が再婚をした場合において，再婚後に失踪の宣告が取り消されたときは，親権は，他の一方がこれを行うものとする。

二　子の利益のため必要があると認めるときは，家庭裁判所は，子の親族の請求に

よって，親権者を他の一方に変更することができるものとする。

第十　相続の効力

嫡出でない子の相続分は，嫡出である子の相続分と同等とするものとする。

第十一　戸籍法の改正

民法の改正に伴い，戸籍法に所要の改正を加えるものとする。

第十二　経過措置

一　婚姻適齢に関する経過措置
改正法の施行の際満16歳に達している女は，第一，一にかかわらず，婚姻をすることができるものとする。

二　夫婦の氏に関する経過措置
1　改正法の施行前に婚姻によって氏を改めた夫又は妻は，婚姻中に限り，配偶者との合意に基づき，改正法の施行の日から1年以内に2により届け出ることによって，婚姻前の氏に復することができるものとする。

2　1によって婚姻前の氏に復しようとする者は，改正後の戸籍法の規定に従って，配偶者とともにその旨を届け出なければならないものとする。

3　1により夫又は妻が婚姻前の氏に復することとなったときは，改正後の民法及び戸籍法の規定の適用については，婚姻の際夫婦が称する氏として定めた夫又は妻の氏を第三，二による子が称する氏として定めた氏とみなすものとする。

三　相続の効力に関する経過措置
改正法の施行前に開始した相続に関しては，なお，改正前の民法の規定を適用するものとする。

四　その他本改正に伴う所要の経過措置を設けるものとする。

出生届

平成　年　月　日届出

　　　　長　殿

受理 平成　年　月　日	発送 平成　年　月　日	
第　　　　号		長印
送付 平成　年　月　日		
第　　　　号		
書類調査	戸籍記載	記載調査	調査票	附票	住民票	通知

(1)	子の氏名	(よみかた)　氏　　　名	父母との続き柄	□嫡出子　　（□男　□女） □嫡出でない子（□男　□女）
(2)	生まれたとき	平成　年　月　日　□午前／□午後　時　分		
(3)	生まれたところ	番地／番号		
(4)	住所（住民登録をするところ）	番地／番号 (よみかた)　世帯主の氏名　　　　　世帯主との続き柄		
(5)	父母の氏名 生年月日 (子が生まれたときの年齢)	父　　　　年　月　日（満　歳）	母　　　　年　月　日（満　歳）	
(6)	本籍（外国人のときは国籍だけを書いてください）	番地／番　筆頭者の氏名		
(7)	同居を始めたとき	年　月　（結婚式をあげたとき、または、同居を始めたときのうち早いほうを書いてください）		
(8)	子が生まれたときの世帯のおもな仕事と	□1．農業だけまたは農業とその他の仕事を持っている世帯 □2．自由業・商工業・サービス業等を個人で経営している世帯 □3．企業・個人商店等(官公庁は除く)の常用勤労者世帯で勤め先の従業者数が1人から99人までの世帯(日々または1年未満の契約の雇用者は5) □4．3にあてはまらない常用勤労者世帯及び会社団体の役員の世帯(日々または1年未満の契約の雇用者は5) □5．1から4にあてはまらないその他の仕事をしている者のいる世帯 □6．仕事をしている者のいない世帯		
(9)	父母の職業	(国勢調査の年・平成　年の4月1日から翌年3月31日までに子が生まれたときだけ書いてください) 父の職業　　　　　　　　　母の職業		

その他

届出人

□1．父／母　□2．法定代理人（　　）　□3．同居者　□4．医師　□5．助産婦　□6．その他の立会者
□7．公設所の長

住所　　　　　　　　　　　　　　番地／番号
本籍　　　　　　　番地／番　筆頭者の氏名
署名　　　　　　　　　　印　　　年　月　日生

事件簿番号

連絡先　電話（　　）　番
　　　　自宅・勤務先・呼出　　方

資料編　257

死亡届

平成　年　月　日届出

長　殿

受理	平成　年　月　日	発送	平成　年　月　日
第	号		
送付	平成　年　月　日		長印
第	号		

| 書類調査 | 戸籍記載 | 記載調査 | 調査票 | 附票 | 住民票 | 通知 |

(1) （よみかた）
(2) 氏　名　　氏　　　　名　　□男　□女
(3) 生年月日　　年　月　日（生まれてから30日以内に死亡したときは生まれた時刻も書いてください）□午前　時　分　□午後
(4) 死亡したとき　平成　年　月　日　□午前　時　分　□午後
(5) 死亡したところ　　　　番地／番号
(6) 住　所（住民登録をしているところ）　　番地／番号
　　世帯主の氏名
(7) 本　籍（外国人のときは国籍だけを書いてください）　　番地／番
　　筆頭者の氏名
(8)(9) 死亡した人の夫または妻　□いる（満　歳）　いない（□未婚　□死別　□離別）
(10) 死亡したときの世帯のおもな仕事と
　□1. 農業だけまたは農業とその他の仕事を持っている世帯
　□2. 自由業・商工業・サービス業等を個人で経営している世帯
　□3. 企業・個人商店等（官公庁は除く）の常用勤労者世帯で勤め先の従業者数が1人から99人までの世帯（日々または1年未満の契約の雇用者は5）
　□4. 3にあてはまらない常用勤労者世帯及び会社団体の役員の世帯（日々または1年未満の契約の雇用者は5）
　□5. 1から4にあてはまらないその他の仕事をしている者のいる世帯
　□6. 仕事をしている者のいない世帯
(11) 死亡した人の職業・産業（国勢調査の年　　年の4月1日から翌年3月31日までに死亡したときだけ書いてください）
　職業　　　　　産業

その他

届出人
　□1. 同居の親族　□2. 同居していない親族　□3. 同居者　□4. 家主　□5. 地主
　□6. 家屋管理人　□7. 土地管理人　□8. 公設所の長
　住所　　　　　番地／番号
　本籍　　　　　番地／番　筆頭者の氏名
　署名　　　印　　年　月　日生

事件簿番号

記入の注意

鉛筆や消えやすいインキで書かないでください。

死亡したことを知った日からかぞえて7日以内に出してください。

死亡者の本籍地でない役場に出すときは、2通出してください（役場が相当と認めたときは、1通で足りることもあります。）。2通の場合でも、死亡診断書は、原本1通と写し1通でさしつかえありません。

→「筆頭者の氏名」には、戸籍のはじめに記載されている人の氏名を書いてください。

→内縁のものはふくまれません。

□には、あてはまるものに☑のようにしるしをつけてください。

→死亡者について書いてください。

養子縁組届

受理 平成　年　月　日	発送 平成　年　月　日
第　　　　号	
送付 平成　年　月　日	長印
第　　　　号	

書類調査	戸籍記載	記載調査	附票	住民票	通知

平成　年　月　日届出

　　　　　長　殿

養子になる人

	養子	養女
（よみかた）		
氏　名	養子　氏　　　名	養女　氏　　　名
生年月日	年　月　日	年　月　日
住　所（住民登録をしているところ）	番地番　号	
（よみかた）世帯主の氏名		
本　籍（外国人のときは国籍だけを書いてください）	番地番	
筆頭者の氏名		
父母の氏名父母との続き柄	父　　　　　　続き柄母　　　　　　男	父　　　　　　続き柄母　　　　　　女
入籍する戸籍または新しい本籍	□養親の現在の戸籍に入る　□養子夫婦で新しい戸籍をつくる□養親の新しい戸籍に入る　□養子の戸籍に変動がない　　　　　　　　　　　　　　　　　　　　　　　　　　番地　　　　　　　　　　　　　　　　　　　　　　　　　　番筆頭者の氏名	
監護をすべき者の有無	（養子になる人が十五歳未満のときに書いてください）□届出人以外に養子になる人の監護をすべき□父 □母 □養父 □養母がいる□上記の者はいない	
届出人署名押印	印	印

届　出　人
（養子になる人が十五歳未満のときに書いてください）

資　格	親権者（□父　□養父）□後見人　□特別代理人	親権者（□母　□養母）
住　所	番地番　号	番地番　号
本　籍	番地　筆頭者番　　の氏名	番地　筆頭者番　　の氏名
署　名押　印生年月日	印　　年　　月　　日	印　　年　　月　　日

連絡先	電話（　　　）　　　番自宅・勤務先・呼出　　　　方

養子離縁届

資料編 259

平成　年　月　日届出

　　　　長　殿

受理　平成　年　月　日
第　　　　　号
送付　平成　年　月　日
第　　　　　号
発送　平成　年　月　日
　　　　　　　　　長印

書頭調査／戸籍記載／記載調査／附票／住民票／通知

	養　　　　子	
（よみかた）氏　名	養子　氏　　名	養女　氏　　名
生年月日	年　月　日	年　月　日
住　所（住民登録をしているところ）	（よみかた）世帯主の氏名　　　　番地　番　号	
本　籍（外国人のときは国籍だけを書いてください）	筆頭者の氏名　　　　　　　番地　番	
父母の氏名	父　　　　　続き柄	父　　　　　続き柄
父母との続き柄	母　　　　　男	母　　　　　女
離縁の種別	□協議離縁　　□審判　　年　月　日確定　□調停　年　月　日成立　□判決　年　月　日確定　□死亡した者との離縁　年　月　日許可の審判確定	
離縁後の本籍	□もとの戸籍にもどる　□新しい戸籍をつくる　□養子の戸籍に変動がない（よみかた）筆頭者の氏名　　番地　番	
届出人署名押印	印	印

届　出　人
（離縁する養子が十五歳未満のときに書いてください）

資　格	離縁後の親権者（□父　□養父）□後見人	離縁後の親権者（□母　□養母）
住　所	番地　番　号	番地　番　号
本　籍	番地　番　筆頭者の氏名	番地　番　筆頭者の氏名
署名押印　生年月日	印　　年　月　日	印　　年　月　日

連絡先　電話（　　）　　番
　　　　自宅・勤務先・呼出　　方

特別養子縁組届

平成　年　月　日届出

　　　　　　　　長　殿

受理	平成　年　月　日	発送 平成　年　月　日	
	第　　　号		長印
送付	平成　年　月　日		
	第　　　号		

書類調査	戸籍記載	記載調査	附票	住民票	通知

		養子になる人
(1)	（よみかた）氏　名	氏　　　　　　　名
	生年月日	年　　　月　　　日
(2)	住　所	番地／番号
	（住民登録をしているところ）	（よみかた）世帯主の氏名
(3)	本　籍（外国人のときは国籍だけを書いてください）	番地／番
		筆頭者の氏名
(4)	父母の氏名	父 　　　　　　　　　　　続き柄 □男
	父母との続き柄	母 　　　　　　　　　　　　　　　 □女
(5)	審判確定の年月日	年　　　月　　　日
(6)	養父母との続き柄	男　　　　　　　　　女
	入籍する戸籍または新しい本籍	□(3)の本籍と同一の場所に新戸籍をつくった後下記養親の現在の戸籍に入る／□養子の戸籍に変動がない／□下記のとおり
		養親の戸籍　　　　　　番地／番　　筆頭者の氏名

連絡先　電話（　　）　　番　　自宅・勤務先呼出　　方

認 知 届

	受理 平成　年　月　日　第　　　号	発送 平成　年　月　日	
平成　年　月　日届出	送付 平成　年　月　日　第　　　号		長印
長殿	書類調査	戸籍記載	記載調査	附　票	住民票	通　知

	認知される子	認知する父
氏　名	フリガナ　氏　　　　名　□男 □女	フリガナ　氏　　　　名
生年月日	年　月　日	年　月　日
住　所 （住民登録をしているところ）	番地 番　　　　号　世帯主の氏名	番地 番　　　　号　世帯主の氏名
本　籍 （外国人のときは国籍だけを書いてください）	番地 番　筆頭者の氏名	番地 番　筆頭者の氏名
認知の種別	□任意認知　　　　　　　□審判　　年　月　日確定　　□判決　　年　月　日確定 □遺言認知（遺言執行者　　年　月　日就職）		
子の母	氏名　　　　　　　　　　　　　　　　　　　　　年　月　日生　本籍　　　　　　　　　　　　　　　　　番地 番　筆頭者の氏名
その他	□未成年の子を認知する □成年の子を認知する □死亡した子を認知する □胎児を認知する
届出人	□父　□その他（　　　　　　　　）　住所　　　　　　　　　　　　　　　　　　　番地 番　　　号　本籍　　　　　　　　　　　　　　　番地 番　筆頭者の氏名　署名　　　　　　　　　　㊞　　　　年　月　日生

　　　　連絡先　電話（　　）　　　　　　　番
　　　　　　　自宅・勤務先・呼出　　　　　方

姻族関係終了届

平成　年　月　日届出

　　　　長　殿

受理	平成　年　月　日	発送	平成　年　月　日
第　　　　号			
送付	平成　年　月　日		長　印
第　　　　号			
書類調査	戸籍記載	記載調査			

姻族関係を終了させる人の氏名（よみかた）	氏　　　　名		年　月　日生
住　所（住民登録をしているところ）		番地番号	
	世帯主の氏名		
本　籍		番地番	
	筆頭者の氏名		
死亡した配偶者	氏名		年　月　日死亡
	本籍	番地番	
	筆頭者の氏名		
その他			
届出人署名押印		印	

推定相続人廃除届

平成　年　月　日届出

　　　　　　　長　殿

受理	平成　年　月　日		発送	平成　年　月　日
第　　　　　号				
送付	平成　年　月　日			長　印
第　　　　　号				
書類調査	戸籍記載	記載調査		

		廃除された人	廃除した人
氏　名	（よみかた）	氏　　　名	□父　□母　□その他（　　　） 氏　　　名
生年月日		年　月　日	年　月　日
住　所	（住民登録をして いるところ）	番地 番　号	番地 番　号
本　籍		番地 番 筆頭者 の氏名	番地 番 筆頭者 の氏名
廃除の種別		□審判　　年　月　日　確定 □調停　　年　月　日　成立	
その他			

届出人	□廃除した人　　□遺言執行者		
	住　所		番地 番　号
	本　籍	番地 番	筆頭者 の氏名
	署　名	印	年　月　日生

戸籍の記載例

(6の1) 全部事項証明

本　　籍	東京都千代田区平河町一丁目10番地
氏　　名	甲野　義太郎

戸籍事項	
戸籍編製	【編製日】平成4年1月10日
転　　籍	【転籍日】平成5年3月6日
	【従前の記録】
	【本籍】東京都千代田区平河町一丁目4番地

戸籍に記録されている者	【名】義太郎
	【生年月日】昭和40年6月21日　【配偶者区分】夫
	【父】甲野幸雄
	【母】甲野松子
	【続柄】長男

身分事項	
出　　生	【出生日】昭和40年6月21日
	【出生地】東京都千代田区
	【届出日】昭和40年6月25日
	【届出人】父
婚　　姻	【婚姻日】平成4年1月10日
	【配偶者氏名】乙野梅子
	【従前戸籍】東京都千代田区平河町一丁目4番地　甲野幸雄
養子縁組	【縁組日】平成33年1月17日
	【共同縁組者】妻
	【養子氏名】乙川英助
	【送付を受けた日】平成33年1月20日
	【受理者】大阪市北区長
認　　知	【認知日】平成35年1月7日
	【認知した子の氏名】丙山信夫
	【認知した子の戸籍】千葉市中央区千葉港5番地　丙山竹子

戸籍に記録されている者	【名】梅子
	【生年月日】昭和41年1月8日　【配偶者区分】妻
	【父】乙野忠治
	【母】乙野春子
	【続柄】長女

身分事項	
出　　生	【出生日】昭和41年1月8日

発行番号000001　　　　　　　　　　　　　　　　　　　　　以下次頁

付録第二十四号　第七十三条第一項の書面の記載のひな形（第七十三条第六項関係）（平成六法省令五一新設）

保護者選任および順位の変更の申立書の記載例

保護者選任のみの場合

申立書を提出する裁判所
提出年月日

保護者選任申立書

受付印	部 番 通 号	関連事件番号 平成 年(家)第 号

家庭裁判所 御中　平成 8 年 4 月 1 日
申立人の署名押印または記名押印：乙山花子 ㊞

予納郵便切手　円

添付書類　申立人・事件本人の戸籍謄(抄)本各1通　保護者として適任と思われる者の戸籍謄(抄)本 通　住民票写し 通

申立人
- 本籍：〇〇県〇〇市〇〇町〇番地
- 住所：〇〇県〇〇市〇〇町〇丁目〇番地（〇〇〇〇方）電話（〇〇〇）局〇〇〇〇番
- 氏名：乙山花子　昭和34年10月1日生　職業：会社員
- 事件本人との関係：1.直系尊属(父母・祖父母)　2.直系卑属(子・孫)　③兄弟姉妹　4.市町村長　5.精神病院の管理者　6.その他（　）

事件本人（順印しないこと）
- 本籍：〇〇県〇〇市〇〇町〇番地
- 住所：〇〇県〇〇市〇〇町〇丁目〇番地（〇〇〇〇方）電話（〇〇〇）局〇〇〇〇番
- 氏名：甲野太郎　昭和31年8月9日生　職業：なし
- 病名：精神分裂病　入院または治療病院名：松竹精神病院

申立ての趣旨：保護者の選任を求める。

申立ての原因
1. ⓪法定の保護者（後見人・配偶者・親権を行う者）がない。
2. 法定の保護者はあるが、その者が下記の者にあたり保護者となれない。
   (1) 行方不明者
   (2) 事件本人と訴訟をした者並びにその配偶者・直系血族
   (3) 家庭裁判所で免ぜられた法定代理人・保佐人
   (4) 破産者
   (5) 禁治産者・準禁治産者
   (6) 未成年者

申立ての動機
- 事件本人の
  ① 治療をうけさせるため。
  2. 入院の同意を与えるため。
  3. (1) 優生手術　(2) 人工妊娠中絶手術　の同意を与えるため。
  4. その他（　）

申立ての実情

扶養義務者（配偶者・親権者を除く）

	氏名	住所	年齢	事件本人との関係	職業
1	乙山花子	〇〇県〇〇市〇〇町〇丁目〇番地	36	妹	公務員
2	甲野夏雄	〇〇県〇〇市〇〇町〇〇番地	30	弟	船員
3	甲野秋夫	〇〇県〇〇市〇〇町〇〇番地	32	弟	会社員
4					
5					

（保護者として適任と思われる者を〇でかこむ。）

診断欄
- 患者氏名：甲野太郎
- 病名：精神分裂病
- 診断年月日：平成8年3月19日
- 所属病院名：松竹精神病院
- 診断医氏名印：松竹一郎 ㊞

診断医に直接記入及び押印をしてもらってください。
ただし、別に診断書を添付する場合には記入不要です。

欄外注記：
- 精神障害者本人につき診断欄に記載されている病名を記入してください。
- 扶養義務者とは、精神障害者の父母・子・兄弟姉妹などです。
- 裁判所から連絡がとれるように正確に記入してください。
- 1〜3に該当しないときはここに簡単に記入してください。
- 該当する人を二人以上記入してください。
- ※あてはまる番号を〇でかこむこと。

事項索引

あ行

家 …………………………………… *118*
遺 言（ゆいごんともいう）………… *200*
　──の検認・開封 ………………… *207*
　──の方式 ………………………… *204*
遺言執行 …………………………… *218*
遺言執行者 ………………………… *219*
遺言事項 …………………………… *202*
遺言者となり得る資格 …………… *215*
遺言者の真意（最終意思）………… *201*
遺言自由の原則 …………………… *200*
遺言相続 …………………………… *146*
遺言撤回 …………………………… *210*
　──の自由 ………………………… *210*
　──の撤回 ………………………… *211*
　──の方法 ………………………… *211*
遺言能力 ……………………… *201, 214*
遺言能力認定基準 ………………… *215*
遺産共有 …………………………… *170*
遺産取得方式 ……………………… *243*
遺産分割 ……………………… *183, 177*
遺産分割協議 ………… *158, 162, 177*
遺産分割審判 ……………………… *162*
遺産持分 …………………………… *176*
意思主義 ……………………………… *5*
慰謝料 ………………………… *62, 234*
慰謝料請求権 ……………………… *153*
　──の相続 ………………………… *235*
遺 贈 ………………………………… *222*
　──の効力 ………………………… *224*
　──の承認・放棄 ………………… *225*
　──の無効原因 …………………… *223*

遺族給付 …………………………… *154*
遺産税方式 ………………………… *242*
逸失利益 …………………………… *234*
一身専属性 …………………………… *5*
一夫婦一戸籍の原則 ……………… *118*
遺留分 ……………………………… *228*
　──の放棄 …………………… *229, 231*
　──の割合 ………………………… *230*
遺留分減殺請求権 ………………… *229*
遺留分権者 ………………………… *229*
姻 族 ………………………………… *7*
氏（うじ）………………………… *118*
　──の共同 ………………………… *22*
追い出し離婚 ……………………… *49*
乙類審判事件 ……………………… *240*
親子関係不存在確認の訴え ……… *75*

か行

苛酷条項 …………………………… *56*
家事事件 …………………………… *239*
家族法（身分法）…………………… *2*
家族法理念の変革 ………………… *3*
家庭裁判所 ………………………… *238*
家父長制 ……………………………… *3*
監護教育権 ………………………… *97*
監護養育能力 ……………………… *88*
企業年金 …………………………… *137*
棄妻離婚 …………………………… *49*
給 付 ………………………………… *137*
協議離縁 …………………………… *84*
協議離婚 ……………………… *41, 48, 67*
強制認知 …………………………… *78*
共同監護 …………………………… *69*

共同相続	170, 181, 193	祭祀財産	154
共同相続人	170	裁判離縁	84
協力義務	23	裁判離婚	43, 43
寄与分	157	債務の承継	155
禁治産者	126	詐害行為取消権	177
契約財産制	26	死因贈与	225
血　族	6	試験監護	88
限定承認	165, 167	死後縁故	196
後見制度	110	死後認知	160
公正証書遺言	204	自然血族	6
公的年金	136	実親子関係	70
公的扶養	114	私的扶養	114
甲類審判事件	240	児童虐待	108
個人年金	138	自筆証書遺言	201, 224
戸籍法	3	死亡危急者遺言	204
国庫帰属	198	死亡退職金	154
子の氏の変更	119	死亡届	143
子のための養子	87	重婚的内縁	38
子の法定代理人	100	熟慮期間	166
婚姻関係の発生	25	準禁治産者	126
婚姻準正	79	親　系	7
婚姻成立の形式的要件	16	親　権	96
婚姻成立の実質的要件	17	親権者	66
婚姻の無効原因	32	――の喪失	106
婚姻の無効・取消	32	――の濫用	106
婚姻費用の分担	28	親権剝奪	106
婚　約		人工受精	91
――の意思	17	人工生殖	91
――の解消	13	親告罪	8
――の成立	12	心神耗弱者	127
――の不当破棄	14	親　族	6
さ行		親　等	7
		審判事件	240
財産管理契約	127	審判離婚	43
財産的損害賠償請求権	153	推定される嫡出子	71
財産分与	61	推定相続人	148
――と詐害行為	63	――の廃徐	150
財産分与請求権	64	生活扶助義務	115

生活保持義務 …………………… *115*
請求の意思表示 ………………… *236*
税　金 ……………………………… *140*
制限能力者 ……………………… *217*
成年後見制度 …………………… *126*
成年後見登記制度 ……………… *131*
成年後見人の遺言 ……………… *215*
生命保険 ………………………… *138*
船舶遭難者遺言 ………………… *204*
創設的届出 ………………………… *4*
相続欠格 ………………………… *149*
相続財産の範囲 ………………… *152*
相続順位 ………………………… *149*
相続税 …………………………… *242*
　　——の課税方式 …………… *242*
　　——の計算 ………………… *245*
　　——の仕組み ……………… *244*
相続制度 ………………………… *142*
相続登記 ………………………… *180*
相続人の処分権制限 …………… *219*
相続の根拠 ……………………… *145*
相続の自由 ……………………… *164*
相続分 …………………………… *153*
相続放棄 …………………… *165, 186*
損害賠償請求権 ………………… *234*

た行

体外受精 …………………………… *91*
代襲相続 ………………………… *151*
代諾養子縁組 ……………………… *82*
代理行為 ………………………… *190*
代理母 ……………………………… *93*
単純承認 …………………… *165, 168*
単独相続 ………………………… *191*
地位併存信義則 ………………… *192*
地位併存説 ……………………… *194*
地位融合説 ……………………… *193*
嫡出否認の訴え …………………… *74*

調停事件 ………………………… *240*
調停離婚 …………………………… *42*
直系血族 …………………………… *7*
追認拒絶権 ……………………… *191*
停止条件付遺贈 ………………… *223*
貞操義務 …………………………… *24*
伝染病隔地遺言 ………………… *204*
登　記 …………………………… *181*
登記不要説 ………………… *181, 187*
同居義務 …………………………… *23*
同時死亡推定 …………………… *143*
同時存在の原則 ………………… *148*
特定遺贈 ………………………… *222*
特別縁故者 ……………………… *197*
特別受益財産の推定 …………… *173*
特別受益者 ……………………… *156*
特別受益分 ……………………… *156*
特別養子制度 ……………………… *86*

な行

内　縁 ……………………………… *36*
　　——の保護 …………………… *37*
名の変更 ………………………… *122*
日常家事債務の連帯責任 ………… *29*
日常家事代理権と表見代理 ……… *29*
任意後見制度 …………………… *126*
任意認知 …………………………… *77*
認知準正 …………………………… *79*
認知請求権の放棄 ………………… *78*

は行

配偶者 ……………………………… *7*
配偶者間人工受精（AIH） ……… *91*
破綻主義 …………………………… *56*
非嫡出子 …………………………… *76*
　　——の親権者 ………………… *67*
　　——の相続分 ……………… *161*
　　——の相続分同一 ………… *162*

――の認知 …………………… 76	無権代理人 …………………… 190
非配偶者間人工受精（ADH） …… 91	無権利の法理 ………………… 188
秘密証書遺言 ………………… 204	無効な協議離婚の追認………… 50
夫婦間の契約取消権…………… 30	面接交渉権……………………… 68
不受理申出制度………………… 49	
扶助義務………………………… 24	**や行**
扶養義務者 …………………… 116	有責主義………………………… 56
扶養制度 ……………………… 114	有責配偶者……………………… 56
分割方法の決定 ……………… 177	養子縁組の解消 ……………… 84
包括遺贈 ……………………… 222	養子縁組の成立要件 ………… 80
傍系血族 ………………………… 7	要式行為 ………………………… 5
報告的届出 ……………………… 4	養子制度………………………… 80
法定血族 ………………………… 6	
法定後見制度 ………………… 129	**ら行**
法定財産制……………………… 27	利益相反行為 ………………… 102
法定相続 ……………………… 144	離　縁…………………………… 88
法定相続人 …………………… 146	離　婚…………………………… 40
法定相続分 …………………… 162	――の種類……………………… 40
法律上の親子関係……………… 70	離婚原因………………………… 54
保険料の負担 ………………… 136	離婚能力………………………… 41
保佐人 ………………………… 127	離婚復氏………………… 61, 119
	離婚法の沿革…………………… 40
ま行	浪費者 ………………………… 127
未成年後見 …………………… 110	
未成年後見監督人 …………… 111	**わ行**
みなし相続財産 ……………… 174	笑う相続人 …………………… 237
身分権…………………………… 4	藁のうえからの養子 ……… 81, 86
身分行為 ………………………… 4	

監　修　松浦　千誉（まつうら　ちよ）　　拓殖大学教授
　　　　　片山　克行（かたやま　かつゆき）　作新学院大学教授

編集協力　中村　昌美（なかむら　まさみ）　拓殖大学講師

執筆者　　　　　　　　　　　　　　　〔執筆担当箇所〕

松浦　千誉（まつうら　ちよ）　拓殖大学教授　　　　　第1講～第2講，第24講
河野　敷代（こうの　のりよ）　明治大学講師　　　　　第3講～第6講
片山　克行（かたやま　かつゆき）　作新学院大学教授　第7講，第45講～第47講
小石　侑子（こいし　ゆうこ）　杏林大学教授　　　　　第8講，第16講～第17講，第23講
遠藤　みち（えんどう　みち）　税理士　　　　　　　　第26講，第48講
森田　悦史（もりた　よしふみ）　国士舘大学助教授　　第9講～第13講，第18講
永山　榮子（ながやま　えいこ）　共立女子大学教授　　第14講～第15講，第27講～第30講
松山　忠造（まつやま　ちゅうぞう）　山陽学園大学教授　第19講～第22講
村田　彰（むらた　あきら）　佐賀大学助教授　　　　　第25講，第39講～第41講
岡部　喜代子（おかべ　きよこ）　東洋大学教授　　　　第31講～第33講，第38講
中村　昌美（なかむら　まさみ）　拓殖大学講師　　　　第34講～第37講
中山　泰道（なかやま　やすみち）　佐賀大学助教授　　第42講～第44講

〔執筆順〕

さしえ　本多路子